纽科姆

（1903—1984）

纽科姆社会心理学著作

本宁顿研究著作

心理学大师人际关系思想经典研究书系

俞国良 主编

◎ 费斯廷格人际关系思想解析
钟毅平／著

◎ 勒温人际关系思想解析
郭本禹／著

◎ 阿希人际关系思想解析
张丽锦／著

◎ 米尔格拉姆人际关系思想解析
汪新建／著

◎ 纽科姆人际关系思想解析
辛志勇／著

◎ 伯科威茨人际关系思想解析
谷传华／著

◎ 阿伦森人际关系思想解析
佐 斌／著

◎ 罗森塔尔人际关系思想解析
边玉芳 周 丹／著

纽科姆人际关系思想解析

NIUKEMU RENJI GUANXI SIXIANG JIEXI

辛志勇◎著

人民教育出版社
PEOPLE'S EDUCATION PRESS

·北京·

图书在版编目（CIP）数据

纽科姆人际关系思想解析 / 辛志勇著 . —北京：人民教育出版社，2019.8
（心理学大师人际关系思想经典研究书系）
ISBN 978-7-107-33662-1

Ⅰ. ①纽… Ⅱ. ①辛… Ⅲ. ①西奥多·纽科姆（Theodore Mead Newcomb, 1903—1984）—人际关系学—思想评论 Ⅳ. ① C912.11

中国版本图书馆 CIP 数据核字（2019）第 167638 号

心理学大师人际关系思想经典研究书系
纽科姆人际关系思想解析
作　　者　辛志勇
责任编辑　冯卫斌
装帧设计　李宏庆

出版发行　人民教育出版社
（北京市海淀区中关村南大街 17 号院 1 号楼　邮编 100081）
网　　址　http://www.pep.com.cn
经　　销　全国新华书店
印　　刷　北京盛通印刷股份有限公司
版　　次　2019 年 8 月第 1 版
印　　次　2019 年 9 月第 1 次印刷
开　　本　890 毫米 ×1 240 毫米　1/32
印　　张　13.375
字　　数　253 千字
印　　数　0 001~1 500 册
定　　价　43.50 元

“心理学大师人际关系思想经典研究书系”总序

大师和经典是一对孪生兄妹。大师必有经典，经典往往出自大师。转型期社会中的人难免有点儿浮躁，更需要读点儿经典加以充实。

大师，《辞海》的解释是“指有巨大成就而为人所宗仰的学者或艺术家”；经典，泛指典范性、权威性的作品或著作，既具有开放性、超越性和多元性的特征，也是原创性文本和独特性阐释的有机结合。本书系就是对心理学大师及其人际关系经典理论、著作或实验的解读与评析。

众所周知，人际关系是社会心理学的核心，有的心理学家甚至把社会心理学当作一门研究人际关系的学问。人际关系在社会生活的各个领域、各个方面有着广泛的应用，发挥着极其重要的作用。日益发达的互联网通信技术和现代化交通工具使地球变得越来越小，计算机技术使远隔千山万水、未曾谋面的陌生人之间的对话成为可能，人际关系已成为决定人们能在多大程度上增加知识和技能、对社会作出成就和贡献，以及满足自己的物质和精神生活需要的条件。人们已经普遍意识到，对人际关系进行深入、细致的研究是社会发展和现实生活向心理学工作者提出的新挑战，也是人类自我实现和完善的迫切需要。诚如休斯敦（B. K. Houston）所言，研究人际关系的兴趣日益高涨的原因在于，良好的人际关系有利于生活幸福、心理健康和身体健康。正所谓“人生的美好是人情的美好，人生的丰富是人际关系的丰富”。

艾宾浩斯（H. Ebbinghaus）曾说过，“心理学有一长期的过去，但仅有一短期的历史”，这个判断同样适用于社会心理学的人际关系研究。人际关系作为一种社会心理现象，有其悠久的历史，可以追溯到远古时代，但作为专用名词是在20世纪初由美国人事管理协会率先提出来的。对人际关系的实验研究始于20世纪20年代，主要是莱维特（H. Leavitt）等人对人际关系行为模式的研究、纽科姆（T. M. Newcomb）等人对人际关系结构的研究、梅奥（E. Mayo）等人对人的工作积极性的研究。在随后的几十年里，实验研究成为西方人际关系研究的主流，到目前在美国仍占有强大的优势。尽管从20世纪初到现在仅仅百余年，但人际关系研究的发展势头迅猛，出现了异乎寻常的繁荣景象，不仅理论学说迭出，名人名论皇皇，各类论文、研究报告如恒河沙数，而且出现了具有持久影响力的名篇鸿著。为了使人们对人际关系研究百余年的科学史、代表作有一个基本了解，对前辈大师关于人际关系的滔滔宏论和著述及其来龙去脉有进一步的认识，在人民教育出版社文化教育编辑室刘立德主任、曾红梅编审的热情鼓励和大力支持下，我们承担了历史赋予的责任。

有鉴于我国以往出版过的几本社会心理学名著选编，包括我主编的《社会心理学经典导读》，涉及人际关系篇幅小、范围窄，我们希望“心理学大师人际关系思想经典研究书系”从解析和评述相结合的视角，全面系统地解读心理学大师的人际关系著述和思想。然而，要从卷帙浩瀚的文献中撷取最能充分反映和代表人际关系领域的思想精粹，显然不是一件轻松的事。为此，我们几经酝酿，全面考虑并列出20世纪以来，亦即社会心理学作为一门独立学科以来，著名心理学家在人际关系领域的代表性、权威性论著，并以此为线索，来建构书系的框架体系。对每位入选的心理学大师，我们既考虑其在心理学史上的地位，也考虑其在人际关系研究领域的贡献。美国广受欢迎的心理学期刊《普通心理学评论》（*Review of General Psychology*）2002年第6卷第2期刊登了“20世纪一百位最著名的心理学家”评选结果（含四位诺贝尔奖获得者），研究者通过三个量化指标和三个质性指标，对20世纪最杰出的心理学家进行了排名，提供了九十九位心理学家的名单，留下一个空额给读者以想象的余地。我们选择了其中被定位为社会心理学家的八位大师，有人们熟悉的费斯廷格（L. Festinger，第五名）、勒温（K. Lewin，第十八名）、阿希（S. E. Asch，第四十一名）、米尔格拉姆（S. Milgram，第四十六名）、纽科姆（第五十七名）和罗森塔尔（R. Rosenthal，第八十四名），也有人们并不十分熟悉的伯科威茨（L. Berkowitz，第七十六名）和阿伦森（E. Aronson，第七十八名）。他们的论著、实验研究的影响力和权威性已有定论。

“心理学大师人际关系思想经典研究书系”选择以上八位在人际关系研究领域卓有建树的心理学大师，对他们的人际关系思想及其应用进行了详细解读。每册书针对一位心理学大师来组织内容：首先介绍成长经历和教育背景等生平事迹，选译人际关系研究的经典论文或重要著作的重要章节，对人际关系领域的经典名著进行解读；其次对人际关系思想或理论及其产生的社会文化背景进行论述，对人际关系思想或理论进行评价，阐述应用人际关系思想或理论于社会生活的中外相关经典案例，特别是在政治、经济、军事、法律、新闻、教育、文化、医疗和环境等领域的应用案例；最后从总体上论述心理学思想或理论在心理学流派形成和发展中的贡献。

选择上述八位大师及其著作作为我们解析的对象，主要是基于书系的全面性、经典性和权威性，以便人们能系统把握社会心理学问世百余年来各派名家在人际关系领域的经典实验和重要思想，也希望为社会心理学的人际关系研究百余年历史留下一个“足迹”和“画外音”。

本书系可供全日制高等院校心理学专业和哲学、法学、社会学、教育学、经济管理、新闻传播、公共关系、社会工作等相关专业的高年级本科生和研究生使用，也可供从事人际关系研究的科研工作者学习、参考，还适合党政领导干部、企事业管理工作者和人力资源管理工作者阅读。

需要特别说明的是，作为一名教师，我始终有一个心愿：希望能把大师引介给学生，带着学生来到大师的经典面前，让他们能与大师进行跨时空的对话、交流，并设法站在“巨人”的肩膀上，看得更远，想得更深，做得更实。因此，这几年我陆续主编了《社会心理学经典导读》、《心理健康经典导读》（上、下册）和“心理学大师心理健康经典论著通识丛书”（17册）。“心理学大师人际关系思想经典研究书系”就是这项工作的延续。作为书系主编，虽然我确定了书系的编写原则、结构、内容和体例，但各册书均是各位作者的劳动成果。作者分别来自北京师范大学、南开大学、中央财经大学、华中师范大学、陕西师范大学、南京师范大学和湖南师范大学等“985工程”或“211工程”高校，他们大都是具有教授职称并担任博士生导师的中青年心理学专业工作者。这些中国社会心理学界的翘楚都是我的良师益友。面对他们的欣然加盟和无私奉献，我至为感激，无以为报，只能真诚地道一声：谢谢！

忝为主编，我始终忐忑不安并被焦虑困扰，唯恐因我的过失和错误，影响了作者的声誉，耽误了出版社的计划。两年多来，全力以赴，断不敢玩忽职守，更不敢懈怠和偷工减料，希望能给社会、给读者贡献有价值的精神食粮。至于是否遂愿，只有留待时间去评判了。另外，书系中收录了少量翻译的文字，由于多种原因，我们未能及时与原著者取得联系，敬请见谅，并请原著者或有关人士在书系出版后与书系作者或出版社联系。书系中或有不足、纰漏，恳请专家学者和读者朋友批评斧正。

俞国良

2017年5月于北京西海探微斋

目录

第一章　引言

纽科姆（Theodore Mead Newcomb，1903—1984），美国著名社会心理学家，认知均衡理论（A—B—X模型）的提出者，与海德、费斯廷格等人一道被称为认知一致性理论的重要代表人物。

欧洲最畅销的社会心理学教材之一《社会心理学导论》的作者休斯通等人（Hewstone，Stroebe，& Jonas，2015，p.15）曾经认为，在社会心理学研究领域，衡量一名研究者是否具有重要影响力主要取决于三个方面的因素：一是该研究者在顶级期刊发表高质量论文的数量，发表数量越多影响就会越大；二是该研究者是否发展并提出了一种有影响力的理论，并且所提理论要能激发大量后续的理论和实证研究；三是该研究者是否培养了一批优秀的学生，且这些学生后来还能继续进行老师的研究工作。从以上三项条件来看，纽科姆总体上都是具备的。

在纽科姆的学术生涯中，不仅有连续性的高质量学术论文发表、著作出版，甚至他还曾于1954—1959年担任过著名心理学学术期刊《心理学评论》（*Psychological Review*）的主编。就发展并提出理论而言，他所提出的认知均衡理论影响深远，为其带来极高的学术声誉，他所提出的人际吸引相似性原则也具有广泛的影响力。在人才培养方面纽科姆也有突出的贡献，他在密歇根大学领导的的联合博士培养项目为当时美国各地的心理学、社会学学科发展培养了许多高级人才。基于以上成就，在美国心理学期刊《普通心理学评论》公布的“20世纪一百位最著名的心理学家”评选结果中，纽科姆名列第五十七位。

纽科姆一生的学术志向、学术贡献、教育改革理念、工作和生活态度与他早年所处时代的历史文化、经济、政治、学术思潮是分不开的。为深入理解其学术思想的发展根源，有必要对这段历史背景进行概括性的介绍。

第一节　思想背景及其影响

纽科姆1903年出生于一个清教徒的家庭中，清教理念对其生活和工作的影响是显而易见的。他认为自己具有一名新教徒所拥有的大多数特质，包括一点儿加尔文教派（Calvinism）对罪行的敏感和对工作的强迫。

清教是基督教新教的一个分支，发源于16世纪下半叶宗教改革时期的英国，是英国国教的一个派别。该派成员笃信加尔文主义的新教学说，提倡简朴生活，反对天主教旧制的繁琐礼仪和形式主义，反对神甫集团的专横和腐败，主张对传统天主教教义和教仪以及其他社会问题进行彻底改革。因观点和理念与传统国教势力出现严重抵触，故而受到詹姆士一世和查理一世等君主的迫害。为了追求自己的理念和宗教信仰自由，大批清教徒不畏艰险，漂洋过海，陆续来到荒凉的北美大陆，开拓建立起了英属殖民地。

清教所宣扬的理念主要包括以下三个方面。

1. “因信称义”

“因信称义”（justification by grace through faith）在基督教新教中是指因人的忏悔而蒙上帝的恩赦成为正义的人，或引申为信徒可以由于信仰而成为正义的人。封建神学认为在人神之间存在教会、教皇、神职人员、教条等中介，而清教思想则认为《圣经》是信仰的唯一权威，强调所有信徒无论平民还是国王在上帝面前一律平等，信徒凭借信仰就可直接与上帝沟通，获得神恩并拯救自己的灵魂，成为上帝承认的义人（于可，1994）。新教的这种理念，不仅“冲破了森严的教阶体制的桎梏，降低了教会和神职人员在信徒个人救赎中的中介作用，排除了人神之间的阻隔”，更重要的是，从世俗的层面看，这种理念“肯定了个人的良心与判断，并假上帝之名保障了个人自由，提高了个人的地位与价值……为个人主义奠定了宗教和哲学基础”（赵文学，2008）。因此，美国历史学家戴格勒曾指出：“如果说美国人今天是个人主义者，那么清教主义是个人主义的主要根源。”（Degler，1984，p.16）

2.“天职思想”

按照传统的天主教观点，教徒要使自己的灵魂得救，进入天国，就要尽可能抵制现实生活中的种种物质与肉体的诱惑，远离尘世，追求永恒的彼世。虽然和天主教一样，清教的终极关怀也是彼世，却十分强调现世在教徒个人救赎过程中的功能和作用，认为现世是通向彼世的重要桥梁。现世中每个人所从事的劳作和职业是上帝所作出的安排，是上帝赐予每个人的天职。而每个人要接受上帝的这种召唤、命令、安排，要将完成好这一天职当作每个教徒的神圣职责和义务。这种天职思想（the idea of calling）不仅深深影响到了清教徒的职业观，也深深影响到了他们的财富观。因为，贫穷不再被看作一种美德，追求财富也不再被看作一种应受到谴责的耻辱而是上帝赋予的神圣使命，也即“如果上帝向你展示了一条途径，由此可以比另一种途径合法地获得更多利益而无负于你的灵魂或任何其他人，如果你拒绝这种方法而选择获益较少的方法，你便与你的职业目的之一背道而驰，你便是拒绝做上帝的侍者，拒绝接受上帝的赏赐”（文正，1990）。总之，天职思想的宗教理念激发了清教徒追求成功、追求财富的内在动力，也锻造了他们谦卑虔敬、勤奋劳作、务实肯干、创新进取、节俭自律、寻求自我完善的实用精神和人生态度。

3.“山巅之城”

“山巅之城”（a city upon a hill）一词源自《圣经》中对耶路撒冷的比喻，出自《马太福音》第5章第14节：“你们是世上的光，城造在山上是不能隐藏的。”清教徒认为，他们是上帝的选民，他们在新大陆进行的伟大实验是秉承上帝的旨意，上帝把美丽富饶的北美洲（大陆）赐给他们作为其世居之地，目的就在于让他们把这片土地建成新的耶路撒冷，建成一个追求信仰自由的“希望之乡”。他们自感对人类的历史发展承担着一种神圣的使命，他们有责任向人类传播民主、自由和正义的理念，按照上帝的旨意变革和复兴文明，把光明带到世界的每一个角落，引导人类脱离罪恶的渊薮，并最终走向“希望之乡”。这种强烈的使命意识成为清教徒开拓新大陆过程中的重要精神食粮，并始终伴随着美国的历史发展进程，深刻地影响着美国人对外部世界的看法与态度。

第二节 经济、政治背景及其影响

纽科姆结束其学生身份步入职业生涯正值美国经济大萧条（the Creat Depression）时期，史无前例的经济危机以及随后的罗斯福新政，对纽科姆个人的工作生活、政治态度以及学术志趣都产生了重要的影响。

一、经济大萧条

经济大萧条是指1929—1933年发生的全球性经济大衰退，也是20世纪持续时间最长、影响最广、强度最大的经济大衰退。经济大萧条始于美国华尔街股市的突然崩溃。

在20世纪20年代，甚至直到1929年初，美国经济都呈现出一片繁荣的景象，工业生产指数逐年上升。令人印象深刻的是作为美国经济晴雨表的股票市场行情，包括通用电气、美国钢铁等大公司的股票一直在不断上涨。许多实业家、经济学家和政府领导人都表示对未来充满信心。时任美国财政部部长的安德鲁·W. 梅隆在1929年9月还曾向公众保证：现在没有担心的理由，这一繁荣的高潮将会继续下去（斯塔夫里阿诺斯，

1999/2006，第695页）。

但1929年10月24日，纽约证券市场在毫无预兆的情况下突然崩溃，这一天在美国历史上被称为“黑色星期四”。股票市场下跌之快，连股票行情跟踪自动记录器也无法跟上。人人都想在价格进一步下跌之前将自己手中的股票抛售出去，但因为没人接盘，于是价格进一步下跌。到10月29日，一切都变得不可收拾。大批的股票涌向市场，不讲价格地被抛售。几小时之内，纽约证券市场50种主要股票的平均价格几乎下跌了40挡，股票价格猛跌了100亿美元，相当于当时全国流通货币额的2倍（夏清成，菅明军，1998）。

随着华尔街股票市场的崩溃，世界范围的经济大萧条也随之而来，而且萧条的强烈程度和延续时间的长度都是空前的。以美国为例，随着股票市场的崩溃，银行信用消失殆尽，财政陷于混乱；农产品送不到饥饿的城市而就地烂掉，工业制成品则堆在仓库中卖不出去；工厂停工，火车停开，失业大军很快超过了1 000万人。大萧条中情况最为惨重的是农业。在1929年后经济危机的几年中，美国农产品价格持续大幅度下跌。为了保证价格稳定，有的州决定用谷物作燃料取暖过冬，几百万头小猪被杀掉，成吨的牛奶被倾倒于沟渠之中。但与此同时，城市里的人却无钱购买他们所必需的农产品。大量农场主因此破产，不少农场被拍卖掉，世代耕种这些土地的人沦为佃农。而农业危机的发展，致使与之相关的农机工业、橡胶工业、汽车工业、肥料工业也都受到影响，这又进一步加深了工业危机。从1929年5月到1932年7月，美国工业生产下降了55.6%，国民生产总值从1 044亿美元降到410亿美元，进口贸易也由45亿美元降到13亿美元，出口贸易则从53亿美元降为17亿美元（夏清成，菅明军，1998）。

直到1933年罗斯福总统实施“新政”，才使美国经济逐渐走出低谷（甘培根，1998）。

经济大萧条给发达国家和发展中国家都带来了毁灭性的打击。人均收入、税收、盈利、价格全面下挫，国际贸易锐减，失业率飙升。全世界各大主要城市全部遭受重创，特别是依赖重工业的地区。农业和重工业受到的打击最为沉重。有的经济体在20世纪30年代中期开始恢复，大多数国家直到二战结束后才喘过气来。

二、罗斯福新政

纽科姆在本宁顿学院（Bennington College）工作期间最重要的研究成果之一《人格与社会变化：一个学生群体中的态度形成》，探讨的就是罗斯福新政所引发的美国社会变革背景下，学生群体的态度形成和转变问题。可见这一重要政治历史事件对纽科姆产生的影响。

1933年3月4日，在经济危机最严重的艰难时刻，罗斯福继任美国第32任总统。为了尽快结束经济大萧条的严重局面，上任伊始，罗斯福政府就决定立即采取行动，就此开始了一个美国历史上前所未有的、令人眼花缭乱的立法时期，史称第一个“百日新政”。1935年春天，又掀起了一次立法高潮，被称为第二个“百日新政”。两次“百日新政”简称“罗斯福新政”。新政期间通过国会先后制定了《紧急银行法令》、《全国工业复兴法》、《农业调整法》、《社会保障法案》等重要法案。罗斯福新政从1933年开始推行，直到1941年结束。

新政的核心是在保存市场经济和民主的前提下，抛弃前任总统胡佛时代的自由放任、全凭市场机制进行自我调整的经济政策，大力加强国家对社会经济生活的干预（夏清成，营明军，1998）。

罗斯福新政的主要措施包括以下内容：

（1）整顿银行与金融体系。下令银行休业整顿，逐步恢复银行的信用，放弃金本位制，通过使美元贬值以刺激出口。

（2）复兴工业。通过《全国工业复兴法》阻止各工业企业因盲目竞争所引发的生产过剩，加强政府对资本主义工业生产的控制与调节。

（3）调整农业政策。向减耕减产的农户发放经济补贴，提高并稳定农产品价格。

（4）推行“以工代赈”。

（5）大力兴建公共工程，缓和社会危机和阶级矛盾，增加就业，刺激消费和生产。

（6）建立社会保障体系。通过了《社会保障法》，使退休工人可以得到养老金和保险，失业者可以得到保险金，子女年幼的母亲、残疾人可以得到补助。

（7）建立急救救济署，为人民发放救济金。

罗斯福新政几乎涉及美国政治、经济和社会生活的各个方面，对美国和当时世界局势都产生了深远的影响。新政的最直接作用就是使美国摆脱了经济大萧条。以罗斯福第一个任期结束时的1936年同1933年相比较，工农业和社会状况都发生了很大改变，金融危机得以控制，农业收入增加近一倍，许多工业部门也恢复到了1929年的水平。此外，新政还改变了传统的美国社会结构，使权力逐步从大企业和银行转移到了联邦政府，底层人民的生活得到了显著改善。在国际影响方面，新政避免了美国走上法西斯主义道路，由新政推行所带来的美国经济迅速恢复还为随后二战的胜利奠定了物质基础。

三、政治背景

纽科姆称自己是一个“激进主义者”，认为自己政治思想左倾，“激进主义”已成为自己的一种意识形态和个人价值观。纽科姆的激进主义倾向和实践与以下政治事件或政治环境紧密相关。

（1）共和党的早期理念与废奴主义运动。纽科姆的家庭早期是美国共和党的追随者，支持共和党的理念，反对奴隶制，反对三K党。

美国共和党诞生于南北战争之前的19世纪50年代，是在美国社会围绕奴隶制问题发生剧烈冲突，尤其是在南北双方因奴隶制问题产生激烈冲突的背景下产生的。民主党在南方奴隶主的控制下坚定地捍卫奴隶制度，只有少数北方民主党持相反的立场，此时美国的另一大党辉格党已经彻底分裂，南方辉格党站在南方民主党一边，北方辉格党则孤军奋战。在这种情况下，北部和西部各种反奴隶制的力量开始酝酿成立一个新政党，取名为共和党。1854 年 7 月，共和党正式成立。美国共和党的早期价值理念奠基于“个人自由”和“国家团结”之上，主张废除奴隶制，提出并倡导与南方的奴隶劳动相对立的自由劳动思想（金晓，2018）。

所谓废奴主义，是一场以废除奴隶制度及奴隶贸易为诉求的政治运动。运动开始于启蒙时代，并在19世纪达到顶峰。废奴运动在世界上许多国家都取得了一定成功。在美国，奴隶制的历史由来已久。早期奴隶的主要来源是白人契约奴、流浪者以及无力清偿债务的人，被英国政府运到殖民地卖作契约奴，也有一些是被法庭驱逐出境的罪犯。美国的废奴主义最早可追溯到独立战争期间，但独立战争并没能废除南部的奴隶制。直到 19 世纪 30 年代，废奴运动才真正作为一场群众运动而勃然兴起。1833 年 12 月出现的全国性废奴组织——美国反奴隶制协会，成为废奴运动大规模展开的标志。1859 年约翰·布朗领导的武装起义，是内战前废奴运动的最高峰（金晓，2018）。美国的废奴运动历史明显地比其他国家更为激烈和复杂。它不仅是美国18世纪末至19世纪初的历史主轴，而且更直接导致美国历史上唯一的一次国内战争——南北战争的爆发。

三K党（Ku Klux Klan，缩写为K.K.K.），是美国历史上一个奉行白人至上主义的民间组织，也是美国种族主义的代表性组织。Ku、Klux二词来源于希腊文KuKloo，意为集会。Klan是种族。因三个词词头都是K，故称三K党。三K党创立于南北战争之后，20世纪20年代迅速壮大起来。该组织宣称以“保存、保护并且维持富有特色的制度、权利、特权、原则、传统以及纯粹美国精神的理想主义”为目标，但在不同地区和不同时期，其成员对这种目标的解读却千差万别，并逐渐演变成白人对抗黑人、非犹太人对抗犹太人、新教徒对抗天主教徒的力量（蔺晓林，2016）。三K党在美国历史上以下两个时期最为猖獗：一是南北战争后三K党的初创时期，在这一时期，三K党的主要目标是恢复民主党对南部各州政权的控制和维护南部“白人至上”的格局，阻止黑、白种族关系的重建；二是20世纪20年代的复兴时期，在这一时期，三K党继续信奉并维护“白人至上”的理念，并把以前单纯反黑人的目标扩大到既反黑人，又反犹太人、天主教徒、一切外来移民的范围，政治、社会影响得到进一步扩大。为了达到其目的，三K党在猖獗时期内大搞恫吓、威胁、绑架、滥用私刑、屠杀等恐怖暴力性活动，实质上已经与黑帮等犯罪组织无异（高芳英，2002）。

（2）美国社会党。在20世纪30年代早期，纽科姆曾加入美国社会党，他认为是30年代早期社会的黑暗和对自己过往消沉的反思共同唤醒了他，使他在政治上与意识形态上更早地转向左派。社会党是创立于1901年的一个美国左翼党派。19世纪后期，美国爆发了规模浩大的左翼社会运动，其主要原因是垄断势力的崛起对工人、农民和中产阶级的利益造成了损害，南北战争后社会各阶层的不满情绪也为社会主义运动的开展提供了有利条件。1898年美国劳工和政治领袖E. V. 德布斯领导并创立了社会民主党，并于1901与M. 希尔奎特领导的美国社会主义工人党罗彻斯特部合并成立美国社会党（高建明，2016）。该党的政治纲领是团结工人阶级以及工人阶级的同情者阶层，反对通过社会革命途径建立社会主义，而主张以参加竞选作为政治斗争手段，以期夺取政府的各项权力，并利用这些权力将私有制改变为全体人民的集体所有制。1905—1912年是社会党活动的全盛时期，曾创办了13种日报、12种月刊和近300种周刊。1912年社会党发生第一次分裂，著名工人运动活动家W. D. 海伍德被免除全国委员会委员的职务，他和124名工人党员相继退党。1919年，社会党再次发生大分裂，左派领袖鲁登堡等退出，组建成立了美国共产党和共产主义劳工党（1921年两党合并统称为美国共产党）。该党多任领袖都曾参与总统选举，但均以失败告终。

（3）美国共产党。美国共产党的创党领袖为上述从社会党分裂出来的左派领袖鲁登堡，该党创建于1919年。在其成立的第二年，即1920年就被美国政府宣布为非法，1921年美国共产党被迫转入地下。1923年4月恢复合法地位。20世纪20年代美国共产党发展并不迅速，20年代末党员仅有1万人。30年代前期，美国共产党积极支持黑人反对种族歧视斗争，领导和组织产业工人工会，动员3 000人赴西班牙参加反佛朗哥的斗争。30年代后期美国共产党迅速发展，积极推动反法西斯统一战线，促进了美国工人运动的发展，30年代末党员已达10万人。1943年，苏、美、英三国首脑德黑兰会议后以及随着共产国际解散，美国共产党也于1944年5月宣布解散。1945年美国共产党得以重建。二战后，麦卡锡主义盛行时，美国共产党转入地下，而随着战后以美国为首的资本主义国家所挑起的冷战和垄断资产阶级在国内掀起的反共、反劳工浪潮，美国共产党队伍急剧萎缩（夏真真，2010）。

（4）非美活动调查委员会。早在1938年，美国国会众议院就成立了非美活动调查委员会，其宗旨是调查国内的“法西斯主义和共产主义”等颠覆活动情况。该委员会以“非美活动”为调查对象，起初目标是为了维护美国社会的传统秩序，防止颠覆活动对美国的政治制度和社会秩序造成破坏，亦即维持美国原有的“美式”道路（蔺晓林，2016）。

二战结束后的美国，战争的阴影还没有完全消失，冷战的恐怖气氛却又接踵而至。纳粹势力在世界范围内遭到毁灭性打击，已经失去容身之地；但共产党则因苏联的战时光辉形象而实力大增，在世界范围内异常活跃。随着国内外数起苏联间谍案件的曝光，共产党活动很快被视为挑战美国原有政治体制和社会秩序的首要因素，亦即“非美活动”的首要内容。美国一方面在国际上与苏联对抗，另一方面在国内清除所谓的共产主义意识形态，打击进步势力。1945年3月，美国众议院以207票赞成、186票反对，将其臭名昭著的非美活动调查委员会改为常设机构。与此同时，由于美国国内通货膨胀指数急剧上升，在短短的一年中发生了3.47万次罢工，共有450多万名工人走上街头。非美活动调查委员会借机指责工会“已被共产党渗透”，极力煽动公众反对共产主义和共产党，迫害进步人士。该委员会调查范围广泛，在美国国内曾调查美国共产党、美国青年民主联盟、人类福利南方联盟、公民权利大会、好莱坞的影视作家协会等组织，还在随后的十余年间就世界各地共产主义运动的发展情况作了大量的调查和报告，涉及东亚、东南亚、拉美等地区。

1950年2月参议员麦卡锡（J. R. McCarthy）发表演说，声称美国国务院内有共产党“渗入”，引起轰动。1951年由麦卡锡领导的非美活动调查委员会以法西斯手段广泛地对美国国内的民主进步力量实施迫害，引起美国各阶层强烈不满。1954年全美掀起反麦卡锡运动。同年12月2日，美参议院通过弹劾麦卡锡的决议（夏征农，陈至立，2009，第1521页）。该委员会经过三十年的起伏，在国内外形势变化驱动下，于1969年更名为国内安全委员会（Committee on Internal Security），至1975年并入司法部，实际上最终被废除。

第三节　20世纪早期的心理学思潮对纽科姆的影响

除了宗教、经济和政治因素的影响之外，单就学术取向、研究成就来讲，对纽科姆影响最大也最直接的因素仍然是其成长和发展过程中的一些重要哲学思想和心理学思想。

一、格式塔传统的影响

纽科姆对社会心理学的重要贡献之一是提出了人际交往理论（A—B—X系统模型，或称认知均衡理论，symmetry theory），而这一理论被看作兴起于20世纪40年代、50年代达到全盛时期的认知一致性理论（cognitive consistency theory）的代表性理论之一。其他同属认知一致性理论的还有海德（F. Heider）的认知平衡理论（balance theory），费斯廷格（L. Festinger）的认知失调理论（cognitive dissonance theory），奥斯古德（C. E. Osgood）、坦嫩鲍姆（P. H. Tannenbaum）和苏吉（G. J. Suci）的认知和谐理论（congruity principle）。而认知一致性理论则是社会认知理论（social cognition theory）的典型代表。

同其他认知一致性理论或整个社会认知理论一样，纽科姆的认知均衡理论如果从源流上来讲也是萌生于格式塔学派，直接起源于勒温（K. Lewin）的心理动力学，所不同的是，纽科姆的理论还直接奠基于海德的认知平衡理论（高觉敷，1991，第175—182页）。所以，就纽科姆的人际交往理论及其他人际关系思想而言，格式塔学派、勒温传统、海德思想的影响最为直接和显著，而事实上，勒温和海德也都是格式塔传统最具影响力的学者。

格式塔心理学诞生于1912年，其代表人物是德国的心理学家韦特海默（M. Wertheimer）、考夫卡（K. Koffka）和苛勒（W. Köhler）。20世纪30年代以后，该学派的重要代表人物先后移居美国（考夫卡于1924年，韦特海默于1933年，苛勒于1935年），开始对美国的心理学界尤其是社会心理学界产生重要影响，“其中尤以对社会认知理论的影响为甚，以至于许多社会认知理论家都自誉为格式塔学派的传人”（周晓虹，1993，第318页）。从时间节点上看，格式塔学派主要代表人物纷纷移居美国并对美国社会心理学产生重要影响的时候，纽科姆正处于攻读心理学博士学位及参加工作的早期。格式塔心理学对知觉研究的重视、对意识经验研究重要性的强调以及现象学的研究取向，都或多或少地对纽科姆产生了影响。

但对纽科姆学术研究影响最大者非勒温莫属，以至于纽科姆将勒温称作“社会心理学的首要英雄”（Newcomb，1980）。事实上，纽科姆将自己终生学术研究取向定位于群体变迁及群体变迁的机制和原因，也明言是受到了勒温研究的重要影响。具体而言，勒温有关心理紧张系统（mental tension system）、生活空间（life space）的个体动力系统的论述，有关现时原则（现时原则强调个体当前所获的信息对行为的制约作用，因为在勒温看来，过去和未来的事实只有成为当前的组成部分时，才能对人的行为产生影响）这一具有浓厚现象学意涵的原则的论述，以及有关作为动力整体的团体结构特性的论述，都对纽科姆的人际关系思想产生了重要的直接影响。

海德最早提出认知平衡思想是在1944年，而出版了集其40年研究成果之大成的《人际关系心理学》（*The Psychology of Interpersonal Relations*）是在1958年。海德对纽科姆人际关系思想的影响主要有以下几方面：（1）对人际知觉（属于社会知觉，social perception）的关注。海德首先将人际关系引入了认知研究领域。纽科姆的认知均衡理论所关注的人际关系一开始就与海德有所不同，海德关注的是人际关系中某一特定认知主体的认知一致性（cognitive consistency）状况，纽科姆关注的则是人际关系的互动。（2）对心理内在动力（认知平衡需求）在人类行为中基础性地位的强调。（3）研究模式（或框架）的继承。尽管纽科姆的A—B—X系统与海德的P—O—X模型在内涵和形式上都已有许多显著的不同，但总体上看，通过一个简单的人际情境框架来构建自己的认知一致性理论这一点，是受到了海德理论的直接影响，是对海德研究模式的继承和发展。

二、机能主义心理学的影响

机能主义心理学是19世纪末20世纪初诞生于美国本土的一个心理学流派，其代表人物有詹姆斯（W. James）、杜威（J. Dewey）和安吉尔（J. R. Angell）等。这一学派受达尔文进化论的影响和学派创始人詹姆斯实用主义思想的推动，主张心理学的研究对象是具有适应性的心理活动，强调意识活动在人类的需要与环境之间所起的重要的中介作用，认为意识是机体适应环境达到生存目的的工具。机能心理学反对构造心理学将意识分析为感觉、感情等元素，主张意识是一个连续的整体；反对把心理看作一种不起作用的副现象，强调心理的适应功能；反对把心理学只看作一门纯科学，重视心理学的实际应用。机能主义心理学还认为人的活动与社会是一个整体，心理学不能脱离社会对人进行研究（朱智贤，1989，第130页）。

机能主义心理学诞生之日也恰好是纽科姆求学之时，虽然纽科姆在自传及其他作品中鲜有提及机能主义心理学对他的影响，但我们从其研究取向及作品中进行分析还是可以发现，起码在以下两个方面能看到机能主义潜在影响的痕迹，或者可以说是不谋而合。

首先，纽科姆作为一名科班出身的心理学家，对真实社会情境或自然情境中人们的社会行为，尤其是群体过程、人际交往、人际吸引等充满浓厚的兴趣，其研究取向紧密贴近社会实践，而且想方设法将自己所倡导的理论投入到真实生活情境中去检验、去验证。这一点与机能主义心理学的基本观点非常吻合。1899年，时任美国心理学会主席的机能主义心理学代表人物杜威就曾对心理学家发出告诫，认为心理学家要把理论研究与社会实践结合起来，并指出：实验心理学家对应用与实践存在着敌视，而实践者们又往往容易忽视理论的作用。长此以往，他担心纯粹的实验室人工研究和非科学的、直觉的实践这两大阵营的分化将会最终导致心理学体系的支离破碎，进而从根本上动摇心理学的科学根基。杜威不仅认识到这一问题的重要性，而且还一直在努力寻找解决心理学这种实验室与社会情境对立的“二重性矛盾”的途径和方法（王沛，2006，第1页）。

其次，在具体研究途径和方法方面，纽科姆的方法学思考也与机能主义心理学的观点相当一致。纽科姆虽然很欣赏并认可人为设计实验方法（如实验室实验）的推论力度，但同时也担心有自我意识的人类行为会受到明显的人为实验环境的潜在影响。他的研究志趣不仅仅是考察在严格控制的实验条件下（尽管纽科姆自谦，说自己对严格的实验室实验研究不擅长）人们行为的变化及其测量，而是更喜欢采用纵向追踪实验的方法来考察人们在真实、自然条件下的心理和行为变化。这一点也与杜威的观点相类似。尽管杜威是一名立场鲜明的实验心理学的支持者，但他认为，除非我们在实验室得出的结论不涉及实际问题或仅仅出于纯粹的科学兴趣，否则必须以尽可能接近生活状态的方式对结果进行客观的解释。当科学理论用来指导和解释实践时，行为就开始检验它，并不断地修正它，促使其发展和完善（王沛，2006，第

2页）。

三、弗洛伊德精神分析的影响

弗洛伊德（S. Freud）《梦的解析》一书于1900年出版，这促进了他的精神分析理论的形成。一般心理学史家把其1905年到1913年的系统观点称作早期理论（潜意识、精神决定论、性本能即泛性论）；把他在第一次世界大战后修订的系统观点称为后期理论（生死本能、人格结构等），后期的主要作品有《论自恋》（1914）、《图腾与禁忌》（1912）等（朱智贤，1989，第336—337页）。

弗洛伊德精神分析思想对纽科姆的主要影响应该说是间接的，因为弗洛伊德的一些观点首先是影响到著名社会心理学家勒温，然后再由勒温影响到海德、纽科姆等人。这些观点中最主要的便是勒温学说核心之一的心理紧张系统观，勒温将心理紧张系统看作行为的动力来源，而包括纽科姆认知均衡理论在内的所有认知一致性理论，也都将心理紧张系统看作是恢复认知平衡的动力源泉。但很显然，勒温紧张系统学说的提出受到了弗洛伊德的影响。在心理学史上，弗洛伊德首先用紧张的释放来解释人的求乐行为，并把行为的动力当作研究对象。勒温也承认这一影响，并且尝试利用实验方法研究了弗洛伊德提出的问题（高觉敷，1991，第120—121页）。

另外，在纽科姆的研究和自传体回忆录中也几次提到弗洛伊德的精神分析思想。比如纽科姆（Newcomb，1956）在谈到青春期或成年期的人际吸引时认为，人际吸引大多数取决于与父母或兄弟姐妹类似的个人品质，最初取决于俄狄浦斯情结，就像人们说的一句绕口的话“我想要一个女孩，只是这个女孩要像嫁给我亲爱的老父亲的女孩那样”。在纽科姆看来，俄狄浦斯情结显然不能从人际吸引的完整理论中被忽略，但是它也不能被看作对人际吸引完整理论的主要贡献，因为它仅仅说明了从一个已有吸引力的人到另一个相似的人的扩展，但是并没有涉及吸引的最初（原始）基础。在纽科姆的自传体回忆录《思想之爱》中，他还描述了自己接受一位名叫弗兰克伍德·威廉斯（Frankwood Williams）的精神分析学博士的心理咨询，并在后来与该博士成为合作者的一段经历。

四、行为主义心理学的影响

行为主义是20世纪初由美国心理学家华生（J. B. Watson）创立的一个西方心理学的主要流派。华生于1913年发表的《行为主义者眼中的心理学》一文是行为主义心理学公开的宣言，他的系统著作《行为主义心理学》于1919年出版第二版，1924年又印行了一个普及版《行为主义》，从此，行为主义风行一时。行为主义形成和发展大致可分为两个时期，1913—1930年为早期行为主义，从1930年左右起逐渐为一些新行为主义理论所取代。早期行为主义者讳言人的心理意识等内部过程，提倡环境决定论，强烈抵制对人的心理和意识进行内省研究，主张心理学应对环境操纵与人和动物行为变化之间的关系进行客观研究；认为查明了环境刺激与行为反应之间的规律性关系，才能根据刺激预知反应，或根据反应推知刺激，从而达到预测并控制动物和人的行为的目的。而新行为主义者向意识心理学作出了不同程度的妥协，用所谓中介变量代替意识，企图摆脱“无心理的心理学”的困境（朱智贤，1989，第788页；高觉敷，1991，第173—174页）。

纽科姆接受研究生教育、攻读心理学博士学位的时间也正好是行为主义繁荣兴旺的年代，但行为主义心理学对纽科姆的影响也像对其他认知派学者的影响一样，更多的是激发了他们对人的认知、意识经验研究重要性的进一步认识。其他方面的影响则散见于一些具体研究中。比如，纽科姆在研究人际吸引的过程中，提出了邻近原则，其中涉及人际相互吸引的强化原理。他认为当人们互动时，奖赏—惩罚比率更经常是增强而非降低（或消失），互动的总体奖赏效果更容易从与某人有最频繁互动的那些人处获得。这些观点与行为主义的思想有一定关系。

第二章　纽科姆生平简介

纽科姆（1903年7月24日—1984年12月28日），美国著名社会心理学家。他在乡村接受早期教育，高中在俄亥俄州克利夫兰的一所学校就读。大学教育在俄亥俄州奥伯林学院（Oberlin College）完成，这是一所所有优秀的公理会教友（Congregationalists）都希望就读的学院。研究生在纽约市的联合神学院（Union Theological Seminary）就读，1929年在哥伦比亚大学（Columbia University）获得心理学博士学位。纽科姆曾先后就职于宾夕法尼亚州的利哈伊大学（Lehigh University）和俄亥俄州西储大学的克利夫兰学院（Cleveland College，Western Reserve University），时间都较短，1934年开始就职于佛蒙特州的本宁顿学院，在这里任职7年。1941年开始就职于密歇根大学（Michigan University），直至去世。

社会心理学在成为独立学科之前，属于传统心理学和传统社会学共同的研究领域，而纽科姆是将社会心理学建设成为一门具有独立研究领域且内容丰富的学科的主要先驱者之一。他的一生为社会心理学学科的建设和发展作出了卓越的贡献，以至于美国著名社会心理学史家萨哈金（W. S. Sahakian）（1982/1991，第611页）评价认为，纽科姆的"'社会'心理学远胜于海德的社会心理学"（纽科姆更为注重互动背景，而互动是社会心理的本质）。这些贡献不仅表现在他为完善社会心理学学科体系、厘清社会心理学研究主题、丰富社会心理学内容（引入社会学的概念和知识，强化态度变迁的研究等）等方面所做的大量辛勤工作，也表现在他积极编写优秀的社会心理学教科书、注重高级社会心理学专业人才的培养、积极参与社会心理学领域的学会组织和管理工作等具体方面；不仅表现在他对理论充满激情，提出了有关人际交往、群体过程、人际吸引等方面影响深远的概念和理论，也表现在他积极寻求对理论进行实践验证、对社会心理学研究方法的摸索和深入思考方面；不仅表现在他对教育改革思想的兴趣和关注，更表现在他积极参与教育改革、服务教育实践等方面。[1]

[1] 本章是在纽科姆发表于1980年《社会》杂志第17卷第6期上的自传体回忆录《思想之爱》和康弗斯（P. Converse）1994年为美国国家科学院撰写的纽科姆传记体回忆录基础上撰写而成的。

第一节　出生家庭与求学生涯（1903—1929年）

一、出生家庭

纽科姆1903年7月24日出生于俄亥俄州东北部阿什特比拉郡（Ashtabula County）的一个名叫罗克克里克（Rock Creek）的村庄。他的父亲是一位公理会（Congregational Church）会长，对分布于附近的每所乡村教堂都充满激情和关怀，经常需要去不同的教堂工作，他们家也就随着不断地从一个小镇搬到另一个小镇。因此，在儿童成长阶段，家庭并没有能够为他提供一个长期稳定的环境。

纽科姆家族的祖先曾经是康涅狄格州和佛蒙特州的早期移民，他们响应西进运动来到纽约州，接着又迁移至俄亥俄州一个曾被叫作西储的地方。纽科姆家族是一贯的公理会教徒，“没有不接触加尔文教派的”。他们还都是早期的废奴主义者。

然而，在纽科姆的成长过程中，他感觉自己家与乡村环境的明显隔离。他的父母都接受过大学教育并且获得过高等教育学位。他们家订阅了在社区中并不为大家所熟知的一些“严肃的”杂志，家里人会花很多时间来读书，而且经常大声诵读。因为纽科姆的父亲从牧师那里接受了一个不被当地人欢迎的职位，而且还反对三K党并支持和平主义，所以他的家庭难以融入当地社会。但也由于这些原因，家庭凝聚力得以加强，年轻的纽科姆也从中学到了人生的第一堂课，受此影响，很早就显示出在政治上的才华。

关于出生地、家庭背景，纽科姆在其自传体回忆录《思想之爱》中作了如下描述：

> 我的父母完全像他们自己的父母那样，以及像他们的父母的父母那样，经过了许多代——都是公理会的教友，无一不接触加尔文教派，先居住在佛蒙特州或康涅狄格州的农场或小村庄，然后到纽约，继而到俄亥俄州东北部。他们是较早的废奴主义者，直到在第一次世界大战期间违反这一传统前，他们都是优秀的共和党人。我的父亲是一位对乡村教会有热情的公理会会长……我们总是从一个小城搬到另一个小城，以至于家庭生活成为我童年时期唯一的连续记忆。此外，像我不久之后了解到的，我们是一个特别的家庭。邻居和教区居民总是令人愉快的，并且总是准备好在紧急情况下施以援手，但有时候也会责问我父母身份地位的正统性。但事实上，我的两个兄弟和我总是知道我们比他人更好。我的父母从大学毕业，甚至有高等学位；我们订阅“严肃的”杂志，经常大声地阅读书籍。我们有时遭到排

斥，因为我的父亲经常在他的布道中站错队——例如攻击三K党，或支持和平主义。家庭团结因此被增强了。（Newcomb，1980，p.76）

二、早期教育

因出生于乡村环境，纽科姆的早期教育是在只有一间教室、学生人数稀少的小学校完成的。直到他读九年级的时候，情况才有了大的改变，他去了在俄亥俄州克利夫兰的一所规模较大的高中就读。虽然高中环境和原来的学习环境有很大差异，但他却很顺利地适应了这一环境上的变化，且在四年以后毕业时代表班级致告别辞。他的演讲招致来自纽约州议会的批评，原因是他在致辞中讲到了纽约州立法机关曾拒绝让两位被合法选出的州议员就职，只因为他们是“布尔什维克主义”的社会主义者。尽管校长不喜欢他的致辞，但他自己很高兴，他的父母也很喜欢他的演讲。

在高中阶段，纽科姆除体育之外，其他方面学习优异，是大家眼中的好学生。他同情“布尔什维克主义”，并立志成为一名基督教传教士。在《思想之爱》中，他对这段经历进行了描述：

在将要上高中的时候，事态开始改变。我从乡村的单间教室学校（one-room school）（我是八年级的两个学生之一），到了俄亥俄州克利夫兰的一所大型高中。

在这里，我们有“本班教室”，同样的课程有许多单元组成。我从来没有将自己与同班同学作过比较……我在一个班接着一个班中都被称为“最好的学生”，这非常令人震惊。最后我被任命要致年级告别演说辞，虽然这不是惊天动地的事情，却是令我父母高兴的事情。我仍然乐于回忆起关于告别致辞的主题，我的主题是反对纽约州立法机关，它因为两个合法选举出的州议员是“布尔什维克主义”的社会主义者而否决他们供职的权利。关于这次致辞，尽管学校校长对此感觉不同，但我私下里却感到高兴，我的父母也为我高兴。

两个其他的自我发现也发生于这些年。我不得不面对这项事实，即在体育方面我是一个彻底的失败者。我既不能抓住也不能投掷一个棒球，更别说用球棒击中球。我的这项缺陷或多或少地被我的同伴们所原谅，因为我至少是一个好学生。我后来拥抱了学术职业可能是基于认识到“我虽是个运动失败者，但是至少有一件事我可以做”的一种反应。第二项“发展”是我决定成为一名基督教传教士。我最亲密的高中朋友在相同的时间做了和我相同的决定。因为一些原因，我在一段时间内没有将这项决定告知父母。也许我更偏爱于不只是做我父母喜欢的那些事，或者，也许我对这个决定也不十分肯定。此时，我相信我把自己看作是一个欢快的、一个在运动上彻底失败的、一个想要保护那些受到不公平对

> 待者的人，同时也是一个试图借由基督教信仰为社会作贡献的人。关于最后一点，我怀疑自己是不是太跟随父亲的生涯了，关注我自己的独立性仅是一个开始。被人喜爱，就必定要跟随我父母的愿望吗？（Newcomb，1980，pp.76－77）

三、大学及研究生教育

（一）大学教育

由于家庭信仰方面的公理会背景，纽科姆的所有亲友，包括他本人，都认为进入奥伯林学院是理所当然的，因为这所学校是所有优秀的公理会教友都愿意去就读的学校。他和自己最亲密的高中朋友一起决定要成为基督教传教士，在这一目标强有力的主导下，他在奥伯林学院的大学生涯是以忠诚的学生志愿者身份度过的。他在1924年以享有最高荣誉和光环的成绩毕业，但当回顾这段经历时，他发现在大学里所学到的真正严谨的知识并不多。

由于立志做一名传教士，以及热衷于学生志愿者身份，留恋并享受同学友谊等因素，纽科姆认为自己大学阶段的学习成绩不像高中阶段那样优秀，但在回忆这段重要经历时，他也揭示了当时大学教育的一些不足和缺陷：

> 高中毕业后我去了奥伯林学院，当然，当时所有优

秀的公理会教友都会选择去那里读书，另外，那里离家也不远。在四年大学生活中，我是一个失败的学生志愿者（作为一个未来的传教士）。我结交了一些很棒的朋友，我与其中的一些在后来许多年里保持着紧密联系——但是他们中几乎没有一个是学生志愿者。我在大一时就得到了学校的最高学术荣誉，在毕业时也同样享有最高荣誉。大二时挂了一门课——或许这是那些年间发生的最好的事情。我应该失败，因为我自以为不真正努力也可以得到A。我的自尊心受到了打击，幸运的是，我从未再次达到早些年时候的高水准。在学院之外的另一件事导致了我进一步的自我发现：我应该与哥哥共同承担我们在大学的个人花费。所以，在我大一学年之后，也因为家庭更加贫困，我成了一个铝制烹饪器的销售员。事实证明，使用相同方式在暑期挣钱的学院同学人数上百，其中我是最成功的。在暑假末尾，我存了1 000美元（或许相当于今天的10 000美元），足以支持我度过接下来的两年。但是我也知道了一些更重要的事情：我讨厌类似销售这样的工作，并且我知道那种生涯不适合我。

以我现在的观点，我在学院的那些年几乎什么也没学到。如果我老师中的任意一位试图教育我们去思考，去探究理论问题，那会更好。但或许我只是一个单纯的例外：他们的努力没有影响到我。在智力上，我在四年结束时感觉不比刚上大学时聪明多少。我现在假设自己只是没有对那样的教学方式做好准备。我留恋并享受友谊，并且将生命奉献于基督教传教士，这分散了我的注意力，以至于我不知道自己正错过了什么。（Newcomb，1980，p.77）

（二）研究生教育

为了还清读大学时的债务，大学毕业后，纽科姆在高中任教一年，然后进了纽约市的联合神学院。由于哥伦比亚大学就在街道对面，并且当时两校有跨校交叉选课的传统，他的知识和能力有了快速增长和提高。他为有如此优秀的同学们、教授们感到激动，也为能深深吸引自己兴趣的所有问题而感到激动。当他回忆这段经历时认为，他尤其着迷于贝弗（J. Bewer）教授对《旧约》的阐释、哥伦比亚大学师范学院克伯屈（W. Kilpatrick，又译基尔帕特里克）教授有关进步教育的观点、同为哥伦比亚大学师范学院的沃森（G. Watson）教授所讲授的教育心理学、哥伦比亚大学加德纳·墨菲（G. Murphy）教授所教的普通心理学（纽科姆后来也与加德纳·墨菲教授进行了极富成果的合作），另外还有联合神学院沃德（H. Ward）教授的伦理学。

具有讽刺意味的是，纽科姆在联合神学院的两年时间，使他确信自己毕生志趣是更愿意成为一名心理学家而不是一名基督教传教士。对他这一重要决定起到一个小的强化作用的事件，是他对一位在演讲中频繁涉及基督教全面优越于其他所有宗教观点的神学院教授的批评。这段时间，纽科姆正在阅读有关文化差异的人类学以及种族中心主义迷思方面的相关书籍。因此，他改变了要成为基督教传教士的志向，继续完成了后两年的研究生学习，并于1929年获得了哥伦比亚大学心理学博士学位。

研究生阶段的学习和经历对纽科姆的一生具有重要意义，其间发生的很多事情让他印象深刻：

> 一年的高中教学，主要是为了偿还读大学期间的债务，这也是最让我不满意的一年，因为并没有学到对我有帮助的东西。在此之后，我进入在纽约的联合神学院。就像我那里的同学那样，我同样修习了哥伦比亚大学的课程，因为哥伦比亚大学就在联合神学院的街对面。事实证明，由于智力增长与自我发现，这一时期是我生命中最重要的岁月。在一条街的两侧，我发现了令人激动的同学与老师们，并且，令人惊叹的发现是，学生与教师热衷于相同的问题和学问。这些问题包括《圣经》诠释、教育改革以及教育心理学、普通心理学、伦理学所关注的问题。其中，联合神学院的H.沃德教授所讲授的伦理学是一门更多地致力于现实政治问题而非圣经的课程——沃德教授的评论是严厉的，但我们都享受其中。
>
> 正是我在联合神学院的那两年，我坚决地放弃了成为传教士的计划……在那里新获得的观点也有助于解决

我个人自主的问题。不论以何种代价，我必须成为我自己，这项决定对我自己是一种考验，即我可以自己做决定。然而，我的内心矛盾并未完全缓和。我告诉父亲，在我们这一代，成为一名心理学家非常像他们那一代成为一名部长。我不确定我们家庭中是否有人会相信。

在研究生阶段后期，我经历了两次失败——曾拥有两份兼职工作（演讲和教育孩子），但都被工作单位解聘了，或者说至少我不被允许再继续干下去。虽经历这样的失败，但令我吃惊的是，我在这两件事情上仅仅感到有些小的沮丧。我对自己不被重视有了很充分的认识，我想我大概是在期待更大与更好的职位，在新的职位上我确定自己会取得成功。啊，青春！

同样在研究生的最后一年，我向一位杰出的精神分析学者威廉斯博士求助。让我惊异的是，他几乎没有考虑就同意接受我为他的病人。我对他有点过于敬畏，但是很快发现他很有同情心，善解人意，并且也不是教条主义式的弗洛伊德信徒。在开始接受治疗的几个月之后，"危机"来临，我激烈地攻击威廉斯博士："我不能回答这些；如果我说了一件事，你用一种方式解释它，如果我说了别的事，你将会用不同方式解释它。我不能获胜。"在一段沉默之后，他轻柔地回答："我所想要的就是能够帮助你。"他并没有提到我的"阻抗"问题。不知何故，从那时起每件事都转向了，我们之间再也不是一种被动的询问，而是一种共同努力。几个月之后，当我告诉他，我将要离开去工作时，他的回答是："我一直在等待你说这些。"他知道我对自身独立的探求，也知道作为他的病人，我为实现自我独立可能将会陷入的危险。两年之后，作为一位当时主流期刊的编辑，他曾要我为他出版的一本书写评论，已把我视为他的一位合作者，而不是一位病人。几乎50年之后，我对我当时求助精神分析专家这件事的印象仍然记忆犹新。

这些就是我感到自己成长着、成熟着的那些年。我即将有一份工作——许多愿意接收我的工作之一。我对心理学并非了解很多，但是我已热切地准备成为一名心理学教师了，也没有因为我的准备不充分而哀伤。我已经26岁了。（Newcomb，1980，pp.77–78）

第二节　工作生涯——本宁顿学院时期（1934—1941年）

一、本宁顿学院之前的短暂职业经历

1929年的秋天，纽科姆担任了他工作生涯中的第一个学术职位，就职于利哈伊大学（该校早期只招收男学生）的心理学系。刚一就职，他这样一位新手教师就被任命去准备一份有关大学运营政策的分析报告，其中部分原因是他在师范大学读书时曾对教育问题有过探讨。报告递交后，对校长而言，纽科姆递交的报告明显不是一份按他的心意所写的阿谀奉承的报告，他希望纽科姆能够在自己研究发现的基础上灵活地作些调整，以便让大学处于一个更为有利的位置。纽科姆拒绝了，并感到很失望，认为自己应该另谋高就，尽管由于股市崩溃，当时的国家境况一片黯淡，这一岗位对自己很重要。

他的第二个职位是在西储大学的克利夫兰学院，并在这里度过了四年。

这五年的早期职业生涯在纽科姆看来，并不引人瞩目，也没有太多的成绩，但这五年对纽科姆的教师职业来讲却也十分重要，原因是他逐步积累了丰富的教学经验，开始成为一名“好教

师”。

纽科姆在其自传体回忆录中提到了这段早期工作经历，并谈到了自己在教学方面的进步以及对教学本质和教学方式的理解：

> 我教书的前五年——在利哈伊大学一年，之后四年在西储大学——这段经历并不引人瞩目。但至少在某种程度上，我学会了向我的学生提出问题，并诱导他们作出反应。我许多“最好的”教学不是在教室里，而是在我的办公室里，或者在校园的散步中。对我而言，“最好的教学”意味着理解学生们的问题——尤其在于理解他们产生误解的原因。我们经常讨论他们个人的问题，但是我从未将自己当成一名心理治疗师（我相信这个词在那时尚未被发明）。我开始将自己当成一名“好老师”了——我常这样认为，因为我的学生经常在课堂内外找我。我的自尊水平总体上比较低，但是我从未体会到一点点失败感。（Newcomb，1980，p.78）

二、步入婚姻殿堂

1931年8月27日，纽科姆和一位名叫玛丽（Mary Shipherd）的来自奥伯林传统家庭的女孩结婚了。他们在接下来的半个世纪里都非常恩爱，而且他们很快有了三个孩子：埃丝特（Esther）、苏珊娜（Suzanne）、西奥多（Theodore）。与此同时，1929年开始爆发的经济危机和经济大萧条的境况仍在恶化，纽科姆也深受其影响。他回忆“自己从遭受困难的学生和他们的家庭那里获得的情况像新闻报道里的一样多”，正是在20世纪30年代早期这段最黑暗的时期，他加入了社会党。

> 在30年代早期最黑暗的日子，我加入了社会党。幸运的是，有一件事情让我的消沉不能持续太久：玛丽和我心手相牵。在我的生命中，我几乎找不到任何一个方面没有受到这份伴侣之情带来的影响，其中包括我们三个孩子的到来。（Newcomb，1980，p.78）

纽科姆一生家庭幸福，在回忆录中，他也多次谈及因自己忙于学术生涯而对家庭的歉疚以及对家庭给自己带来幸福的感恩之情：

> 我最大的后悔是我没能成为一个理想的父亲。至少有20年，我一直在东奔西走——经常不在家里，经常从一个会议赶到另一个会议，间或还有其他困难问题需要去解决。我和我们的第一个孩子在一起的时间比较长，与最小的孩子在一起的时间最少，那是我们唯一的男孩，他大概需要我。更糟的是，我几乎没有注意到这一点——毕竟，我非常忙碌，当然我的孩子们还是知道我爱他们的。相比我对他们的付出，我经常更多地意识

到我对工作的付出，至少在一定时期内如此。

我现在对自己的认识，不同于半个世纪前，那时的自我认知与一个或多或少事业成功的形象有关，家庭总体上快乐幸福就可以了。在这篇回忆录里，我尽量做到真诚，但是，我又如何知道我是否在开自己的玩笑呢？我个人的幸福，大部分归功于一次幸运的新陈代谢和作为两个温暖家庭（自己与父母、自己与妻儿）的成员的资格。（Newcomb，1980，p.81）

三、本宁顿学院的职业经历

1934年，纽科姆的工作发生了一个显著的变化，这一变化影响到了他随后的整个职业生涯。他收到了位于佛蒙特州新成立的本宁顿学院（1932年刚建校）的教职邀请，然后他以自己所称“不得体的匆忙”迅速接受了邀请。他的西储大学同事们，对他的选择感到困惑不解，认为一所位于佛蒙特山上、刚成立的、又小又不知名的女子学院怎么比得上他在克利夫兰的职位呢？但纽科姆很了解这所新大学崇尚的哲学理念和办学理念，并且决心致力于在进步教育方面的实验研究。他认为将智慧用在一所拥有亲密无间的人际关系的学校，前景会更令人激动。后来，直到他到了佛蒙特，那些将他看作失败者而同情他的人才认识到，本宁顿学院的学生主体大都来自在经济危机背景下也从未接受过救济的“上流社会”。

接下来在本宁顿学院的七年是令人兴奋的七年。除了教学和学术研究外，纽科姆还突然陷入了温和派和激进派两派的政治活动中，其中一派为学生政治团体组织，另一派则为大学里的教师联盟。

在1934年的春天，我受邀加入当时已有两年历史的本宁顿学院的教师队伍。我来不及从容思考就匆忙接受了邀请，甚至不知道它的学生几乎都来自上流社会。我在西储的同事吓坏了，我怎么可以轻易离开位于激动人心的大城市中的一所有名望的大学（事实也确实如此），而加入一所小型的、名不见经传的、位于乡村的佛蒙特州的一所刚成立不久的女校呢？但是玛丽与我，已经相当充分地被告知该校的教育政策，一致认为那里正是我们想要去的地方。

在一个小的集体（当时本宁顿学院有250名学生和50名教员）里生活是容易的，有点像在家的感觉，每个人都认识彼此，同事们对一项虽然新颖却可能前程远大的教育冒险（改革）很有热情。我不久后了解到了他们诸多改革实践项目中的一项。在秋季学期开始的两个月之后，我接受了一名代表教育政策委员会（仅由学生代表组成）的学生的访问。她解释说，她的任务是和我沟通学生对我的教学的满意度。我教的两门课程有不超过40名学生。我是这所学校第一位心理学专家。“每个学生都想报名上您的课”，她接着把她们的调查结果交给我。我的学生对我的教学方法总体相当满意，因为我是“坦率的”，而且激发了学生们的兴趣，但是也还有提升空间。关于教学内容，她谈到了更多的重要问题。（在当时，我就在思考：我所以得到好评，除了方法与内容外，还有其他什么原因吗？）她接着继续解释道，存在的一些不足之处也不完全是我的过错，每个课堂的学生有不同的兴趣，以至于他们中的许多人注定会感觉自己被遗漏了。她还补充道，或许下个学期仍需要做一些变革。我当场决定不能等待。当我询问她们委员会是否可以重新安排学生的课程分配时，她似乎很惊奇。但让我也很惊奇的是，这件事随后就这么确定了。在接下来的数周，我有了五门课程，替换了原来的两门课程。我后来发现，我已经通过了所有新教员都要有的考试。

本宁顿的七年也是我参与政治活动最“激进”、最活跃的时期——无论与学生一起还是与性格相似的同事一起。我帮助学生，将自行成立的共产党人与社会党人的组织（这些组织比我预期的都更大）合并组成一个“公共阵线”。……我还活跃于另一类组织，在学院里发起了一个教师联合会。……我们的目标是帮助刚刚起步的、几乎完全不了解联合会应该做些什么的地方纺织厂。在绝大多数情况下，我们都受到欢迎。一位同样活跃于组建教师联合会的艺术家同事，建议由他的学生

> 绘制联合会大厅墙上的壁画。学生成群结队地来做这件事，美国产业工会联合会的成员也感到诧异：为什么那些女孩会为我们做这些工作？为什么她们的壁画是奇形怪状的，并且成为一项当地的展览品？联合会在市民与大学师生间建立起了沟通的桥梁。在1936年及以后，学生们在教师成员的帮助下，全神贯注于支持“效忠西班牙现政权（Loyalist Spain）”的问题[1]。学生们发起了各种各样的募捐活动，在一年之内便募集到足够的资金，将两辆装备完善的救护车送给了西班牙现政权的支持者。（Newcomb，1980，pp.78−79）

（一）与加德纳·墨菲的合作

尽管在本宁顿工作期间存在参与政治活动这样一些令人心烦意乱的事情，但纽科姆仍将其主要精力留给了自己的研究和写作，且在此期间他成为全美国公认的学者。他受自己之前在哥伦比亚大学的恩师加德纳·墨菲的邀请，参与了对其著名著作《实验社会心理学》（1937）这本流行教科书的全面修订工作。这部教科书正是由加德纳·墨菲和他的妻子共同撰写的，于1931年首次出版。纽科姆的工作是要增加一个新的主要的部分，这个新

[1] 指1936年爆发的西班牙内战。1936年1月，西班牙人民阵线建立，参加者有左翼共和党、共和同盟、社会党、共产党等。2月16日，人民阵线在选举中获胜，组成联合政府。7月18日，西班牙驻摩洛哥的殖民军首领佛朗哥发动叛乱，反对人民阵线政府，西班牙人民奋起反击叛军。德、意法西斯从7月30日起公然对西班牙进行武装干涉，支持叛军。

增加部分是要将大量有关社会态度、态度改变以及第一版中已出现的人格测量的研究成果系统化、体系化。他的修订使得该书的销量增加了四分之一，并且获得广泛赞誉。这项工作还使纽科姆有了另外一个收获，就是使他掌握了教科书的编写技巧，知道了该如何向同行介绍一个学科新的综合性理论。

在与墨菲合作的同时，纽科姆自己的研究议程也在快速推进。尽管墨菲的教科书最初是聚焦于社会心理实验（social psychological experiment），而纽科姆增加的部分更多针对的是自然情境（natural settings）下态度和人格的测量。纽科姆很欣赏实验方法的推论力度，但同时他也担心有自我意识的人类行为会受到明显的人为实验环境的潜在影响。另外，他也深受勒温的影响，认为勒温研究的迷人之处，恰在于其强调对群体长期行为“为什么变化和怎样变化”的探究，而不是仅考察在严格控制的实验室实验（laboratory experiment）条件下对人们行为的测量。

（二）本宁顿研究

基于自己在社会心理学研究方法上的认识和偏好，纽科姆于20世纪30年代中期，在本宁顿快速地成长为一位在态度变化测量方面很有前途的自然实验（natural experiment）研究者。当时，许多来自上流社会、持保守政治背景的年轻女性经常聚集在一起，因国家经济如此低迷以至于她们也对激进的政治改革产生了兴趣。很显然，毕业于本宁顿学院的学生已经拥有了对政治的一般观点，这些观点与她们刚刚进入学校时的观点有根本的不同，这些变化细节——谁改变了，谁拒绝改变，以及在何种环境和条件下改变——显然不是内部团体过程中的细微变化。社会心理学基本理论的支撑在此受到了挑战。纽科姆想要把这种变化纳入系统研究中。

因此，纽科姆设计了一项雄心勃勃的纵向追踪实验（longitudinal project），以监测学生在本科学习生涯过程中发生这些变化的时间和程度，并具体列出在何种条件下这些变化最有可能发生。他在专题著作《人格与社会变化：一个学生群体中的态度形成》（1943）中报告了一系列丰富的研究成果，研究发现学生的变化是与大学生活经历紧密联系在一起的。在整个大学期间，不仅仅是崇尚自由的慢慢积累过程，事实上，参与研究的大学生其变化也是巨大的，那些参与学校事务更多的学生获得了同伴更多的尊敬。

这项研究努力后来被称为“本宁顿研究”（the Bennington Study），对社会心理学这一新生的研究领域产生了重要的影响。该研究不仅包含新颖的实验设计，而且包含大量探讨个体倾向和群体过程相互作用的创新方法。尤其是群体背景因素对个体反应强有力的形塑过程这一观点，为社会心理学研究的一些最基本的假设提供了实验支持。

本宁顿研究也在很多重要方面形塑了纽科姆自己的学术发展轨迹。这一长期纵向追踪研究（the long-term longitudinal study）在某种程度上成为他个人研究取向的重要标志，尽管纽科姆曾经自嘲地说，比之于每年完成大量实验或短期研究的同行们，他总在等待这项研究慢慢成熟，这显著影响到了他发表研究成果的数量。在他有关大学影响效应的大量研究发现中，有一些也影响到了有关如何利用群体过程强化教育体验的制度实验，30年后，在密歇根大学，纽科姆做了许多类似的研究和实践应用工作。

后来，他利用扩展追踪时间继续开展本宁顿研究。1960年，他找到了当年参加实验的学生（这时，这些学生已经人到中年），研究的目的是评价他们与大学生活联系的态度变化的持续性（persistence），结果发现，态度变化获得了惊人的稳定性，进入大学后改变信仰的学生和进入大学之前就是自由主义者的学生获得了同样的结果。该研究成果体现在纽科姆与合作者共同出版的《坚持和变迁：本宁顿学院和它25年后的学生》(1967)中。在1984年纽科姆去世前，他仍和年轻的社会心理学家阿尔温（D. Alwin）一起对当年参加过本宁顿实验的学生进行访谈，这时距离当年开始实验已经过去了40年。该合作研究成果即为《跨越生命全程的政治态度：50年后的本宁顿女性》(1992)，该书在纽科姆去世近八年后才出版。

> 回忆起来让我有点惊讶的是，这些（政治）活动仍然给我留下了研究、写作与发表的时间。在本宁顿的7年中有6年，需要花费大量时间的一项工作是最终出版了名为《人格与社会变化：一个学生群体中的态度形成》的著作。在二战期间这本书显得不引人注意，因为纸张短缺，出版有些延误，而且许多潜在读者也都正在

参加那场战争，也无暇阅读这样沉闷无趣的专著。后来这本书被关注，已经是几乎40年之后的事了，它仍然被称为是一部具有“先驱贡献”的著作。许多早期对它的引用聚焦于我的一些思考，这不是本书主要的贡献。“我的上帝，这些女孩是如何改变她们的态度的”不是本书的重要主题，我的关注点在于她们如何与为什么改变了她们的态度。后来，许多引用更多地关注的正是这项研究的后一些方面（为什么改变）。

当我仔细检查在本宁顿每年旧的记录时，我发现我发表的作品与我生命中其他7年一样多，大概也同样高质量。直到许多年之后，我都不知道“发表或毁灭”（不发表即毁灭）这句教条。在本宁顿，甚至没有一位同事或管理者知道我发表了什么。午餐时与教师的集会上，大家也不讨论这种问题。后来，我才渐渐理解，我只是必须完成这项工作，因为我想要完成——或者甚至于强制性地要完成它，因为我被一些内在的强烈欲望所驱使。这在今天，退休很久之后，对我而言依然真实。（Newcomb，1980，pp.79–80）

第三节　工作生涯——密歇根大学时期（1941年之后）

在本宁顿的第七年，纽科姆受邀加入密歇根大学的教师队伍。他欣然接受了这个新职位，因为他已经开始怀念与研究生（本宁顿学院的教育对象主要是大学本科生）以及即将毕业的学生相处所带来的激励和兴奋。但他在安阿伯（Ann Arbor，密歇根大学三个分校之一）这一新岗位开始工作只有几个月，导致美国陷入第二次世界大战的珍珠港事件爆发。不久，他就前往华盛顿，加入了当时正在筹建中的社会科学家骨干队伍，这支队伍主要从事与战争相关的各种工作。纽科姆在对外广播信息服务部和战略服务办公室工作，在战争后期，他还前往欧洲协助进行美国战略轰炸调查。

> 当我受邀加入密歇根大学教职时，我急切地接受了。我会有研究生，我会有男学生（在当时，相对而言几乎没有女生立志于学术性职业，而本宁顿学院是一所女校）。当我注意到我在新职位上的欢快时，我知道从事研究以及与在校学生互动，对我而言就成为必需之事了。

另一些事也碰巧发生了。在结婚10年和有3个孩子之后，我的家庭生活也成了中心。我们共同建设，家庭生活非常幸福。玛丽（她作出了很多调整）真心希望我去做自己想做的事情，有些时间我会帮助她去做她感兴趣的事情。孩子们大多数时间都非常开心。所有这些，包括还有一个迷人的工作机会！再一次地想说，为什么这些幸福的事情都会发生在我的身上呢？

我在密歇根大学的工作时间占到了我学术生涯的3/4，但其中至少有6年是在“休假”上——具体包括在华盛顿与欧洲的战时研究、学术休假，在其他地方，如在富布莱特与古根海姆（Guggenheim）基金会的工作，在加利福尼亚州帕洛阿尔托（Palo Alto）的行为科学高级研究中心还有1年——更多的是我这方面的学术性团体的活动，也有以玛丽为主的安阿伯的更大的团体活动——因为玛丽已经成为一名专业的社会工作者。（Newcomb，1980，p.80）

一、人才培养

战争结束后，纽科姆回到了安阿伯，重新开始认真努力完成他原先被聘用时承诺的任务，即帮助密歇根大学发展社会心理学这一新兴学科领域的队伍和力量。他以非常严肃的风格来做这件事情。他向校方提议设立一个联合博士培养项目。项目由他主持，并由社会学和心理学两个系共同参与。

关于这一新项目，当时只有哈佛大学有一个比较松散的类似项目，该新项目的设立立刻就取得了成功。项目只接收硕士以上程度的学生，不久就吸引了大批申请者，也因此得以设置较高的准入门槛。纽科姆安排了非常杰出的教职工队伍来支持该项目的规划管理和教学，核心人物包括卡茨（D. Katz）、卡特赖特（D. Cartright）以及其他在华盛顿时结识的并一同回到密歇根大学执教的社会心理学家，他们一起组建了社会研究所。很快，该项目拥有了博士学位授予权，成为该大学拥有最多博士生的博士点之一。接下来的20年间，在纽科姆的领导下，该项目的毕业生走向了美国的各个科研院所，以跨学科的名义占领了社会学和心理学的许多重要阵地。

纽科姆在《思想之爱》中如此描述这段经历：

> 在这里，我成为社会学与心理学两个系的成员，也与和大学有联系的知名社会研究所保持紧密联系。我被邀请到这里，目的就是为推动和发展这里的社会心理学工作——一个传统上既属于社会学也属于心理学的领域。在过去也被称为一院双系，我以前从未遇到过。在我从履行参与战时任务的义务中返回后的两年，我的两个系主任与我一道，说服研究生院的院长批准设立了一个联合性的、跨系的社会心理学研究项目，一个当时刚刚兴起的研究领域。除了在哈佛有一个有些类似的项目

外，这个项目是唯一的。我们只录取有硕士学位的学生，不久之后我们就接到了大量的申请书。我们这一研究项目的课程——最初相对固定，但是后来有了好的学生及好的学习、工作条件后，课程就变得更加有弹性——由社会学家与心理学家共同教授，他们中的许多人是研究所里的研究员。在4年或者5年之内，这个项目是在整个密歇根大学中每年授予博士学位最多的项目之一。并且，许多毕业学生后来获得的赞誉，证明我们连续培养了一批十分优秀的学生。

这个项目被公认获得成功，但在20年之后项目被终止，因为其中一个系的一些有权力的成员存在不满，认为他们的系成了一个更小的部分，他们缺少影响力——尽管两个系是同等地由所有委员来代表。甚至是学院院长，一位知名的调和者，也不能将我们团结在一起了（这是我在生疏的政治生涯上的第一次经验）。在许多年以前的这个怪异的时间点上，我已经从这个项目管理者职位上辞职了（“我大概是墨守成规的，然而为什么没有提前退出呢？”），所以我不对这次项目中断负责。然而，这对我而言就像失去了一个孩子，有些事我永远都不能忘记。（Newcomb，1980，p.80）

二、社会心理学教科书编写

在上述社会心理学联合培养项目施行的早期，纽科姆出版了他的主要教科书《社会心理学》(1950)。这是一本娓娓道来但又深思熟虑的著作，受到普遍的欢迎并广为流行。事实上，在社会心理学这一新的领域里当时已有一些优秀的教科书存在了15年，其中就包括1937年纽科姆参与并贡献力量修订的墨菲的《实验社会心理学》。然而，以往著作绝大部分是由心理学家以明显的心理学观点撰写而成的。尽管纽科姆自己也是心理学专业出身，但是他对这一领域的定义融合了更多社会学基本概念的元素，包括社会角色、社会规范以及其他社会结构方面的基本概念和观点。

在这一时期，纽科姆还与查特斯(W. W. Charters)(1952)在实验工作方面合作拓展了他的本宁顿研究。实验工作操纵了参照群体，突出了情境影响因素，测量了在这些情境因素影响下态度的变化情况。

教科书的出版和流行以及人才培养方面的巨大成功，逐步奠定了纽科姆在社会心理学领域的地位。他如此描述这段经历：

> 我出版了一本被广为接受的教材(它的版税帮助我的三个孩子完成了大学学业)。我参加了全国性的社会学学会与心理学学会的年会。于是，我被来自其他机构的同行所熟知。在1948年，我被选入美国心理学会

（APA）的理事会，几年之后成为主席。在那些日子，这个职位根本上是个荣誉职位。我从未觉得，我有愿望或者有能力成为一个大型组织的管理者。今天，APA主席有多样、复杂与无止境的职责。

在密歇根正像在本宁顿，我是一位不知疲倦的研究员。然而，在这里，我的同事的确知道我正在做什么。我总是有顶尖的学生帮助我——不仅有苦活累活，还有思想和观点。他们都成为我亲密的朋友。许多人现在仍是如此。我最喜欢的谚语之一出自罗马皇后科妮莉亚（Cornelia）。当被人问到她的珠宝时，她派人叫来她的两个儿子，指着他们，她回答道："这便是我的珠宝。"这也正是我感受以前学生的方式，没错，他们是我的珠宝。他们中许多人已作为学者而熠熠生辉，但是对我而言，他们首先是朋友。（Newcomb，1980，p.80）

三、人际交往理论研究

与此同时，纽科姆也开始研究一系列的理论问题，这些工作分散在他后来至少十年的研究工作中。他对20世纪40年代海德的研究产生了浓厚的兴趣，发展了其认知"平衡"（balance）的命题，认为在一个单元关系中，在对对象的认知方面存在着一种趋向对称的倾向（tendency toward symmetry）。这里所谓的认知对象是指在认知上和行为者彼此都有密切关系的对象。这种联系的一个最明显的具体例子也许是信息和信息源的关系。例如，如果一个行为者听到一个信息源，他会有感知，并表现出某些态度，对于态度他也会产生感知，当然，在任何确定的时间条件下，这些感知在信号方面可能是相反的：喜欢信息源（信息发布者）但是不喜欢信息，或者相反。这些结构代表了一种不平衡（disequilibrium）形式（或失调形式），其对于参与者的态度和行为均有较强的预测力，这些表现最通常的情况是，个体对这些有联结关系的参数（变量）充满了一种趋向于最大对称（greater symmetry）的持久期待。

纽科姆从行为个体和与其有交往的人这一关系的本质中，抽取出结构均衡思想（ideas of structural equilibria），并且以此作为一套理解两人之间或二元互动关系（dyadic interactions）的基本术语。个体A和个体B之间的关系可以描述为喜欢或不喜欢的态度，而且任一个体都可以喜欢或不喜欢一个他们共同取向的对象X。这些术语形成了一个A—B—X系统，因为在呈现出的X对交往双方的效价之间，存在一些互相依赖或者是"趋向对称的张力"（strain toward symmetry）。有关A—B—X系统细节方面最详尽的阐释，可参见本书第三章纽科姆的非常有影响力的论文《研究交往行动的一种方法》。

在接下来的十年间，纽科姆的大部分工作都专注于有关人际知觉（interpersonal perception）和喜欢（liking）现象的研究。他渴望在一个更自然的环境中来检验他所提出的A—B—X理论的预测力，而且倾向于采用与本宁顿研究毫无相似之处的现场实验设计（field-experimental design）。他感到他自己需要捕捉到这一系统过程的开始状态，也即在他们意识到彼此存在之前，进一步说是在交往双方中任一方了解对方对不同X的取向之前，要抓住“A的”和“B的”当时状态是什么。因此，他安排了一个为期两年的追踪研究，被试从一到达大学就被安排在同一所房子里生活，宿舍同伴彼此都是第一次见到对方，他通过这种设计来考察学生的态度与人际吸引（interpersonal attractions）之间的关系。作为该项研究成果的专著《熟悉的过程》于1961年出版，这一著作成为对社会心理学又一里程碑式的贡献。

提出人际交往理论，并设法去验证自己提出的理论，但对于如此重要的学术贡献，纽科姆在自传体回忆录《思想之爱》中却鲜有提及，只是强调了自己学术生涯中研究取向的逻辑是一脉相承的、连贯的，而且对自己喜欢的自然情境研究方法也进行了辩护。

> 在这里，我不准备描述我的研究，我的一些研究已经被社会心理学家所熟知。我只是想强调我所有研究的一个特定的连贯性，即我的研究是纵向研究，换言之，主要研究的是群体随着时间而改变（我在实验室仪器使用方面与在运动方面几乎都是一样笨拙）。我着迷于变迁的方式与原因，这种观点我是后来从勒温那里学习来的，我认为他是社会心理学家中首要的英雄。这些研究是随着我最初的本宁顿研究开始的，紧随其后的

是《坚持和变迁：本宁顿学院和它25年后的学生》。这些研究非常消耗时间，正如我的一些同事所指出的，这些研究缺乏精确度与实验室实验的“精确控制”。这一点我让步，但是人们从来不了解实验室实验对“自然”情境有多少适用性。我关注从每种研究情境中所获得所发现的普遍性（规律）。幸运的是，这一观点在研究者们之间普遍一致，因此，我们可以自由地选择我们各自的情境，也可以自由地选择我们自己感兴趣的问题。无论如何，如果我发表作品的数量低于100篇，至少部分原因是我沉迷于纵向研究，但是，我没有遗憾。（Newcomb，1980，p.80）

四、晚年工作和研究

在晚年，纽科姆转向了他终生的兴趣之一，即把“生活和学习”有益地结合起来应用于密歇根大学一些实际的制度建设中。他和同事们在校内设计和创建了一个小型的、非正式的寄宿制学院（residential college），纽科姆是核心人物之一。早期他作为该寄宿学院的副主任，倾注了大量的时间致力于新制度的建立，尤其关注学校社区管理模式的创建，该模式的主要特点是吸纳大量学生参与。他也经常在美国的其他地方，为类似项目的发展提供咨询。1968年，他与弗里德曼（K. A. Feldman）合作编著的重要著作《大学对学生的影响》出版，这部著作凝聚了纽科姆丰富的非正式经验、个人研究以及大量的文献资料。

在我退休前的7年多时间里，我最大的兴趣之一是去实现一个理想，即在大学里创建一个小型的、非正式的寄宿制学院。我是发起这个提议的许多教师之一，但是其他多数教师不久以后就退出了。我们有两位主要支持者，一位是艺术学院的院长——他是我以前的学生（毕业后成为伯克利大学的领导），另一位也是我长期的朋友。我当时接受一位院长的任命，担任筹备委员会的主席，做一些准备工作，随后，我们将向学院全体教职工汇报情况。院长的工作内容是与那些受尊敬的教师成员们作非正式的沟通，我们的工作是提出一个计划。当他认为时机成熟时，他将计划的副本分发给各位教师成员，教师成员在下一次会议上会投票，表决该计划是否值得执行。为了保证大家有思考与非正式讨论的时间，可行性问题，也包括财务问题，在后来的一次教员会议上被讨论。让我吃惊的是（我认为院长不吃惊），提议被采纳了，虽然是被微小多数所采纳。在这个被创立的委员会中，我成为其中最活跃的成员之一。剩下来的事情就是决定课程设置及一些次要的问题。

寄宿制学院在两年之后开张。我是委员会中少数想在那里教书的人之一。我被任命为副主任，这一角色对我正合适。我在最初的数个月，为了成立一个半数由学生组成的学校社区管理机构投入了大量时间。成员们尤其是学生成员对“有如此多的权力”感到吃惊。为了让许多学生参与这项事业，我做了很多工作，该机构的会议是公开的。新学院的一个指导原则是，在方式上将会是创新的，以便于可以被艺术学院所采用，事实上，后来的许多实例证明确实是这样做的。在寄宿制学院成立后的13个年头，虽然没有了我，但它仍然存在并且很健康。

在我参与寄宿制学院管理工作期间以及之后，我参观了其他性质类似的小型新学院，有时候受邀作为顾问，有时候是我自己主动。关于它们我写过一些东西——例如，有一本著作叫《大学对学生的影响》。在前些年，我有幸成为安蒂奥克（Antioch）学院董事会的一员，后来成为它的主席。

我有时候想知道，为什么在我深入地参与教学、研究与家庭生活的时候，仍然沉浸于学院或者大学教育改革活动之中。我从我研究生年代到现在，在不同方式与不同程度上使自己与“变革的”教育结盟。但同样足够令人好奇的是，我也从未考虑过要反对“健全合理的”传统学术性教学或研究。事实上，我对二者都感兴趣……也可能是我长期都喜欢成为“第一个尝试新事物的人”。（Newcomb，1980，p.81）

纽科姆曾如此来谈及自己的晚年生活：

> 一个人的个人形象在他70多岁时，比在20多岁时更容易看得清楚；我假设改变或变化一般在更早的年岁会更可能发生。尽管退休会使人不安，但在我身上并非如此。我每年都在其他大学与学院演讲与教学。我阅读得更多，写作与出版更多，甚至研究也与以往一样多或更多，有时候有津贴，有时候没有，但我一如既往。为什么我的自我形象应该改变呢？然而，确实有点——毕竟，环境上的改变带来了行为上的改变，而通过自我觉察带来了新的自我形象。（Newcomb，1980，p.82）

五、社会兼职与学术荣誉

纵观纽科姆职业生涯的整个过程，他供职于社会心理学的两大父系学科心理学和社会学，在其中都扮演了不同的重要角色。他在1945—1946年担任重大社会问题心理学研究学会（Society for the Psychological Study of Social Issues）主席，在1948—1949年担任美国心理学会人格和社会心理学分会（Division of Personality and Social Psychology of the American Psychological Association）主席。他在1954—1959年主编顶级杂志《心理学评论》，1955—1956年被选为美国心理学会主席。

在不同的背景下，他从1959年到1972年供职于安蒂奥克学院（Antioch College）的理事会长达12年之久，最后6年还担任理事会主席。从1961年到1966年，他每年都会花一段时间到西部行为科学研究所（Western Behavioral Sciences Institute）做访问学者。他也完成了在加利福尼亚大学的圣迭戈（San Diego）分校和圣克鲁斯（Santa Cruz）分校的数期客座教授工作。另外，他还是约克大学（York University，多伦多）和阿默斯特学院（Amherst College）的著名客座教授。在密歇根大学的最后时光，他还和玛丽·安（Mary Ann）、查尔斯·R. 沃尔格林（Charles R. Walgreen, Jr.）等教授一起从事了人类理解方面的研究。

除了在1974年他当选美国国家科学院（National Academy of Sciences）院士外，纽科姆的学术贡献还给他带来许多其他的荣誉和奖项：1951—1952年，伦敦富布莱特基金（Fulbright Scholar in London）学者；1956—1957年，斯坦福行为科学高级研究中心的特别会员；1960年，成为古根海姆研究员；1957年，当选美国艺术与科学院（American Academy of Arts and Sciences）院士。其他奖项还包括：社会问题心理学研究学会颁发的勒温纪念奖（Kurt Lewin Memorial Award，1962），美国教育学研究协会（American Educational Research Association）颁发的第一个年度研究奖（1972），美国心理学会颁发的杰出科学贡献奖（1976），以及美国社会学会（American Sociological Association）颁发的库利—米德奖（Cooley-Mead Award，1980）。

在谈到自己所获得的学术荣誉时，纽科姆这样写道：

> 在最后10年左右，我收到了各种各样的学术性荣

誉：一个我所任职大学的名誉教授职位，国家科学院的成员资格，一个APA“杰出科学贡献”的奖项。我从APA收到了几乎每一种可能的荣誉。并且，如果可以被视为一个“荣誉”的话，最近我与以前学生合作的一个四年研究计划获得批准。我对这些荣誉事例中的每一个都感到极大的满足与惊讶。（我有不作期待的习惯，尤其是不期待好事发生；这样，当好事没发生时，我也不会失望。）无论如何，我相当确定，我所获得的奖励是我持久扎实的工作与一套讨人喜欢的基因共同作用的结果，而不是因为任何特殊的才华。因为我直接或间接地从同事们那里获得了社会支持，我没有感到在社会支持方面有任何缺乏。（Newcomb，1980，p.81）

第四节　纽科姆本人

一、性格特点

在纽科姆的自传体回忆录中，他回忆说，在自己青少年时期，也即还是一个孩子时，他的父亲曾向家里人宣布，他将会为家庭带来赞誉，而且他将会是家里孩子中最有名的一个。父亲对纽科姆的赞誉便是："接下来的事情难道不会更棒吗！"70年后，作为纽科姆最亲密的同事和以前的学生，在密歇根大学的一个纪念馆对他进行了追忆。纽科姆被所有人提及的诸多特质之一便是他充满生之愉悦，对生活充满难以抑制的热情。

大家同样多次提到的，是纽科姆富有感染力的风趣和幽默感。在大家看来，他是一位智者，经常不拘小节，所以有时会被人们称为"无纪律的人"，但他的幽默从来不是以刻薄的方式对待他人。纽科姆期望将工作视为娱乐，他的一个学生加姆森（W. Gamson）在纪念会上回忆"他从来不将严肃和刻板混为一谈"，纽科姆的课堂"就是和思想在玩耍的时间——严肃的玩耍"。

另外，纽科姆也是一个极度慷慨的人。卡恩（R. Kahn）曾回忆说，纽科姆的慷慨“不仅是为了一个好的理由、贫困学生或者困窘的同事花钱”，“而且在自己的宝贵时间上也很大方”。这一点在他的学生身上体现得最为明显，他曾将他的学生们称为“珠宝”。正像他是有志向年轻人的光辉榜样那样，他和玛丽的婚姻也是有名的夫妻恩爱佳话。他们的家非常开放，他们也几乎被所有参加过社会心理学联合博士培养项目的学生们看作精神父母。多年以来，纽科姆在研究项目的合作及专业写作方面提携了许多学生，对于这些学生而言这是一段珍贵的学习经历，尽管就他自己的时间而言，这样做可能并不总是最有效的。

二、政治态度

纽科姆在对待规则和权威方面的反应也非同一般，而且不论是对来自上层或是来自下层的人，他的态度都始终如一。当然，他是一个强烈的平等主义者，在相同的时间和地点，他会和很多人分享这种价值。他对围绕在自己身边的浮华和吹捧感到不适，并且总以平静和幽默的方式拒绝来自他人的这些做法。

一个草率和肤浅的观察者或许会认为纽科姆对权威十分不敬。但是这样的观察与纽科姆的亲和以及令人信任的性情格格不入。他对人类社会的各种机构组织并不是消极以对；而事实上，正如已提及的那样，他自己就创建了一些非常具有革新性的组织，并引领它们走向卓越，但是他骨子里没有官僚习气。虽然他明白规则和社会组织可以促进朝向许多迷人目标的进步，但是他也明白它们同样会成为障碍，而这也正是他不愿去容忍的一个结果。

事实也确实如此，在纽科姆的纪念会上，加姆森曾以“一个某种意义上故意对障碍表现出迟钝的人”来形容他。他的天性总是在问“为什么不”，以及“与其将提供证据的责任总是加之于那些反对者且姗姗来迟，还不如加之于那些能够创造一些新的和不同事情的人”。界限在他这里被逾越，潜规则也被打破。“为什么不能打破？它们是我们自己设定的界限和规则，难道不是吗？”他的聚焦点总是目标和主要的理想，而关于对实现目标和理想的最好途径的抉择则留给了后来者。

他确实和高层权威有过一次公开对抗，并且他令人印象深刻的是表现了自己。在20世纪50年代早期，美国众议院的非美活动调查委员会突然造访了安阿伯，目的是调查密歇根大学教职工中被怀疑的共产主义同情者。尽管纽科姆本人因为他自己在20世纪30年代的共产主义会员身份上了非美活动调查委员会的调查名单，但他并不是需要被立即深入询问调查的人员之一。一些年轻的教职工为了满足委员会的要求拒绝认同他们的联系，然而，一个具有威胁性的大学管理机构却同意驱逐他们或暂缓他们的教职。这一投降行为使大部分教职工陷入困扰之中。当校长在大学评议会上为他的行为辩护时，纽科姆从评议席上站起，以虽然冷静却强有力的姿态向非美活动调查委员会和学校管理层质疑，质疑大学的学术自由精神。这对很多同样是同情者身份的大学同事来讲都是一件相当难堪和耻辱的事情，纽科姆一个人站出来面对了这一问题。

关于上述事件，纽科姆曾作如下回忆：

> 如同其他人那样，我时常会主动改变自己去适应矛盾（或不协调）。一方面，我喜欢被人喜欢。我的父母曾经关注过我的适应性，关注过我与任何一个朋友相处的意愿。我一直喜欢被人喜欢。对这一点我毫不怀疑。我是如何将这一点与我的“激进主义”结合在一起的呢？首先，或许因为我的父母在较短的几年内从共和党成员转变为社会主义的同情者。更重要的是，由于我对独立性的探究，我像很多人那样倾向于选择与我一致的朋友。我的“激进主义”已经日益成为一种意识形态与个人价值观的问题，而不仅是行动问题。我没有真的被停止政治生命。大学的一位副校长有一次（当我处在与非美委员会有关的困境中时）曾对我说：“特德（纽科姆的昵称），当然，我们认为你不是一名共产主义者。你不是那种人。”信任我的人中包括我的学院与所在大学的管理者（他们并不总是值得去信任）。我对独立的需要通过维持一种非传统的意识形态和总是拥有合意的朋友（包括学生）来满足，因此通过被人喜欢来满足我的需要。有一次唯一的例外（另一位副校长建议我不要那么坦率直言，并且拒绝了一个给我涨薪的推荐——这种“惩罚”在不久后被我的院长取消了），我没有因为

> 自己的思想而在学术上受苦。再一次地，我享受从两种途径拥有它的好处。（Newcomb，1980，p.82）

三、思想之爱

纽科姆是一个完全不会刻意地去伪装神圣但信念始终如一的人。他是一位热情和风趣的伙伴，同时也是一位令人鼓舞的同事和良师。他像任何其他社会心理学家做的那样，使社会心理学成为一个专门的研究领域，而且用令人振奋的50年帮助厘清了社会心理学的研究主题。更重要的是，他对人类生存的条件，以及这些条件如何才能够被更好地理解充满了不知疲倦的好奇心和探究欲。而且对于后来者，他还向我们传递了一种完美的研究技巧，即“思想之爱”（也即要做有思想的研究）。

> 我现在把自己看作快乐的、被朋友们（包括一位几乎相伴终生的妻子）祝福的、一位不知疲倦的学者，并且对社会与心理世界持续性地好奇。从任何宗教意义上讲，我都不是一个虔诚的教徒。在政治与教育中，我是左倾的。我的不足之处包括对体育不敏感和对艺术愚钝。但我爱上了几乎每一种思想和观点，并投身于各种非正式的讨论，在讨论中我愿意认为我主要是通过倾听来参与其中。大体上，我对我自己满意，并且能很敏锐地感受到别人是否满意。我是一位终身的园丁，大体上

> 也算是一位独奏曲演奏者。我有时候对别人很粗率，但是在他们的陪伴中通常感到高兴。在我的研究工作中总是有工作要做，当研究之外的其他事处于优先地位时，我经常觉得沮丧。我经常健忘（毕竟，我已经成为教授大半生了）。为了这个，包括其他缺点，我准备好了原谅自己。我有作为一名新教徒所拥有的大多数特质，包括一点加尔文教派对罪行的敏感和对工作的强迫。我愿意让人们据实地按照真实的我来感受我。（Newcomb，1980，p.76）

四、结语

纽科姆在其自传体回忆录《思想之爱》中的结尾可以作为本章的结语：

> 当我检查我写下的这些东西（指他的自传体回忆录）时，我注意到我没有提及那些长时间处于痛苦的时期。大概因为那是些我不喜欢论述的问题。如果是这样，为什么？可能因为那些令人烦恼的问题，一旦被人满意地克服，就倾向于从记忆中消失了。勒温关于这个命题曾举过一个非常好的例子，当紧张被消除的时候，伴随紧张的情境也倾向于被遗忘（蔡加尼克效应）。当然，弗洛伊德会认为，是由于负性的事件可能被压抑

了，很可能是一种不能有意识地连接起被压抑的“材料”的结果。我个人的回答是，如果事情真是如此，那么我就不能再接近那些事件了。但是弗洛伊德博士没有写自传。我的任务是报告我的自我认知。我乐意认为，那些令人烦恼的事件，随着幸运、我个人方面的认真努力、他人的帮助，已经被解决了，对我而言，这似乎是可接受的理解。于是，我能够继续做我已深深投入其中的事业。

如果我可以修改一句古老的告白，我现在的感觉是，我已经完成了我原本应该完成的绝大多数事情与我原本不应该完成的一些事情，而且我感觉自己现在总体上相当健康。阿门。（Newcomb，1980，p.82）

附录一　纽科姆生平年表

1903年7月24日，出生于美国俄亥俄州东北部阿什特比拉郡的一个名叫罗克克里克的村庄。

小学和初中，在乡村只有一间教室的学校读书，其间随父母从一个小镇搬到另一个小镇。

高中，在俄亥俄州克利夫兰城的一所中学就读。

1920年秋—1924年春，上大学，在俄亥俄州奥伯林学院，四年。

1924年秋—1925年春，在高中教书一年。

1925年秋，进入纽约市联合神学院，读研究生。

1929年，获哥伦比亚大学心理学博士学位。

1929年秋，受邀赴宾夕法尼亚州利哈伊大学心理学系任教（第一个职位），不久辞职。

1930—1933年，在西储大学克利夫兰学院担任教职（4年）。其间于1931年8月27日与玛丽结婚。

1934年春—1941年，在佛蒙特州本宁顿学院任教（7年）。

1942年至退休，在密歇根州密歇根大学任教（占纽科姆整个学术生涯的3/4，其中，至少6年在“休假”——包括学术休假，在华盛顿与欧洲的战时研究，在其他地方如在富布莱特与古根海姆基金会的工作，在加利福尼亚州帕洛阿尔托的行为科学高级研究中心工作1年等）。

1984年12月28日，去世。

附录二　纽科姆主要著作和研究成果

1929年

Does extroversion-introversion offer a clue for the prognosis and treatment of problem boys? *Mental Hygiene*，*14*，919–925.

1937年

With Gardner and Lois Murphy. *Experimental Social Psychology*. Wilmington，N.C.: Harper.

Determinants of opinion. *Public Opinion Quarterly*，*1*，71–78.

1942年

Community roles in attitude formation. *American Sociological Review*，*7*，621–630.

1943年

Personality and Social Change. Hinsdale，IL.: Dryden Press.

1946年

The influence of attitude climate upon some determinants of information. *Journal of Abnormal and Social Psychology*，*41*，291–302.

1947年

Autistic hostility and social reality. *Journal of Human Relations*, *1*, 68–86.

1950年

Social Psychology. Hinsdale, IL.: Dryden Press.

1951年

Social psychological theory: Integrating individual and social approaches. In J. Rohrer and M. Sherif (eds.), *Social Psychology at the Crossroads* (pp. 31–49). New York: Harper and Brothers.

1952年

Attitude development as a function of reference groups: The Bennington Study. In G. E. Swanson, T. M. Newcomb, and E. L. Hartley (eds.), *Readings in Social Psychology* (pp. 420–430). New York: Henry Holt.

With W. W. Charters, Jr. Some attitudinal effects of experimentally increased salience of a membership group. In G. E. Swanson, T. M. Newcomb, and E. L. Hartley (eds.), *Readings in Social Psychology* (pp. 415–420). New York: Henry Holt.

1953年

Social psychology and group processes. *Annual Review of Psychology*, *4*, 183–214. Stanford: Stanford University Press.

An approach to the study of communicative acts. *Psychological Review*, *60*, 393–404.

1956年

The prediction of interpersonal attraction (Presidential Address to American Psychological Association, September 1956). *American Psychologist*, *2*, 575–586.

1958年

Cognition of persons as cognizers. In Renato Tagiuri and Luigi Petrullo (eds.), *Person Perception and Interpersonal Behavior* (pp. 179–190). Stanford: Stanford University Press.

Newcomb, T. M. (1958). Review: F. Heider, the psychology of interpersonal relations. *American Sociological Review*, *23*, 742–743 (b).

1959年

The study of consensus. In R. Merton, L. Broom, and L. Cottrell, Jr. (eds.), *Sociology Today*, Vol. 11. New York: Harper and Row.

1961年

The Acquaintance Process. New York: Holt, Rinehart and Winston.

1963年

Stabilities underlying changes in interpersonal attraction. *Journal of Abnormal and Social Psychology*, *66*, 376–386.

1966年

With K. O. Price and E. Harburg. Psychological balance in situations of negative interpersonal attitudes. *Journal of Personality and Social Psychology*, *3*, 265–270.

1967年

With K. Koenig, R. Flacks, and D. Wanvick. *Persistence and Change: Bennington College and Its Students after 25 Years*. New York: John Wiley and Sons.

1968年

With K. A. Feldman. *Impact of College on Students*, vols. I and Ⅱ. San Francisco: Jossey-Bass.

1970年

With D. R. Brown, J. A. Kulik, D. J. Reimes, and W. R. Revelle. Selfselection and change. In Jerry Gaff (ed.), *The Cluster College* (pp.137–160). San Francisco: Jossey-Bass.

1971年

Dyadic balance as a source of clues about interpersonal attraction. In Bernard I. Murstein (ed.), *Theories of Attraction and Love* (pp. 31–45). New York: Springer.

1979年

Reciprocity of interpersonal attraction: A nonconfirmation of a plausible hypothesis. *Social Psychology Quarterly*, *14*, 299–306.

1980年

The love of ideas. Autobiographical statement. *Society*, *17* (6), 76–82.

1992年

With Duane F. Alwin, Ronald L. Cohen. *Political Attitudes over the Life Span: The Bennington Women after Fifty Years.* The University of Wisconsin Press.

第三章　纽科姆人际关系经典名篇选译

认知均衡理论（A—B—X模型）和人际吸引相似性原则是纽科姆人际关系思想的核心内容。在纽科姆看来，个体的心理和行为与群体过程是紧密相关、密不可分的，对个体心理和行为的探讨需要深入揭示群体的特性，而揭示群体特性的最佳路径则是将人际间的互动和交往作为研究对象，这是因为群体特性是由人际交往的条件和结果所决定的。正是在对人际交往过程深入研究和思考的基础上，纽科姆提出了他著名的认知均衡理论。

纽科姆将吸引定义为人对人（非物）的取向，与人对物（非人）的取向相比，其在人际交往过程中的作用更加直接和重要。人际吸引因何发生？其内在机制是什么？社会心理学领域早期的观点认为是邻近导致了吸引，将邻近原则看作人际吸引的重要原则。那么邻近为什么会导致吸引呢？在研究者看来，邻近提供了交往双方相互奖赏强化的机会。比如当一个人遇到问题时邻近的人最有可能及时伸出援手提供帮助，而受助者除了表达感激外，在以后助人者遇到问题时自己也会及时提供帮助，长期累积的相互奖赏和强化就导致了人际吸引。但在纽科姆看来，人际吸引的根本性机制则是相似性原则，也即随着交往的增加，交往双方对重要和相关对象的态度相似性（包括客观的相似性和认知到的相似性）会不断增加，正是这种态度相似性导致了交往中的公平互惠，最终导致相互吸引。

为使读者深入理解以上观点，本章将通过原作翻译的形式原貌呈现纽科姆的认知均衡理论（A—B—X模型）和人际吸引思想。前者会重点介绍理论的基础假设、模型构建、对称思想、模型的动力机制及群体特性等内容，后者则会重点介绍其邻近原则、强化原则、相似性原则（互惠原则）以及对这些原则的思考和验证。

第一节 《研究交往行动的一种方法》[1]选译

这篇论文提出了一种可能性：许多曾经被不同程度贴上“互动”（interaction）标签的社会行为现象更适合作为交往行动（communicative acts）来研究。就像某种可观察的固体物质宏观上是由分子组成的结果一样，特定可观察到的群体特性也是由交往行动的条件和结果所决定的。

最初的假设是：人类的交往在扮演着一种促使两个或更多人之间维持同时朝向交往者彼此及朝向交往目标这样的基本功能，就像沟通过程中的信息传播者和信息接受者。在表明这样一个基本观点之后，我们将试图证明这套观点能够被实证研究发现所支持。

一、共同取向和A—B—X系统

任何交往行动都被看作一种由可辨别刺激组成的信息的传

[1] 本文译自纽科姆1953年发表于《心理学评论》第60卷第6期的“An Approach to the Study of Communicative Acts”一文。

播过程，从一个信息源到一个信息接受者。[1]为了本研究目的，可被辨别刺激物被假定有一个可辨别的客体对象作为指示物。因此，在一个最简单可行的交往行动中，有关某个对象（X）的信息从一个人（A）向另一个人（B）传递，这样一个行动在这里被表征为“A对B关于X（AtoBreX）”。

“取向”（orientation）这一概念在它涉及注意（专注）倾向和认知倾向的更多含义中通常等同于“态度”，“同时性取向”（simultaneous orientation）（下文简化为“共同取向”）这个短语其本身则代表了一种假定；换句话说，A对B的取向和对X的取向是互相依赖的。A—B—X因此被看作是正在被建立的一个模型系统。更确切地说，某些可确定的A与B之间、A与X之间、B与X之间的关系都可被看作是相互依赖的。为了特定的研究目标，该系统可被看作是一个包含于A和B的生活空间内的感知系统；为了另外的目标，该系统则可被看作是一个包含了从观察A和B的行为中所推断出的所有可能关系的“客观的”系统。当一个给定的“A朝向B关于X”这样一个例子发生时，我们就可假定存在一个给定的系统状态，同时假定由于这一事例的发生，系统将会经历一些变化（即使这些变化被仅仅看作是对系统原先存

[1] 这一陈述改编自米勒（Miller，1951）的定义：“‘信息’通常指的是一套可供选择的可辨别刺激物中一种刺激物的出现。所谓可辨别刺激物指的是这样一种刺激物：它是随机的、象征性的与一些事物（或状态或事件或属性）相联系，这种刺激物能使受到该刺激的生物有机体从其他事物中辨别出这一事物。”

在状态的一种强化）。

A—B—X系统的最小组成要素可以用图3-1来概括性地说明，列举如下：

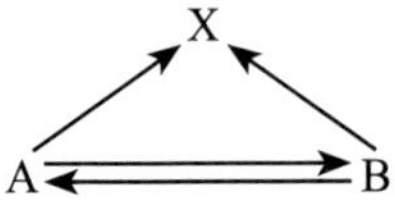

图3-1　A—B—X系统的最小组成要素图解

1. A对X的取向（A's orientation toward X）。这种取向包含两种态度，一种是对作为目标的X的接近或回避（以信号和信号强度为特征），另一种是对X的认知过程（信念和认知构建）。

2. A对B的取向（A's orientations toward B）。与上述含义完全相同［为了避免用词混乱，我们将用"吸引"（attraction）一词来表述对作为人的A或B的积极或消极的关系，而用"态度"（attitudes）一词来表述对作为物的X的赞成或反对的关系］。

3. B对X的取向（B's orientation toward X）。

4. B对A的取向（B's orientation toward A）。

为了检验A和B之间可能存在的相似的或差异的关系，关于上述四种关系我们将采用简单的二分法。也就是说，关于在一个给定的时间里的一个给定的X，A和B的关系将被集中看作在态度和吸引方面是相似的（＋＋或－－）或有差别的（＋－或－＋），也被在认知上视为是相似的或有差别的。我们同时也将采用简单的二分法来区分态度和吸引上相似或差别的程度，例如是更相似还是较少相似。作为对称的关系，我们也将提及A对X的取向和B对X的取向存在的横向相似性。

这个非常简单的系统被设计为适合两个人之间的交往，出于简化的原因，在下列讨论中这些附加的限制规则将被重点强调：（a）交往行动将被视为面对面情境下的语词（口语）沟通；（b）交往行为的启动被看作是有意的（即有计划、有目的的，行动者表现出的那些不能被观察到的行为将被排除）；（c）假定“信息”是可被接受的，即交往行为将有一个有计划、有目的的接受者参与，尽管对接受的精确程度没有特别的要求；（d）A和B被假定是一个以具备持续联系沟通为特征的群体的成员。

对人类生活来讲，共同取向是基本和必要的。这一假设是基于对人类互补本质的两点思考：首先，任何A对B的取向（假定他们是能够进行语词沟通交流的），即便有，也很少会是在环境真空中进行的。即便举一个似乎是最“纯净”的例子，如两个除了彼此其他什么都忘了的恋人，他们独自和共同条件下都仍然要依赖于一个共同的环境；他们之间持续、紧密的联系明显要视是否超越了他们自己并发现和发展出他们彼此的共同兴趣而定。即使是他们最个人取向的交往（如“我爱你”），如果缺乏环境的参与也是难以想象的。一个人对另一个人关怀的情感越强烈，他就很可能对这个人在环境中取向（喜欢追求）的目标越敏感。

其次，任何能够运用语词交往的A对几乎所有可以想象到的X的取向，即便有，也很少有可能是在社会真空中进行的。以下情况是很少见的：一些目标是如此隐私（隐秘），以至于人们对它的取向没有被其他人对它的取向所影响。有关“社会现实”（social reality）（Festinczk，1950）的说法是非常正确的；也就是说，通过观察那些假设的外在（物理）结果（表现）来验证人们假设的可能性越小，依靠社会确认来验证什么是对的、什么是有效的这种可能性就越大。而且，即使是当假设能够被直接验证时（例如，孩子能够独立找到曾被告知能够取暖的火炉），社会现实也经常是被作为最快和最安全的检验手段而被接受。此外，就像众多语言学家所指出的那样，大量社会现实被构建入特有的语言，通过这一语言系统我们可以沟通任何事情。在持续性联系的条件下我们假定，当A和B交流有关X的信息的时候，A和B两个人是彼此依赖的，这不仅仅是因为别人的眼睛和耳朵能够提供一些有关X的额外信息资源，而且是因为他人的判断提供了一个作为社会现实的检验背景。于是，对他人的依赖是如此重要，以至于这种依赖影响了行为，进而导致对他人的取向。

总体而言，使自己取向环境中的目标，也使自己取向被环境中同样的目标引导（吸引）的其他人，对人类来讲这几乎是一种永恒的需要。A取向X或取向B的程度，要取决于B对X的取向，A被激发去影响和（或）告知自己有关B对X的取向。交往是最普通但通常也是最有效的手段，通过这一手段人们知道该如何去做。

二、取向的对称（symmetry of orientation）

本篇论文其余的大部分内容将在假定的A—B—X系统框架内讨论A对X的取向和B对X的取向之间的关系。这一模型的含义是：（a）在任一确定的时刻，系统可被设想为是“静止的”，其特征表现为不是某种力量的缺乏而是各种力量之间取得了平衡；（b）系统任何部分（在图3-1中描绘的四种关系中的任何一种）的变化都可能导致其他部分的变化。我们也将作出如下假定（并非模型中固有的）：如果特定力量对系统的冲击相对强大和持久，那么就会产生朝向优先恢复平衡状态的张力（strains）。

这个假定与论文开始提到的一个有关交往中共同取向的功能有关，这一假设如下所述：A对X的取向的程度取决于B对X的取向，A的共同取向将会被他自己对X的取向和B对X的取向之间的相似性所促进。对称的首要益处——尤其是认知上的对称——是对他人行为提前的可计算性；A的认知取向与B的认知取向越相似，他们之间任何一人根据其他人的取向来解释X的必要性就越小，在如此一类解释过程中失败或犯错误的可能性也就越小，因此，在共同取向中他们两者中的任何一个遇到的困难就会越少，犯错误也越少。另外，对称还有一项益处是人们自身对X取向的确证（或验证）问题：A的取向与B的取向越相似，这种取向不管是理性认知的还是情绪情感的（尤其是在许多确证严重依赖“社会现实”的领域），他们中的任何人对他自己认知的和可评价的取向的信心就越高。共同取向当然也有可能是较少对称或不对称的，但是对称对共同取向的促进价值无疑是相当大的。

如果上述提及的益处如此普遍存在于人际交往中，那么能导致增加对称的交往行动很可能就是获得了奖赏，而对称很可能获得了次级奖赏的价值。这就是在我们所强调的条件下，我们假设存在一个持续的“趋向对称的张力”的基础。

这些假设现在可以概括为以下几项包容性的具体假定：朝向A对B和X的共同取向的力量越强，（a）关于X，A趋向和B对称的张力就越大；进而，（b）以增加对称作为一次或多次交往行动一个结果的可能性就越大。上述后一条假设了在A和B方面都存在修改对X取向的可能性，在沟通一段时间之后，他们可能会交换作为信息传递者和信息接受者的角色。

几项可检验的命题来源于以上这些假定。首先，如果激起和完成对称的可能性与朝向共同取向力量的作用成比例地变化，那么，可以假定后者将随共同取向的目标的效价的变化而变化，也即将随对X的态度强度和对B的吸引强度的变化而变化。换句话说，在这样的条件下，对B或X的取向也需要取向其他对象。B或X的效价越大，朝向共同取向的诱发力量也就越大，进而激发对称和成功实现对称的可能性也就越大。

作者所了解的一些研究成果支持了这些预测（或假定）。费斯廷格和蒂博特（Festinger & Thibaut，1951，pp. 92-99）、沙赫特（Schachter，1951，pp. 190-207）、巴克（Back，1951，pp. 9-23）等报告的实验结果都表明，企图影响他人的观点与自己的观点相一致的效果将与吸引的作用成比例地变化。这些研究的第二个方面的支持论据是，研究表明，在一个凝聚力强的群体中，沟通往往被非常频繁地导向到那些被大家认为是偏离者的人（或偏离的观点），直到实现偏离者（或偏离观点）从社会经济层面都被排斥和拒绝（也即使偏离者或偏离观点吸引力降低或干脆变成消极负面的），偏离问题一解决，群体中沟通频率就会明显降低。这些研究同时也表明，影响企图沟通的频率随着对群体讨论主题的兴趣强度的变化而变化。

这些相同研究中有一些，也包括其他一些研究，都提供了有关对称作为沟通的一项结果的数据证据。因此，费斯廷格和蒂博特调整了“压力导致一致”和“对同质性团体构成的知觉”的观点，发现团体内讨论（沟通）是导致团体一致性发生真实变化的重要因素，并认为对上述两个变量都有重要的影响作用。但是，一些趋向一致的变化可发生在任何条件下的任何团体中。巴克发现无论是以对同一资料不同解释开始的被试，还是获得一个机会对材料进行讨论的被试，都将彼此相互影响，导致吸引的产生。

与这些实验室研究结果相一致，来自两项社区研究的结果也常被引用。纽科姆（Newcomb，1943）在一个小的社区学院进行的一项有关政治态度和友谊选择的重复研究中发现，在两种情况下，即态度连续体的两个极端，被大学生看作朋友的人在态度方面往往像他们自己。费斯廷格、沙赫特和巴克（Festinger，Schachter，& Back，1950）在他们的一项有关居住计划的研究中发现，吸引和态度一致性之间的相关高达+0.72。在以上两项研究中缺乏对交往行为的直接观察，在目前看来，他们研究结果之间的相关是依赖于以下假设：交往频率是（人际）吸引的一项职能。这一假设被上述两项特别的调查研究所清晰地证明，因为在两个社区中，社区成员都完全有彼此联系的自由。但需要强调的是，这一假设并不是在所有情境下都能获得证实。

其他可检验的命题可能来自与A对A自己和B关于X之间正处于平衡状态的判断有关的一般性假设。这些判断［作者有时候将这些判断称作“知觉共识”（perceived consensus）］被用符号B—X来表征，属于A能知觉到的A—B—X系统。在确定的条件之下，即需要一个确定的B和一个确定的X建立共同取向的条件，这样一个判断是一个确定的“AtoBreX”存在可能性的一个主要决定因素，因为趋向对称的张力会被对目前存在对称的认知所影响。再者，这样一个判断会被B对“AtoBreX”作出的任何反应所巩固或修正。因此说，一个A—B—X系统的连续性依靠知觉共识，这种可感知到的一致性可以被看作是一个自变量，也可被看作是一个因变量。

根据先前的命题，作为交往行动一个结果的已增强的对称（已被客观地观察到）的可能性将会随着吸引和态度强度的增加而增加。知觉对称的可能性也可假定为随着相同变量的增加而增加。像其他判断一样，关于对称的判断既被“现实”因素影响，也被“自我内在”（autistic）的因素所影响，这两个影响因素可被看作是吸引和态度强度的一项功能，增加了知觉共识的可能性。和B进行有关X信息的交往频率是最重要的“现实”因素，而且关于这一点，就像我们已经看到的，它会随着对B和对X的效价的变化而变化。至于“自我内在”因素，对B的积极性吸引（positive attraction）越大，对X的态度强度越高，由认知扭曲导致对称的可能性就越大。因此，我们可以假定，关于X的认知对称将与对X的态度强度和对B的吸引这一职能的发挥状况成比例变化。

被作者所熟知的大量已公开发表的和未公开发表的调查研究中，多是有关自己的态度是与对所属组织中的多数人或中数位置的人的评估有关的主题，仅有少量的研究系统地将这些判断与吸引联系起来，将判断与态度强度联系起来的研究就更少。但是在这些少量研究中，对于上述命题作者也知道没有例外。在大家所熟知的研究发现中，最引人注目的是1951年4月从几所大学班级的大学生中获得的，获取数据的问卷所调查的内容是有关近来被杜鲁门总统解职的麦克阿瑟将军的（见表3-1）。

表3-1　有关对杜鲁门总统解职麦克阿瑟将军一事的态度调查

	支持杜鲁门总统的被试中	反对杜鲁门总统的被试中
归因“我绝大多数亲密的朋友”		
会持支持杜鲁门态度的	48	2
会持反对杜鲁门态度的	0	34
会持既不支持也不反对态度的	4	4
归因“我最不了解的人”		
会持支持杜鲁门态度的	6	13
会持反对杜鲁门态度的	32	14
会持既不支持也不反对态度的	14	13

如果我们假定对大学生而言“亲密的朋友”比“不了解的人”更具吸引力，这些数据对有关吸引的假设就提供了支持证据，尽管数据之间的差异并不显著。

认知到的对称（perceived symmetry）可被看作一个自变量，它明显是一个激发对称进而导向交往的决定性因素。费斯廷格关于群体特征作了如下具体表述："压力导致群体的一致性。"他假定"随着群体成员之间在有关主题X的意见上认知分歧增大，群体成员背负的压力导致与其他成员沟通有关主题X的行为也会随之增加"，当然这也与"主题X对群体功能的效价"、"对群体凝聚力的影响"有关。进而，关于交往对象的选择，"和群体中一个特定的成员沟通X主题的趋力将随着群体成员和沟通者之间意见差异的增加而增加，同时，这种趋力将减小，当某种程度上他不被认为是团体中的一员，或者某种程度上他不再被需要作为团体中的一员"（Festinger，1950，p.8）。对所有这些假设的支持证据在他及他的助手的一项或多项研究中被发现。费斯廷格的以上观点与以下假设是一致的：一个对称导向的"AtoBreX"的可能性与认知到的分歧的复杂作用成正比（也即与认知的对称成反比），伴随着对B的效价和对X的效价的认识。

对日常行为的常识和有选择的观察也可以被引证作为支持这些命题的证据。例如，A观察发现，一个富有吸引力的B在一个重要争议性问题上与他意见不同，他就会尝试通过劝说B赞成他的观点来取得对称，或者A会想办法确保B不要反对自己，或者A会给B一些有关X的信息或要求B提供一些有关X的信息。从所有这些行为中，我们也许能够推断出对对称的认知以及沟通达致对称的方向。从对日常行为的一些有选择的观察来看，对称作为交往的一个结果的例子也同样是非常丰富的。事实上，有太多的例子表明，人们往往通过自由沟通来使自己在取向上彼此相似，以便朝向大家共同关心的目标，没有哪种社会现象比这种趋向更普遍、更容易被观察到。作为一种信息传播，交往行动的本质是在先前一个人单独拥有信息的基础上，增加对称的预期，因为，经过交往，使原本先前只有A拥有的信息变为A和B二人所共有。当然，B也将不会是必须接受或相信A所传输给他的所有信息，但B如此做的可能性大概不仅与对A的吸引力有关，还与对X的态度强度有关，因此归根到底，X对他越重要，在其不信任B的条件下，他就越有可能避免与B沟通X。由此观之，本文的命题具有相当高的表面效度（face validity）。

但是，日常观察也提供了一些相反的例证。即使当吸引力足够大和态度强度足够高时，也并非所有的沟通都直接导向对称，对称也未必是沟通的一个必然结果。一个忠诚的丈夫可能限制自己和妻子讨论重要的商业事务，两个亲密的朋友可能在对双方都十分重要的事情上沉默地“保留各自意见”。彼此相互吸引的人会经常就某些主题连续进行沟通，但在这些主题上他们却始终无法达到统一——这种现象在人们对某些主题都持强烈态度时特别容易发生。这些例证不同于我们的理论预测。

总之，一些可采用的研究发现和大量的身体力行的日常观察支持我们的预测，并激发我们有关对称随着对X的态度强度和对B的吸引的变化而变化这一假设的认识，以及在实际情境中获得成功的信心。虽然一些例外的现象能够轻易被举出，但这仅仅表明影响模型的变量不止一个。（我们的）命题至多只能说需要依赖于“其他条件均同”这一假定。他们不能说明如下事实：在面对对A而言具有同等吸引力的所有潜在的B时，促使A（和B）沟通关于一个确定的X的信息的可能性是不一样的。也无法很好地解释如下事实：在面对对A而言具有同等效价的所有X时，A和一个确定的B进行沟通的动力也是不一样的。因此，我们将试图从我们的基本假设（在一个确定的条件下，激发和成功实现对称将随着趋向共同取向的力量大小而变化）中推导出进一步的命题。

三、共同取向的动力学（dynamics of co-orientation）

前面提到的命题仅仅是海德“平衡理论”一般原则（Heider，1946，pp. 107–112）的一个微小推演，这一理论认为在平衡缺失的条件下，“团体关系将会通过行动或认知再组织来加以改变”。在后来一篇专门致力于探讨海德假设含义的论文中，提到了对一个人的态度和对其行为之间存在的相互影响，霍洛维茨等（Horowitz，et al.，1951，pp. 57–76）提出了解决不平衡状态的几种策略：（a）改变行动本身的符号（象征）价值以与行动者的价值相一致；（b）与（a）正好相反（即改变行动者的价值以与行动本身的符号或象征价值相一致）；（c）在认知层面将行动与行动者分离，当然，除此之外，不和谐的状况也可能会被容忍。

通过A到B对取向进行界定在这里可被看作与对行动的归因是同等的，在海德看来，对称可被作为平衡的一个特殊的个案。

假设这样一个例子，在A的知觉系统里存在如下对称：+A：X，+A：B，−B：X，+B：A（即A对X存在积极的态度，对B有积极的吸引力，意识到B对X的态度是消极的，B对A的吸引力是积极正向的）。下列那些被海德提及的类似的“解决方案”都是可能的：（a）−A：X；（b）−A：B；（c）认知分离。在缺失与B的任何交往条件下上述方案都可能发生。A也可以尝试通过直接交往来达到和谐（对称），如 +B：X。另外，A如果通过交往建立平衡的企图失败，在没有沟通的情况下采用上述三种选择（或解决方案）仍然是可能的。最后，交往之后也存在妥协的可能性（例如支持一些折中的观点），也存在“保留各自意见”的可能性。

按照目前的理论，做出如此行动解决方案是必需的，因为一方面迫于进行共同取向的外在情境需求，另一方面迫于心理上趋向对称的张力。但对称仅仅是导致共同取向的一种促发条件，并不是一种必要条件。而（当维持先前的命题时）在其他条件相同的情况下，对称的可能性会随着对共同取向的需求而变化，我们提出的理论并不要求一个由对称导向的“AtoBreX”发生在任何对共同取向有强烈需求的实例中。相反，我们的理论要求：共同取向仅起一种促进作用的由对称导致的“AtoBreX”发生的现象或实例。因此，我们必须更加深入地探究导致共同取向的力量的本质以及反对对称的力量的本质。

一种情境变量与导致A和B之间产生联系的力量的本质有关。特别重要的一点是，A和B之间的这种联系是被迫的还是主动的，联系是建立在宽广兴趣之上还是建立在狭窄的一般兴趣之上。要求X采取共同取向的范围大概受到了这些力量的影响。相关内容似乎可以作如下总结：A和B之间的吸引越少，趋向对称的张力差不多就越多，但这些张力会被局限于那些特别的被联系条件所需求的X的共同取向。这将意味着，举例来说，当配偶之间的吸引力降低，趋向对称的张力将日益收缩至被个人的舒适和与外部特征一致性要求等因素影响的X。同样，有关X的趋向对称的张力范围是：对两个友好的人来讲范围会比较大，对一个国际象棋俱乐部里两个怀有敌意的人来讲则这一范围会比较小。

模型的局限性（或模型受到限制）的问题已经被关注。以上引证的一些研究都假设交往频率将随着吸引的变化而变化，但这在被迫联系（或沟通）的条件下并不是必然正确的。最近出版的两部专著就探讨了这一问题。

霍曼斯（G. C. Homans）在研究中所使用的群体变量之一就是“互动的频率”（尽管不是专门使用“交往”一词），他的其他命题包含以下内容：“如果两个人或多个人之间互动的频率增加，他们彼此之间喜欢和欣赏的程度也将增加，反之亦然”；而且，“他们彼此之间互动的频率越高，他们在行动及准备行动的情绪、情感的某些方面就越相似”（Homans，1950，p.120）。（后一假设与我们这里正在考虑的一个假设极其相似，但在霍曼斯的理论体系里，与前一假设相比，它被放在了一个非常不重要的位置。）但是，几乎同时，后一个假设适合作如下表述：“仅仅当人们以同等社会身份互动以及他们的工作（或职业）不是截然不同的时候，我们的假设才会完全回归它的本来面目。”此外，在霍曼斯著作的几乎每一章中，他（他的假设来源于不同的社会群体，既有对工业组织的研究，也有对民族群体的研究）都指出了其假设的局限性，这些局限性是被强制性力量所强加的——尤其是阶层和等级制度等因素——对吸引、态度相似性、沟通等人际关系因素施加了影响。

布莱克（R. R. Blake）在深思熟虑的基础上提出了一个更严密的命题。他认为敌意并不能被看作是对积极吸引的简单的心理上的反对，他主张用一个曲线假设来替换霍曼斯的线性假设："当压力导致一个群体的成员紧密团结的时候，由压力导致的互动将会表现为：在积极和消极情感两种状态下比中性状态更强烈。"（Blake，1953）这一命题似乎与目前的论点相一致，即对共同取向的需求效果可能会随约束联系交往因素的性质和程度的变化而变化。因此，交往行动与交往行动的结果一道也将会随这些约束因素的变化而变化。

另一个情境变量（主要）探讨以下事实：在存在规定角色差异的条件下，对称可能主要表现为"互补（或补充）"而非（沟通主体之间）完全相同。举例来说，一个父亲和他的小儿子也许（伴随着一定量的有关某些事物性质的沟通）彼此同意（并签订了）一份有关男人和孩子面对威士忌和苏打水时不同行为这样一份规范。如果父亲在儿子面前喝酒，他们之间就产生了共同取向的需求；但所存在的趋向对称的张力仅仅是有关"规范"的，并不真正牵涉个人对威士忌和苏打水的实际取向。规则变为X就牵涉到了趋向对称的张力的方向改变。用更通俗的语言表达即为：

在A和B有关X的角色规定存在差异的情况下，共同取向的要求越强烈，趋向有关角色系统的张力的可能性就会越大（而不是关于X自身）。

第三个情境变量与对称可能受到的威胁（因素）有关。尤其是在羞耻、罪恶以及害怕惩罚的情况下，更倾向于强力反对一个由对称导向的“AtoBreX”，纵然——在事实上，尤其当——对X（罪恶行为）的态度和对B（一个罪恶被隐瞒的人）的吸引都很强的时候。在这些条件下，正是对共同取向的需求导致了问题的产生。如果A能够在X（他自己的行为）上完全与B相脱离，那么他将不会感到有罪恶。但是，趋向平衡的张力就会被相反的力量所抵制。对共同取向的需求诱发了趋向对称的张力，但这并不必然会导致一个对称导向的“AtoBreX”。

一个从理论上看相类似的情境导致了一个无所不在的事实：群体成员的多元化。也就是说，趋向与B_1有关X的对称的张力有可能会被趋向和B_2有关X的对称的张力所超过，而B_2对X的取向被认为是与B_1对X的取向相矛盾的。这是经常出现的案例，举例来说，当两个好朋友采用“保留各自意见”态度对待对两个人都同等重要的一些事情时就是如此。因此，在一项研究（White，1953）中发现，至少被已报道的，涉及他们自己群体规范的信息所影响的那些群体成员，正好是那些群体中最具吸引力的人，在一些问题上，他们的规范被认为与其他群体成员所遵守的规范有着明显的不同。

因此，像其他行动一样，交往行动也容易被限制。然而，像

"同意各自保留意见"这样的"解决方案"，代表了一种相比较而言具有压力的平衡状态。因此，如果采用和勒温在其讨论有关准稳定平衡状态时所强调的相类似的方式，可以预期：以承受如此压力为特征的A—B—X系统是特别容易发生变化的。而这些变化并不需要必然发生在那些以存在最大趋力倾向为特征的特别领域里。

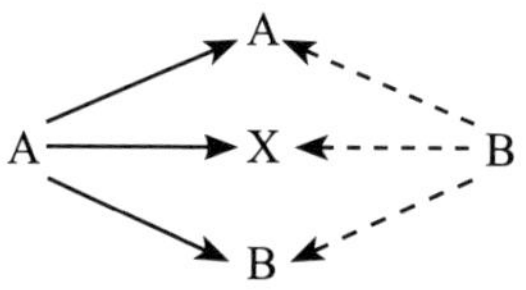

图3-2　A知觉到的A—B—X系统

（在图中，左右两边的A和B代表作为交往者的人，中间位置的A和B代表作为共同取向目标的相同的人，虚线代表A对于B的取向的判断）

如此一个系统的动力决不会仅限于那些趋向对称的张力，但一定包含了由接受现存不对称所导致的各种变化。动力变化的可能范围见图3-2。当存在一个有关X的确定的认知不对称，同时存在对B和X的共同取向需求，那么对A来讲有可能采取以下做法：

1. 实现，或尝试实现，关于X的对称

a. 通过影响B趋向自己的取向（by influencing B toward own orientation）；

b. 通过改变自己的取向来趋向B的取向（by changing own orientation toward B's）；

c. 通过在认知上歪曲B的取向（by cognitively distorting B's orientation）。

2. 在系统的其他部分引入变化

a. 修正他对B的吸引（modify his attraction toward B）；

b. 修正他为B吸引的判断（modify his judgment of own attraction for B）；

c. 修正他自己（A）对自己吸引力的估价［modify evaluation of(attraction toward)himself(A)］；

d. 修正他对B对自身估价的判断［modify his judgment of B's evaluation of himself(B)］。

3. 容忍不对称，不作任何改变（tolerate the asymmetry, without change）。

当存在上述这份可能“解决方案”的清单时，在具备共同取向需求的条件下，对不对称的认知，将会使A遭遇一个试图可以从行为层面（即通过交往行动）来解决的问题，或/和面对一个试图可以从认知层面（即通过要么改变他自己的取向，要么改变他对B取向的认知）来解决的问题。不管他选择何种“解决方案”，对A感知到的A—B—X系统都具有一些效果——要么强化这一系统，要么修正这一系统。由于反复面临和“解决”与一个确定的B和一个确定的X之间的共同取向问题，一个相对稳定的平衡就被建立起来。如果A是自由地继续或不继续与B的联系，可能最终会出现以下两种结果中的一种或另一种：（a）他会实现一种以对B相对很大的吸引力和比较高的认知对称为特征的平衡，而且他们之间的联系会继续下去；（b）他会实现一种以对B相对较小的吸引力和比较低的认知对称为特征的平衡，而且他们之间的联系会中断（或终止）。在低约束条件下，这种“要么……要么……”的假设在吸引和认知对称之间是一种循环关系。现有理论需要这个循环假设，而且实证证据（在相对自由而非受到约束的条件下）似乎也支持这个假设。

在很少自由或没有自由中断（或终止）联系的条件下，我们将假定不会出现这种循环。支配继续联系（或沟通）的条件也支配着对共同取向的需求，它与吸引无关。实证研究数据表明，吸引与对称无关的程度将随着对约束因素的认知程度（而不是客观观察到的程度）的变化而变化。

四、群体特性（group properties）

根据先前的假设和命题可以得出，在任何群体的某些特性和群体内与交往行为有关的变量之间存在着可预测的关系。举例来讲，一个可以被看作是独立变量的群体结构特性，它可以产生问题，但也可能提供对交往中出现的其他问题的解决办法。通过对所有其他途径和方法的观察不难发现，一个群体的多数特性都是群体自身沟通实践的结果。从许多资料中获得的证据表明，群体最显著的特性恰恰是那些先前思考中会给我们带来期望的特性，要么是作为条件（出现），要么是作为一个确定了形式和频率的交往行动的结果出现。

群体的三种特性将被简明扼要地说明。每一种特性都假定与一种确定的交往行动发生的可能性有关（或者作为因变量，或者作为自变量）。

1. 对特定目标取向的同质性（homogeneity of orientation）。尽管采用的研究方法和使用的称谓不同，但所有对互动性群体的描述性解释都强调了这一特性。当应用于行为时，这一特性并不必然指所有群体成员要表现出相似的行为，而仅仅是一种需要和期待，例如，期待每个成员扮演其自身独特的角色。为了解释我们已经观察到的事实，假定信息可以通过非语词途径传播是必需的，包括有意这样做或无意这样做——例如，一个人关于对一个确定的目标的行为（事实上）已向观察者报告了他对这一目标的取向。

如果交往因此被宽泛地界定，一个确定的群体对特定具体目标的取向同质性的程度，可以假定与那些牵涉已确定目标的交往变量有关。这并不等于假定同质性对交往的任何单一指标具有一种恒定不变的作用（如频次），而是说，同质性的变化会根据A—B—X系统的动力变化而变化。当经常存在群体外决定取向同质性的因素时，将这一非常重要的群体特性看作是所有条件作用的结果以及交往行动的结果似乎就是合乎逻辑的。

2. 知觉共识的同质性（homogeneity of perceived consensus，即对取向同质性判断上的同质性）。这一特性，尽管在有关群体研究的论文中不是经常被专门提及，但它总是常常被含蓄地这样假定。大多数交往（研究）假定，在相当大的程度上，存在着与客观的取向同质性一样的知觉的取向同质性。正是采用语言或姿势（进行交往）的事实表明了如下具有共识性的假设：在信息传播中，信息是被采用符号的形式进行传播的。

尽管内含的假设有相反的情况，但取向的同质性和知觉共识的同质性之间并不存在一个稳定不变的关系；对同质性的判断在准确性方面可能存在程度的差异。如果就像施恩克（R. L. Schanck）在村落研究中报告的那样（Schanck，1932），在一个村庄里，来自（维护）某种所谓规范的许多持异议者中，每一个人都相信自己才是唯一的持异议者，这种多元化愚昧状态是一种重要的团体特性，而且被作者有理有据地描述为是某些交往实践的一种结果。不同知觉共识的同质性程度代表了准确程度的不同，知觉共识的同质性可被假定是先前交往活动的一种结果，也可视作是未来交往活动的一种决定因素。

3. 群体成员间的吸引（attraction among members）。积极吸引的人际关系在一定程度上总是被描绘为在最小外来约束的条件下，可持续组织（具有持续性稳定联系的组织）所具有的特征，但事实上，这一特点甚至也在具有相当大的外在约束压力条件下的群体中被普遍发现。这种现象是如此普遍，以至于霍曼斯冒着风险作出了最不适宜的假设："喜欢"增加了互动的频率，反之亦然。对A—B—X系统动力有关假设的观察分析表明，霍曼斯的命题需要被修订，其基本含义应为，人际吸引将随着交往行动满足共同取向程度的变化而变化。

当然，以上三种特性并不能说是群体特性中仅有的有意义的特性，也不能说这些特性是群体内交往的唯一结果（尤其是在群体发展的早期阶段，几乎任何群体的一部分特性都主要来自群体成员的个体人格特质）。尽管实际情况显示支持三种特性，但是交往行动的假设性条件和假设性结果不能局限于团体的两三种特性。观察发现，团体的一些其他重要特性与A—B—X系统的动力学假设也存在密切关系。

五、总结

交往行动，像其他需要不断打磨的行为一样，也可以看作是个体和环境关系（发生）变化的一个结果，包括实际的交往和（或）预先考虑到的交往。交往行动是独特的，因为在任何地方，在由两个或多个沟通者和他们的沟通目标之间所构成的关系系统里，交往行动既可以被诱发产生，也可以导致变化。我们似乎可以将这一系统的动力学作如下理解：从对这一系统特性的恰当理解的角度来看，在一个确定的时刻，系统既可以预测一个确定的交往行为发生的可能性，也可以预测导致交往行为产生的那些特性变化的本质。

一些最有意义的群体特性，假定应是那些随群体内交往行动变化而变化的特性。因此，我们应该鼓励去研究发现支持现有假设的证据，比如提供一些明显的现在看来有用但零散的证据，也可以通过更为系统的方法途径来验证这些假设和特性。如果这样，将社会互动现象看作是包含于交往系统里的事件，通过这一视角来研究社会互动现象的可能性就是有希望的。

第二节 《人际吸引的预测》[1]选译

在过去的30年间，根据我的估计，有9 426±2 712篇以“态度”为主题出版的英文文章和著作。它们中的大部分是探讨对人的态度问题——最常见的是对家庭成员，对于像种族的、宗教的或职业的等不同类别群体，或对于著名人物，例如富兰克林·罗斯福或者阿道夫·希特勒等对象的态度研究。从心理归纳的水平上来看，这些研究教给我们更多的可能是关于个体人格的组成、群体对个体动机与认知的影响等方面的知识，而不是人与人关系的本质。无论如何，大张旗鼓地提出将人作为态度的对象这个问题是很合适的，因为这个问题具备将人与其他种类的态度对象有效区别开来的作用。如果是这样，对人态度的决定性因素在某些方面不同于对其他对象态度的决定性因素是有可能的。因此，人们给愿意让其保持独特性的事物贴上一个具有独特性的标签是适当的，所以我将使用“吸引”这一术语来指代以人为对象的这一类别的态度。

[1] 本文为纽科姆于1956年9月2日在伊利诺伊州芝加哥召开的美国心理学会第64届年会上的主席致辞，译自纽科姆1956年发表于《美国心理学家》杂志第2期“The Prediction of Interpersonal Attraction”一文。

今天，我将首先（尽管不是唯一的）关注吸引的动机—情感方面。尽管我会更多地涉及它的更简单的表现——如同选择与一个人共度时光，或对他表达一个总体上支持的态度——我想顺便指出，“吸引”有许多维度，这在操作上有特色，（至少对我而言）在概念上也是必需的。虽然我止不住要给这些维度贴标签，但它们普遍都拥有的是在一个“接近—回避”连续体（approach-avoidance continuum）上的程度与方向，以及相关联的认知内容。

我认为，毫不夸张地说，并不存在关于人际吸引的非常适当的理论。对我而言，似乎我们心理学家都是如此，我们往往认为任何事物都不能脱离它的必要与充分条件而发生，并喜欢为这样的认识感到自豪，大家已经近乎将人际吸引现象看作是普通规则的例外。就好像，我们如同外行的同时代人那样，假定在人际吸引这个特殊的领域，心理学的风在清单上已列出的地方吹，假定这个问题是完全不能表达的，几乎超过了心理学的理解范畴。

我希望，你们将这最后的评论当成部分而不是全部的带修辞色彩的夸张。当然，事实上，已经有理论的与实证的努力投入到这个问题上。我现在就转向对这些努力的关注。

或许是最简单的，但在许多方面仍然是最令人信服的，积极性吸引的一个决定性概念就是“邻近”（propinquity，或接近）。邻近命题用最简单的形式可以作如下理解：在其他条件相同的情况下，人们更喜欢被那些与他们有密切接触的人所吸引。日常生活中的有关例证很容易被我们联想到。成年人通常对孩子们有最强的吸引，而孩子们之所以被成年人所吸引，是因为孩子们与他们有最亲密的接触——也就是说，是他们自己的孩子，是他们自己的父母。这类事情通常都会发生，但尽管如此，我还是要提醒你们，无论是父母还是孩子们都无法选择彼此。或者，如果我们愿意接受将结婚对象的选择作为一种积极性吸引的指标，那么可获得的数据就会强烈支持这一邻近理论（theory of propinquity）。如果我们采用一个足够的距离范围——英里，或者城市街区，而不是院落或街区内的距离——那么，在其他适合的标准保持恒定时，在居住的邻近性与结婚概率之间就会存在一个匀称的直线性关系（Bossaed，1932；Campbel，1939；Davie & Reeves，1939）。

当然，距离并不必然会影响吸引的结果，这是老生常谈；我们主要关注的是一些事情可能或者很有可能与距离的缩短有关。我认为我们也可以将行为看作是这类老生常谈事情中的一种情况。进一步讲，正是由一个人所表现出的行为被另一个人观察到或作出反应：这就是互动。有关互动次数与积极性吸引之间关系的证据是如此广泛和如此引人注目，以至于霍曼斯（Homans，1950）敢冒风险作出如下假设："如果两个或更多的人之间的互动次数增加，他们彼此之间相互喜欢的程度也将随之增加。"可以肯定地说，这项证据是完全无法抗拒的，即如果忽略其他变量，这一命题在广泛的情境下也是正确的。

为什么会是这样呢？如果仅在一个精确意义上接受这项命题，而暂时忽略其他变量的明显影响，我们还能够从哪些理论思考方面获得一些心理学角度的认识呢？首先浮上脑海的是有关奖赏与强化（reward and reinforcement）的原理。两个简单的假设将使我们能够直接使用这个原理：第一个，当人们互动时，奖赏—惩罚比率更经常是增强而非降低（或消失）；第二个，互动的总体奖赏效果更容易从与某人有最频繁互动的那些人处获得。这些假设，与奖励和强化原理以及网络化（canalization）沟通原理一起，可以解释互动次数与积极性吸引的总体联系；当然，它们不能解释用于推广时许多观察到的例外。

回到我早先谈到的例子，这套假设和原理将不能以相同的方式精确地应用于对父母与孩子们之间吸引事实的解释，或应用于对婚姻选择事实的解释。当然，差异之一是，选择在后一个实例中是可能的，而在前一个实例中是不可能的。当被应用于父母—孩子吸引的实例时，邻近原则（principle of propinquity）断言，我们事实上会被那些"命中注定"对我们有益的人所吸引。当被应用于婚姻选择的实例时，邻近理论仅仅认为，被互动所奖赏（除此之外没有其他）的可能性会随着互动机会的变化而变化。在与那些有相同的互动机会的人们中间，选择的问题仍然存在。

泛化（generalization）原理经常被用于解释那些有相同互动机会的人们之间的选择性吸引。特别是许多弗洛伊德主义者已经假定，在青春期或成年期，吸引大多数取决于与父母或兄弟姐妹类似的个人品质，最初来源于俄狄浦斯情结——如同一句旧叠句描述的那样："我想要一个女孩，只是这个女孩要像嫁给我亲爱的老父亲的女孩那样。"这个原理，与它的变体一起，显然不能从人际吸引的完整理论中被忽略，但是它也不能被看作是对人际吸引完整理论的主要贡献，因为它仅仅说明了从一个已有吸引力的人到另一个相似的人的扩展，但是并没有涉及吸引的最初（原始）基础。或许泛化原理的首要贡献在于这种增强的可能性，即：对于一个人来讲，吸引他的那些人与他的人际互动门槛低于其他人与他的人际互动门槛；如果是这样，那么与这种人互动获得奖赏的可能性会比其他人更大。

这个命题有一个有意思的结果，即对别人的吸引会随着被他们奖励次数的变化而变化。被别人奖励的机会，就像不仅仅取决于诸如出生和居住等不相关的变量一样，不仅会随着接近而改变，而且会随着潜在奖励人的动机而改变。这表明，被一个特定的人持续奖励的可能性，会随着那个人被回报的次数而改变，因此我们有一项关于互惠奖赏（reciprocal reward）的主张：随着时间的变化，从一个特定的人那里获得奖励的可能性，会随着他被奖励次数的变化而变化。这个命题在许多方面对我的问题都很重要，尤其因为它推动了对人际互动条件的进一步思考，在这些条件下，相同人之间的持续互动最有可能，因而持续互惠的可能性也最大。

这些条件中的第一个条件可以被简单地描述为：两个或更多人所共同拥有的兴趣，除了兴趣本身以外，还需要有相互依赖的行为。如果你喜欢弹钢琴二重奏，或者打网球，你更易于被那些让你能够这样做的人所奖励，与此同时你也更易于奖励你的这些同伴。到了这种程度，伙伴之间都彼此获得奖赏，（可以预想）

另一个钢琴二重奏的夜晚，或另一场网球活动就会接踵而至，这同时还伴随着更进一步互惠奖励的机会。于是吸引滋生了吸引。

第二种有利于持续互惠奖赏的条件与互补性兴趣（complementary interests，而不是相似兴趣）有关，这种互补性兴趣需要互相依赖的行为。这些行为是一种互利共生关系（symbiotic relationships），就像母牛与牛鹂彼此吸引的情境：母牛通过寄生虫的形式为牛鹂提供食物，而寄生虫的去除对二者都是一种奖赏。或者（可以这样说），在人类水平上，在一对情侣之间考虑的是使彼此满意的交换。在这里，同样地，在互补而不是相似的动机的条件下，人际吸引的总体规则是吸引滋生了吸引。

最近已经有有意思的尝试来检测这一命题，即将互利的人格需求作为婚姻伴侣的特征——可以如此假定，这些婚姻伴侣在很大程度上是互惠性吸引（reciprocal attraction）。凯利（Kelly，1955）教授的一些工作在一年前被报告出来，他一贯认为，无论是在已结婚20多年的配偶之间，还是在刚订婚的情侣之间，他们之间存在的是相似的特质而不是互补的特质。然而，有意思的是，从去年起他的发现表明，在最初的同质性与婚姻持久性之间是一种曲线（非线性）关系；对婚姻持久性的最好预测证据，既非来自太多的相似性，也不是来自太少的相似性。然而，这些发现对我现在的问题都不是决定性的（支持）——首先，因为除了个人的吸引，婚姻持久性还有许多决定因素；其次，因为比较而言，他测量的特质中几乎没有可以证明或驳斥人格互利的假设。

然而，这个问题已经被温奇（R. F. Winch）教授直接地抨击，他使用的测量方法来自默里（H. A. Murray）的需要量表。我对他的研究报告进行了认真的阅读（Winch，Ktsanes，& Ktsanes，1955；Winch & More，1956），认为虽然对我的研究问题没有令人信服的发现，但是如果他的人格等级数据准确（没被污染），那么似乎以下看法是清楚的：在他所研究的25对中产阶级夫妻中，关于哪些配偶可能不同而非相同的特质与需求更可能被发现——特别是一个标示为“独断的—包容的”（assertive-receptive）维度。从温奇的数据（不是从我知道的其他数据）中，不可能来估计在婚姻选择中的变异，有多大程度是可以被共生的人格需求所解释的。但可以确定的是，以下观点似乎是合理的：一个具有强烈独断需求的个体，更可能在他的如下生活领域内找到他的奖赏，即与一个对他的独断有包容性的人进行互动而不是与对其独断缺乏包容性的人互动。

有关社会经济结构最详细的分析，尤其是詹宁斯（H. H. Jennings）的那些研究（Jennings，1950），揭示了类似的人格互利现象：胜选的人需要那些败选的人，反之亦然。从这一点来看，许多选择型与接受型“领导者”的现象（Gibb，1954，pp. 877−920）也是可理解的。

关于人际吸引有另一种普遍的观点，大意是人际吸引随着相似性（similarity）而改变，如同同一种羽毛的鸟聚集在一起。然而，这并不是一个非常有用的观点，因为这种现象是不加选择的。例如，我们既没有好的理由也没有好的证据相信，那些相同血型的人，或者那些姓氏中的字母数相同的人，彼此之间会被特别地吸引。要回答相似性是关于什么的相似这一问题，其答案是非常复杂的——因为许多种相似与对某事物全然的接触有关。因此，我满意我的这一猜想（因为有相当好的证据存在[1]），即拥有相似的特征，使个体间倾向于彼此吸引，但这些相似的特征需要达到既可被观察又可被那些观察这些特征的人所估价的程度——简言之，要达到他们都为彼此态度的相似性提供了一个坚实的基础的程度。

在这一点上，我已经注意到，当我们被他人奖赏或惩罚的时候，我们就获得了对他人有利或不利的态度。因此，邻近原理、互惠奖赏原理以及互补原理（complementarity），与奖励最可能的情境（或条件）有关。从现在开始，我将会主要关注一个互惠奖赏的特定子集——那些与交往行为有关的互惠奖赏。

通过互动过程发生的互惠奖赏，与能量交换无关，但与信息交换有关，因此这是一个人际交往的问题。与“社会互动”（social interaction）这一术语相比，我更喜欢“交往行为”（communicative behavior），因为在使用符号的人类之间，应引起关注的是以信息交换为特征的互动所造成的特定结果，而不是以能量交换为特征的互动所造成的结果。当然无须多说，符号的使用也包括能量支出，但是——甚至是像一个特别明显的例子，像挨一记耳光——也是信息交换的结果而不是能量交换的结果更能吸引我们心理学家的注意。

［1］ 这样的证据将会在我接下来的专论中发表。

我会注意这些结论中的两个，采用非常普遍的命题形式——尽管事实上，它们中的每一个都带有非常明确的局限性。第一个是：至少在特定时刻，在一个或更多方面，交往者倾向于比他们交往前彼此更加相似。至少（假定或多或少精确地接收一条被有意发送的消息），发送者与接收者现在都拥有这一信息，即发送者希望引起接收者对交往目标注意的信息——也就是说注意符号象征的目标对象。如果我们规定还有进一步的条件，这一命题将可应用于一个更广阔的相似性的范围。例如，假设一个人刚刚就某事表达了一个观点——谈到联合国；他的表述显示了其真诚的程度，而且也达到了接收者相信他是真诚的程度，这样交往（或沟通）（如果精确地被接收）的结果必将伴随着认知相似性（perceived similarity，与重要的和有共同关联的对象有关）的增加，也就是说信息传达者坚持了自己已表达的观点。现在假设我们增加一个进一步的规定——接收者不仅相信发送者的真诚，而且尊敬他的学识；在这些条件下，发送者与接收者的观点可能比他们之前的更加相似。

正是这最后一种相似性——态度的相似——对人际吸引有一种特殊的重要性。事实上，这一命题，当被应用于对交往目标态度的相似性时，已经引出了作为吸引自变量的某些维度——也就是信任与尊重。我已经断言，（一个人的）态度会随着（另一个人的）另一种态度的改变而改变——这就是吸引。

我的第二项命题推翻了这一关系：对一组联合（共同）沟通者（真实的或潜在的）的吸引，会随着对沟通对象认知到的态度相似性（perceived similarity of attitudes）的改变而改变。在详细说明这项主张应用的限制性条件前，让我简短地介绍它的基本原理。

当然，尽管有许多例外，但可以作出一个高度可靠的概括，即在每个人的生活历史中，可以准确地说沟通中获得的奖赏比惩罚更加经常。这就是我们彼此间的依赖，来自交往经历的最开始阶段，这是文化给予我们的恩惠，通过交往进行传播，人类在变得社会化程度越来越高方面获得的成功，依赖于传播信息与接收信息方面的成功。在准确沟通事实上是有益的范围内，奖励价值将依附于共同沟通者（沟通双方）——这就是说，对他的积极吸引，将会随着与他精确沟通的次数而增加（当其他因素同等时）。请注意限定条件："在精确沟通事实上是有益的范围内"；有许多消息——例如，"我讨厌你"—— 对这一信息的准确接收在事实上是无益的。

像我曾经提到过的那样，在一定程度与方式上，如果增加的相似性是准确沟通的恒定的副产品，那么，我们发现增加相似性变成了一个沟通的目标这将不会出人意料，因为这种相似性的增加是有益的。同样也像我曾经提到过的另一项主张那样，如果成功沟通的奖赏价值依赖于沟通者双方，那么它将伴随着两种奖赏效应——以认知到的增加了的相似性作为奖赏，以认知到沟通双方需要互相协作依赖作为奖赏——这两种奖赏应该共同变化。简言之，这是我第二项命题的基本原理。

然而，这是一种非常概括性的表述，这一表述的作用可以通过对相关条件的更详细叙述来增强。我这里仅仅提及这些条件中的两个。第一，发现增加的相似性其作为奖赏价值的程度，取决于和沟通对象有关的态度相似性被评估（或者消极地或者积极地）的程度。在某人自己与一个新认识的人之间，发现彼此仅在对一些事情的偶发兴趣上有一致性，这比发现彼此在固守的成见方面相一致其奖赏的价值可能要小得多。第二，增加的相似性的奖赏价值，对沟通者而言，会随着与态度对象的共有的关联的增加而增加。例如，某位总统候选人的成功，更容易被看作是双赢的结果；反之，事情会被归属于个人品味范围——就像在咖啡中加奶油——会被视为缺乏共同性的结果。发现个人品味方面的相似性，与发现交往双方对共同关注对象方面的相似性相比，不可能有很多的奖赏价值。

虽然从特定角度看，人际吸引随着认知相似性的变化而变化，这一命题好像与补偿性命题背道而驰，然而在我看来，它们并不相背。的确，我把补偿性命题看作是相似性命题的一种特殊情形。请让我说明。就像温奇和莫尔（Winch & More，1956）的数据可能显示的，假设作为一对婚姻伴侣，一个独断的人更可能被一个包容的人而非另一个独断者吸引。我猜想，当他们有相似的态度，即他们中的一人应该独断，另一人应该包容，这样的情况将最有可能发生（不管他们是否使用这些词语——甚至也不管他们是否能从根本上表述清楚这种现象——都不重要）。简而言之，我们正在尽力对这一命题进行辩解，即人际吸引总是且一定是随着对有关重要的、相关的对象（包括人们自己）的认知相似性而改变。尽管我把态度的相似性看作是一种必要而非充分条件，我相信它能够比其他任何单一变量更能解释人际吸引的变异。

正如上述暗示的，也正如我在别处提出的（Newcomb，1953b），吸引和对态度的认知相似性倾向于维持一种持续的关系，因为二者中的每个对另一个的变化是敏感的。如果新接收的关于另一个人的信息导致增加或减少对他的吸引，那么在认知相似性上的适当变化也会接踵而至——经常会以信息的准确性为代价。而如果新的信息——要么是有关对象的，要么是有关另一个人对对象态度的——导致了与他有关的认知相似性增加或减少，那么对他吸引的方向与程度也会使他自己容易适应新认知到的情境。吸引的变化是一种或仅有的一种手段，通过这种手段，一些与对重要的和相关的对象的认知差异相联系的紧张状态将会保持一个最小值。

当初，我提出的问题是，作为态度对象的人，是否具有区别于其他态度对象的特性。我现在应该承认，我已经假设他们有。我也假设，作为态度对象的人，同样有对他们自己的态度——而且需要特别说明的是，他们对那些同样是态度来源的作为对象的人可以有（自己的）态度。进一步，我也假设，作为（态度）对象的人会拥有同样的被其认知到的差异所干扰的特性，正如那些被他们吸引的人们所表现的那样。正如米德（Mead，1934）很久前提出的，在一定程度上，即便并非全部，这些也都是人类最明显的特点。我相信，任何从根本上区别于一般态度理论的人际吸引理论，都必须向这样的事实致以敬意。

这篇论文的余下部分，将致力于对源于已呈现的两个命题的具体预测效果进行一些检验，具体简述如下：当交往导致对重要和相关对象态度相似性增加的认知出现时，同时也会伴随着一个积极性吸引的增加。因此，我认为认知到的态度相似性是吸引的一项重要预测指标。但基于众所周知的原因，我同样也对真实的或者客观的相似性充满兴趣。

因为我即将呈现的研究发现是从一个单一的情境中获得的，所以我会先说明一下这一情境的特点。我的这项研究是从客观观察随着时间变迁，在吸引与态度相似性之间的互动变化开始的。因为涉及吸引，从0基准线开始似乎很重要，也即有必要找到一群彼此是完全陌生者的人群。同样，提供一个恰当的情境也是必要的，在这一情境里积极性吸引可向更高强度发展，有规律的和重复性的观察可以进行。以下安排似乎可以满足上述所有需求。一套被租来的学生公寓；转学过来的男学生，他们对密歇根大学来讲都是陌生人，他们获得了一个机会，可以一整学期免费住在这套公寓里；作为回报，他们一周之内需花费4个或5个小时来回答问卷或接受访谈，并要参与实验。在这些要求和条件下，在那些递交要在这里居住的申请者中，17人（根据房子的容量）被选中，他们之中没有任何两个人曾经居住于相同的城市，或者进入过相同的学校。所有17人在24小时内抵达，所有人在之后很短时间内要回答一份问卷。他们不能选择舍友，但是（在大学规定的条件之内）他们有管理房间的完全自由，包括烹饪和吃饭方面的安排。在一年之后，整个程序在一个不同被试但是要求更严格的对照组中被重复进行。但是，到目前为止，数据还没有被完全分析，除非另外特别说明，我这里报告的研究发现仅来自第二年的研究数据。

在这样的情境下，数据通过以半周为间隔的问卷与访谈获得。我们得到了广泛的态度反应数据，同样也得到了相当完整的有关人际吸引方面的数据。后者的测量，既来源于每个房间成员对其他舍友个体亲切善意方面的感知——这种直接的问卷回答，也来源于每个人通过非正式的自由联系组成的两人或两人以上小群体的情况的报告。事实证明，在这两种对吸引的测量之间，有一些重要的差异。像通过问卷方式获得的“一般喜欢”（general liking）（指日常交往中的喜欢，或通常意义上的喜欢）的回答（就像我们前面已标示的）和参数测量结果相比更经得起检验，除非另外特别说明，我这里将提及的那些发现来自这项测量。但是为了检测我们提出的许多假设，“小圈子”（clique）测量（按照我们后来的称呼）可能是吸引的更加有效的指标，因为它基于许多观察者的报告，这些观察者有持续的机会注意到谁花费了更多时间，因此他有更多和别人交往的机会。“一般喜欢”的问卷测量可能对吸引的负极（或消极一面）更加敏感，因为在另一测量上所有成对被试在第六次都受到了0分的评价；但是对于吸引的正极（或积极一面），与直接的接触和交往相比，问卷测量经常是“站在远处的欣赏”的更加有效的指标。

我们现在转向一些具体的预测。首先，如果基本的概括是正确的，我们可以推演出以下结论：在其他情况同等的条件下，无论交往内容如何，积极吸引将会随着交往机会的增加而增加。关于预测中仅有的附加假设是，被一个共同交往者奖赏的可能性将随着交往机会的增加而增加。我这里增加的这项预测也可能没有什么新意；事实上，这只是关于我们的老朋友们的“邻近原理”（principles of contiguity）的复述。以前的研究——例如，费斯廷格、沙赫特和巴克的研究（Festinger，Schachter，& Back，1950）与多伊奇和科林斯的研究（Deutsch & Collins，1951）——已经为此提供了有说服力的支持。

我们自己的数据可为这项预测提供部分但非全部的支持。或许对我们研究发现的最好描绘是，我们可以从一个实验的“失败”中提供最具根本性的支持证据。在我们第一年度研究计划（第一轮）实施期间，舍友分配确实是比较随机的。然而，在为第二年做计划时，我们决定按照实验的设计标准来分配舍友。因此，有一半的舍友组合是按照这种方式分配的，以确保（按照我们想的）在舍友之间会导致最小的吸引，在另一半舍友组合中会有可能产生最大的吸引（我们的分配方案是基于在第二批被试抵达之前数周内通过邮件获得的数据）。我们的预测没有任何其他更多支持；从一开始，在连续15周的每周里，两个舍友——包括那些我们预测有低吸引的人——之间的平均吸引水平比所有非舍友的两人更高。同样值得报告的是，在学期开始而不是期末时，所有居住在两层公寓里的某一层的配对组，其两人之间的平均吸引都高于既有住楼上又有住楼下的配对组。在最后一周，在所有选择中90%的舍友间相互选择占到较高的比例。

像我前面说过的，这些发现是在我们第二年的研究中获得的。现在，我必须报告，在第一年的研究中，吸引与房间接近之间的关系一点都不像现在这样密切。我现在不会停下来给你们提供确切的数据，但是在第一年学期结束时，舍友之间的吸引仅仅稍微高于非舍友之间。的确，如果不存在影响结果的其他有关变量，这种不协调（不一致）可能令人沮丧；但在描述存在的其他变量之后，我将会表明它们解释了大部分关于接近和吸引之间不协调的原因。与此同时，我正在考虑的命题是：接近不能够单独解释吸引，而只有当它有助于促进认知到的态度相似性发展时，它对吸引才会有贡献。

不像第一项预测，我接下来的预测将考虑交往的内容。它们具有以下普遍的形式：如果配对被试之间吸引的增加确实随着交往机会的增多而发生，那么吸引的增加将与对重要和相关对象态度相似性的增加有关系。

这些预测中的第一项是基于一个附加的假设，即对自己而言，人满足自我是一个最有价值的目标。如果是这样，那么吸引应该在立足于自己的基础上紧随“自我和他人”的一致性的改变而改变。特别明确的是，自我取向是占主导地位的，个体对别人的喜欢将会直接随着别人对他的喜欢而改变。在验证这项命题时，互惠性吸引可以被当作“客观的”，也可以被看作是“认知”层面的。然而，关于后者——人们对他人的喜欢会随着他们认知到的他人对自己的喜欢而改变——看起来几乎是无须检验的，除非用循环的方式；在一个“自然的”情境中几乎没有方法来证明这一假设，对别人的喜欢是因变量，对自身认知到的他人对自己的喜欢是自变量。

无论因果关系的方向如何，我们的数据表明，一个个体在他的朋友之间对“一般喜欢”的分配，与朋友们对他的喜欢有关。这种关系在第四天就几乎与第四个月结束时一样紧密，尽管有个别的例外，但是作为一个一般趋势是非常显著的。如果任何人了解到在第四天之后的任何时间后者喜欢前者，那么一般来讲，他就可以有把握地去预测前者也喜欢后者。

如果预测取决于一个个体对他多么被另一个人喜欢的自我评估，那么预测的准确性将会有很大提高。在从第二周起的任何时间（此时这样的评估首次进行），大约每四个所作出的有关另一个人喜欢他自己的评估中有三个，与他分配给另一个人的喜欢是相同的。在每人对另一个人的真实喜欢与他对两人之间相互喜欢的自我评估之间，等级—序列相关在最后是0.86，在开始时是0.75。

显然，在“一般喜欢”与喜欢的相互评估之间的密切关系，仅受到实际交往的轻度影响。至少，从几乎陌生的人到亲近的熟人，关系没有显著地增进，而且在四个月的期限结束时，与舍友的关系没有比非舍友的关系显著地更加亲密。事实上，对多数被试而言，对互相喜欢估计的准确性没有随着进一步的熟悉而增加。关于其他人喜欢某个人其自身的估计，与某人自己对相同的其他人的喜欢是如此密切相关，以至于每一种变异中的大部分可以被另一种变异解释。不管是以相同方式发生相互影响中的哪一种影响。

这些事实——认知到的互惠性（perceived reciprocation），虽然随着时间的延续在准确性上没有增加，但其与自己的真实喜欢状况保持着紧密联系——这并不意味着对互惠性的评估完全是自我决定的，而意味着，对其他人的吸引与对吸引互惠性的评估，都是被自我与“现实”两个因素共同决定的，它们紧密结合在一种关系里，随着时间的变化也不会发生改变。我相信，在自我影响与“现实”影响之间产生作用的一条线索，可以被以下事实所证实。毫无例外，那些受喜欢程度随着时间上升的人，或者他们在互惠性的评估上变得更加准确，或者维持早先的准确程度，而那些受喜欢程度随着时间下降的人则倾向于在互惠性评估上变得更不准确。在现实层面上，我们的被试在适应上升的社会地位上没有困难，但接受日益下降的地位却只有部分人能做得到。所有被试分布于喜欢分数的大致相同的区间，但是每个人的分布却倾向于有自己的特点。对互惠性的评估意味着个体的喜欢在怀疑与自尊之间的妥协和折中。

通过评价自我所获得的认知到的相似性对吸引的变化具有重要的预测作用，这一命题与有关自我估价总是倾向于维持在一个高水平这样的假设一道，都获得了很好的支持。所有人之所以被喜欢总是遵循以下模式——他们被判断为与有关自身的自我保持一致。这些判断会随着时间的延续而变得更加准确，同时他们还持续相信喜欢是互惠性的。

我已经表明，吸引既可以假定通过对重要对象认知的相似性来预测，也可以假定通过对重要对象投入的相似性来预测。我这里会提供一些研究发现，这些发现是有关以人为唯一对象的认知相似性的。让每一个被试通过查看取自高夫（Gough，1955）教授准备的一个形容词列表，从中选择词汇来描述他自己以及其他房子里的成员。让每一个被试通过使用相同的列表，来描述他的“理想自我”，同时要求每个被试按照他所认为的其他房子成员会怎样描述他的方式来描述他自己。通过对比这些自我描述的结果，我们获得了有关自我的认知相似性的测量结果［这项研究类似于费德勒（Fiedler，1954，pp.381-388）有关“假定的相似性”的研究］。

事实证明，吸引与认知的一致性紧密相关（在显著性低于0.001水平上）。当相同的数据被独立分析时，17名被试中仅有2名被试在预测的方向上没有显示出相关，17名被试中仅有1名被试与这一预测方向相反。如果这项研究结果是由于人们仅仅将对自己赞美的判断归因于是自己非常喜欢的其他人（会给予的），而仅仅将对自己不利的判断归因于是自己很不喜欢的其他人（会给予的），那么这项发现会比它应该能揭示的内容更加令人印象深刻。事实上，在那些接受用不利的形容词描述他们自己，且表明有一个或更多他人与他们一致的10个被试中，与他们很不喜欢的人相比，有8个被试在这些不利的描述方面显示出与他们非常喜欢的人之间更具一致性。毫无疑问，对于赞美性描述题项，在吸引与认知一致性之间的关系就更加密切。至少，这项发现，即吸引随着关于自己认知到的认知一致性的变化而变化，不仅仅是一个常识假设（人会对那些相信对自己有好感的人更加喜欢）的人为结果。从我们的数据判断，这同样正确——或许与常识相反——那些吸引我们的人，我们对他们的理解，就像我们看自己的缺点和优点那样，按照看我们自己的方式来看待他们。我了解到[1]许多精神治疗医师可以轻松地证明这个观察。顺便提一下，我相信，病人关于他自己与治疗师对他自己的态度趋近的感知，与“移情”[2]中的积极吸引现象关系密切。

我接下来的预测针对的不是将自己，而是将其他房间里的成员作为态度对象。在所有我们获得的其他房间里的成员的反应中，在重要性或在群体关联性方面与本房间里的成员没有任何可比性。对任何配对组而言，在对剩余其他成员的吸引方面，在吸引地位上他们很早就变得有差别，以至于对相似性的测量变得很容易。每个成员的吸引分数，与任何其他成员（每年有136组这样的配对）对所有其他15名成员的吸引分数之间的相关被统计；这项工作在群体共同居住的16周中的每周都会进行。因此这项命题能够获得检验，即在给其他15个成员分配“一般喜欢”分数上，任何两个成员之间的相似性越大，他们彼此之间的吸引就越高。一个与此相关的预测是，这种关系将随着交往，也就是说随着时间的增加而增加。

---

[1] 尤其是斯沃德（Keith Sward）通过这一点引起了我的注意。

[2] 参见罗杰斯（Rogers，1951，pp. 66-96）的实证证据，大意是，通过对相同项目的一个资料分类，至少在成功的心理疗法的一个案例中，在病人自我排序与治疗师关于病人的描述之间的相关随着时间而增加。我不知道在这个观点上的其他数据。

按照两项吸引标准，两项命题获得了明确的支持。在第四天，配对组内的“一般喜欢”与配对组内对剩余其他成员的“一般喜欢”之间的关系几乎不显著，而且在一周之后，这一关系的显著性也仅仅有轻微的提高。仅从处于相关分布中的高端的一半或低端的一半的结果的判断来看，直到第四个月的月末，这种关系才相当稳定地提高，表现为所有配对组内吸引的2/3准确地处于分布的高端的一半或低端的一半。通过比较配对组内的平均相关与不同类别的配对组内吸引，这项研究发现会呈现得更加清楚，如图3-3所表明的。

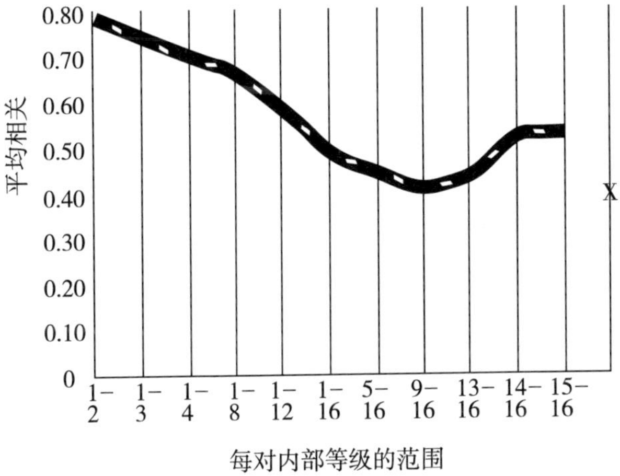

图3-3　配对组内对其他成员平均吸引的相关

在其他15个房子里的成员方面，彼此有高度一致性的个体明显地倾向于被彼此吸引。相反的趋势不太明显；涉及更低的8个等级的被试类别中，没有一个类别的平均相关远远低于所有的配对组的平均相关。所有平均相关中最低的一个类别（在图

3-3中用X标出）是，这一类别的所有配对组中，仅有一名成员属于最低的1/4吸引等级（等级在13—16）。对于其他44对，平均相关是0.35——与0基准相比差异不显著。因此，不管吸引水平如何，这个相关不仅可预测配对组内部的吸引，而且（特别是在极值处）可以预测人际的相互关系；按照χ^2计算，事实上，他们之间的关系在0.001水平上是显著的。

总体而言，尽管与预测低吸引相比，预测高吸引更加容易证明，但那些在我们房子中醒目的柱子上标明的具有最低吸引值的人也应该有所交代。在我们第二年的群体研究中，最低吸引的3个被试是真实地被拒绝的；毫不夸张地说，他们确实不被喜欢，没人像他们那样。（另外，次低吸引值的2个被试是近似孤立者，他们孤僻并或多或少地被忽略，但总体上也不算不被喜欢。）在这3个被拒之人的那套数据之内，所有被分配给的以及接收的六项吸引回答是在最低可能的3个等级之中，他们的平均值恰好是15，而15.5是最低可能的平均数。他们彼此间的喜欢甚至低于组外被试对他们的喜欢。同时，在这3个被拒者之中，3个配对组内的相关，要稍高于群体全部被试的平均数，并且高于相同个体与除了被拒者本身外的所有其他人的平均相关0.7个标准差（0.52与0.39比较）。简而言之，他们不喜欢彼此，但他们倾向于彼此间对剩余其他个体的喜欢程度更一致，这种一致要高于他们与剩余其他个体间的一致性。当然，这对他们来说是非常有悖常情的，但这样的事实似乎诱使我们作出如下结论：对我最喜爱的假设（解释力）产生阻挠的因素都完全与他们作为被拒者的人格相关。然而，我更喜欢作如下表达，即这3个被拒者（的相关研究结果）帮助我发展了一套特殊的标准：在与他人交往中要做到不让人讨厌是非常难能可贵的。如果这种标准的确存在，我相信这种标准是被这3个人彼此太过独立的特点发展出来的。他们太不喜欢彼此，以至于不能被彼此影响。我们知道，他们之间在对剩余的其他人时出现的一致性，无须通过频繁的交往也能够发生，请别忘了态度的相似性在人们面临客观世界中相同的困境时也可能发生，它显然不依赖于别人的影响。

因为这两项预测变量（对互惠性的估计和配对组内的一致性）远没有达到理想的相关水平（它们之间的相关为0.60），人们可能会询问它们之间的对比以及他们结合起来的预测力。统计上的分析结果最终会发表出来，所以在这里我将不会提供这些结果。事实上，如果人们仅仅希望精确指出高吸引的个别例子，那么，对互惠性的估计可以单独成为所有预测变量中最成功的预测变量；在最高的1/4的吸引组中有97%（被试）是按照对互惠性的估计的最高一半的标准来挑选的。但是如果人们希望在分布的首尾两侧解释最大变异，将两个预测变量结合起来的标准（即联合标准）比任何单一的标准会更好。按照在联合预测变量与实际的吸引分数之间存在一个0.53的一致性系数所表明的，吸引中几乎1/3的变异都可以用联合预测变量来解释。如图3–4所示，高吸引尤其可以很好地被联合标准所预测；事实上，那些被预测为高吸引的类别中没有一个在吸引得分上处于较低的一半。

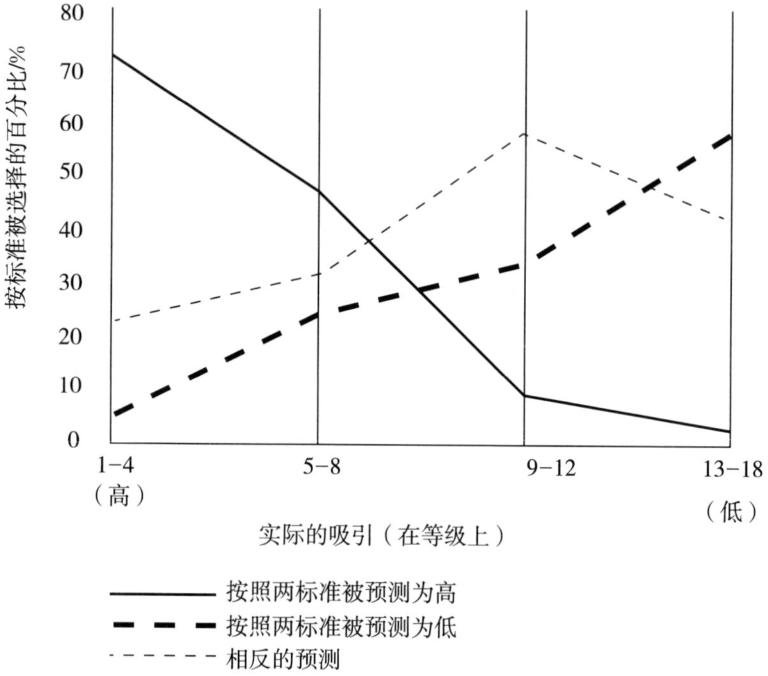

图3–4　被选择的256个吸引分数的百分比，在四个水平上的任何一个，按照联合标准（对互惠的估计与组内相关）

这些基于少量数据的研究结果可能常常遭受许多质疑，即研究结果之间并不完全一致。无论是按照非常宽松的还是按照非常严格的标准，被预测的关系都显现了出来；标准越严格，超过机遇期待的可能性就越大。

在理论水平上，我认为这两个预测变量是非常显著的，这两个变量的联合效应比任何单一变量，包括一个主观指标（互惠吸引的估计）与一个客观指标（描述配对组被试的关系，而不指每个单一个体），会更加成功。就理论而言，原本也应该这样。毫无疑问的是，社会行为的大多数形式，例如吸引，是被个体特点与对其他人的关系共同决定的——这种关系对行为接受者和行为者本身都同样十分重要。

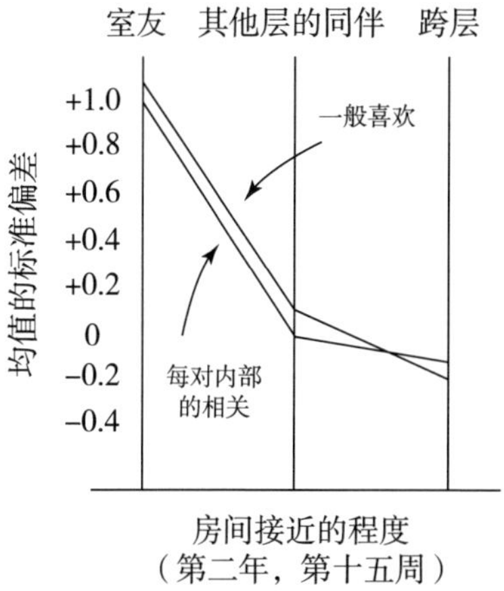

图3-5　第二年数据

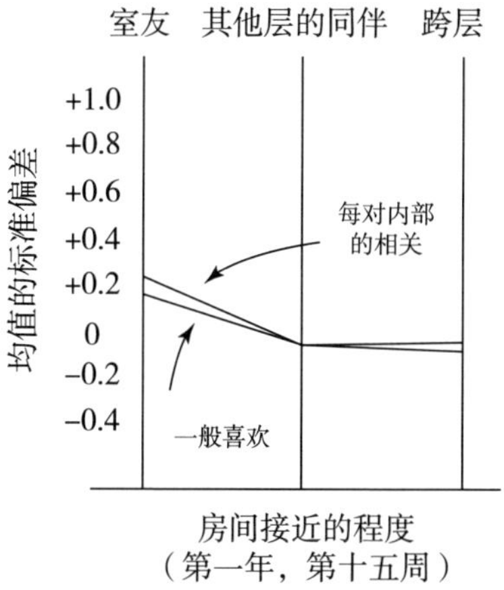

图3-6　第一年数据

（来自一般喜欢与喜欢其他成员的组内相关的均值的标准偏差，与房间邻近有关）

现在请让我简短地回顾一下我们的发现，在第一年，仅仅是成为舍友的事实，就解释了吸引发展中的许多变异。我已经说明，邻近是一个促进因素，而不是积极性吸引发展的充分条件。因此，随之而来的是，当两个舍友之间的邻近导致有利于高吸引发展的一个或更多条件时，两个舍友之间的吸引才会相对更高。这也确实是我们的数据所表明的：在第二年，舍友比非舍友在两个预测变量上的打分都更高。

如图3−5与图3−6所示，在吸引与房间邻近之间关系上的年度差异与在邻近和预测变量之一（即对其他成员吸引的组内相关）之间关系上的差异是一样的。在第二年结束时，舍友和所有其他成员之间的差异为一个完整的标准差，而在第一年结束时，这一差异只有1/5个标准差。比照其他预测变量，如认知到的喜欢的互惠性（perceived reciprocality of liking），实际上其差异也符合相同的规律。

因此，似乎很可能，邻近仅仅经由预测变量而导致吸引。房间邻近有助于预测变量的发展，就像导致第一年舍友之间的高吸引一样，其原因我只能说，有理由相信更多的细节分析将至少会提供部分答案。

因为到目前为止我提及的（吸引）对象仅仅是指人，所以无疑你可能想知道，“吸引可以从对重要和相关对象的态度相似性那里预测到”这项命题的通用性（或概括性）。尽管我们的分析还远谈不上完整，但它们显示，这项命题也适用于人以外的对象，虽然是在较低的置信水平上。但已经非常清楚的是，在这一研究设计中，对所有成员而言，在相关性上没有任何对象可以与房子里的成员他们自身相比。实际上从白菜延伸到国王，我们抽取了大范围的态度对象样本；有与国王（或者至少是总统）这样的态度对象非常相关的数个配对组被试，也有一些被试他们的组内吸引受到了对卷心菜、沙拉等态度对象的影响。然而，对所有成员（被试）来讲，没有单一的充分相关的非人对象可以解释所有配对组被试之间在吸引水平上的更多的变异。

描述这种复杂现象的一种方式是关注：我们的被试对他们彼此的态度了解得如此之多和深入，以至于没有单独一种态度对象对所有配对组被试而言是很关键的。这一困境已被一系列的实验很好地证明。在许多场合，外部人士（不熟悉的人）被邀请发表一个针对有争议话题的个人观点；我们的被试除了了解这些演说者对这一话题的观点外，并不了解他们对其他话题的态度，因此，我们的被试对这些演说者的“一般喜欢”（按照预测）与他们认知到的与演说者之间的一致性密切相关。或许这项研究给我们的教训是，人们如果不想让研究发现复杂化，就应该像从事实验室研究一样做到简洁明了，而非长篇大论式的去关注各种“自然的（或生态性的）”情境。

然而，我们可以通过两种方法来揭示吸引与对非人对象态度的相似性之间的关系。第一种方法是将非常概括抽象的价值观视为对象。例如，对于总共136对被试来说，他们在奥尔波特—弗农（Allport-Vernon）价值观量表得分上的一致性与吸引有关；按照对每个变量的实际测量，显著水平是从0.05到0.01。如果奥斯古德（Osgood，1952，pp.197−237）的三维度语义测量结构可以被视为一种高度概括化的态度，这种概括化的态度既包括对一般事物的认知属性，也包括对一般事物的情绪情感属性，那么使用这种测量的结果与吸引同样是相关的。源于对大范围的刺激词（例如“父亲”、“政治”、“性”、“金钱”）反应的“语义一致（语义差异）”测量，与我们136对被试中至少一种吸引的测量结果显著相关。

我们的第二种方法是将一个给定相似性程度的非人对象的数量看作态度相似性的指标，而不是将关于一个单一对象的相似性程度看作态度相似性的指标。至少对于我们两套被试中的一套，这项指标与吸引有关。尽管显然没有在显著性水平上低于0.05，但这是在所有配对组被试中能够成功通过熟悉前相似性测量来预测后来吸引的方法之一。如果像在本项研究中显示的那样，这项指标的预测价值趋向于随着时间而增长，那么这项发现将与以下假设一致：随着时间过去，当我们的被试逐渐发现彼此间在广泛问题上的态度（差异）时，他们就会倾向于对彼此作出不同的分类。

关于本项研究结果的意义，我有两点简短和最终的说明。首先，关于用以获得研究发现的专门设置的研究情境。没有理由相信，我们碰巧研究的这批特别的学生，在（这里已报告的）关系的种类方面，在熟悉的可对比阶段方面，与其他年轻人或成年人伙伴团体存在非常大的不同。的确，很可能他们在年龄、性别、学生身份方面恰好同质性的事实倾向于减少他们在许多态度上的分歧；即便如此，至少在这里报告的预测变量中有一些将仍然能证明它们适合于对更多不同群体的解释。因此，虽然感觉自己有很强的信心，但在报告中我并没有非常过分地扩展我个人的研究发现的应用范围，同时我也认为，在特定条件下，吸引发展、变化或保持稳定是一件有秩序有规律的事情。此外，将这些条件因素的表述统一构建入一个命题的连续统里也是有可能的。

其次，关于我报告内容中较多涉及的常识性现象背后的本质问题。你们中没有一个人曾用令人惊讶的学识解决过这一问题，例如，我们的被试倾向于喜欢那些他们认为他们自己会被这些人喜欢的那些人，或者他们倾向于喜欢那些他们认为他们自己会被这些人用最好的词汇来描述他们的那些人。因为研究设计中的关注点并不是足够多的，以至于我们的有些研究发现是令人意想不到的——例如，认知到的与另一个人有关的其自身不利特质间的一致性，也是积极性吸引的一个相当好的预测变量。这里并不是要重复过去的老生常谈，因为没有人知道他了解的所谓正确的知识是否真的是正确的，直到这些知识被恰当地检验过。进一步讲，我想要指出的是，许多表面上看似彼此无关的不同命题（有的符合常识，有的不符合），事实上来自同一假设框架。

事实似乎是，在特定的条件下，从人们互动的频数、对互惠性吸引的认知、特定人格特征的组合、态度的一致性上，我们都能够预测人际吸引。这些多样的被视为常识智慧的变量应该结合在一起，并没有不证自明的理由；人们可能几乎怀疑它们是从一系列多种多样的变量中提取出来的。但事实是，正像我已经试图表明的，有关这些变量的预测性命题都是从非常少的几项心理学假设中逐步推演出的。我相信，这种汇合将既是理论上必需的，又是实证上支持的。这些思考对我来说，似乎给以下提出的观点注入了信心，即以一个有限的研究对象群体形成了一个有限的理论——换句话说，人们——能够通过解释这些研究对象的有意义的特性来获益，特别是与人类依赖于交往这一事实密切联系的特性。

你们可能记得一个古老的故事，这个故事对人们最有冲击力的观点是“差异万岁”——为了小的差异而感谢上帝。如果我们倾向于对积极性人际吸引采取一个有力的支持态度，或许我们同样应该感谢相似性：相似性万岁！

第四章　纽科姆人际关系经典名著解读

日常生活中，准备考大学的高中生、已毕业的大学生，甚至包括家长和教育者在内，可能有时都会思考如下问题：大学会对人产生哪些方面的影响？这些影响是如何发生的？纽科姆的经典著作《大学对学生的影响》就很好地回答了以上问题。该著作基于跨越40余年的大量科学研究结果，系统梳理和分析了美国大学会对他们的学生产生哪些影响以及这些影响是如何发生的。虽然该书出版距今已比较久远，但读后仍然会给人们带来诸多有益的启示。

纽科姆在其学术生涯早期所进行的本宁顿研究因其在方法上的创新和重要的研究发现，被称为20世纪上半叶对社会心理学领域作出最重要贡献的研究之一，其中《人格与社会变化：一个学生群体中的态度形成》一书就是纽科姆本宁顿研究最具代表性的研究成果。该研究历时四年之久，是社会心理学领域采用纵向追踪技术的开山之作。虽然截至今日纵向追踪方法由于时间周期长、设计难度大、解释复杂等原因，在社会心理学研究领域仍然无法像实验方法一样成为主流，但其在方法上的创新精神和研究勇气仍然收获了无数赞誉，为同行所钦佩。同时，这一研究成果也为社会态度研究随后成为社会心理学领域的核心研究主题奠定了重要的基础，为社会心理学学科体系建设作出了重要贡献。

本章对纽科姆学术生涯中上述两部经典著作进行解读，包括研究概述、主要研究内容和发现、导读、评价等环节，以便于读者快速了解著作内容，领会其中的核心观点。另外，两本著作虽然视野宏观，但在本质上探讨的仍然是交往互动、个体（群体）心理和行为与环境相互影响的问题。

第一节 《大学对学生的影响》解读

一、研究概述

由纽科姆和费尔德曼编著的《大学对学生的影响》一书成书于1968年，并在1994年进行了再版。该书基于大量的科学研究结果，系统梳理和分析了美国的大学究竟对其学生产生了什么样的影响以及这些影响是如何产生的。不同于普通的通俗读物，该书完全是基于已有实验数据结果完成的。

在该书出版之前，有一本与该书的主题很相近的著作于1957年出版，作者是雅各布（P. E. Jacobs），这本书的名字叫作《大学里价值观的转变：大学教学影响的探索性研究》。与之相比，《大学对学生的影响》有很多方面的优化：首先，该书的原始文献和材料更为丰富，原始文献来源的时间跨度比《大学里价值观的转变：大学教学影响的探索性研究》一书所用到的要多出十年。其次，该书的结论也在很多方面不同于《大学里价值观的转变：大学教学影响的探索性研究》一书。例如，雅各布报告称高年级学生比低年级学生在价值观方面更加同质化（homogeneity）；又如，他认为大学经历的影响是对学生进行社会化（socialization），从而可以使得学生更好地适应大学生活，进而成为大学生群体中合格的一员，而不是通过使其价值观得到解放（liberalization）而导致这样的结果；他还报告说并没有发现由于课程特点而直接使学生价值观有明显改变的相关证据。与雅各布不同，该书的作者并不仅仅在探索大学经历的影响，而是提出了一个在此之前看来是非常复杂但实质又具体的问题，那就是“在什么样情境下什么类型的学生通过怎样特殊的方式发生了改变”。另外，该书作者最后发现，大学的一些情境确实对学生产生了影响，而且这种影响不只是对价值观的影响。这些影响在学生毕业之后还得以延续。

该书首先明确了大学生在被大学录取的过程中产生的那些“改变”与“坚守”，然后作者开始聚焦于大学的环境与亚环境（subenvironments）。作者关注什么样的因素会对学生产生影响，尤其是这些因素是以怎样的方式对学生产生影响的，正如他们的研究结果发现，事实上这些因素确实对大学生产生了影响。并且，对大学生产生影响的因素和情境的范围非常广泛，包括大学的公众形象（colleges' public images）、该学校的新生在入学时的特征、学校亚环境的性质、学校规模（institutional size）以及学校的同质性等等。这些因素是相互作用且共同产生影响的。也就是说，作者最后发现试图用一句简单的话来回答“在什么样情境下什么类型的学生通过怎样特殊的方式发生了改变”这个问题是不可能的。想要确切地回答大学如何对学生产生影响，就应当从不同的角度来审视这个问题。

本书共分十一章，第一、二两章是对已有研究的概括和总结，第三章集中阐述了理解大学生在大学期间发生的变化的一些难点和重点，最后一章对本书的研究结论进行了回顾并对未来的研究进行了展望。最后一章中的有些议题极具前瞻性，即便是现在看来也非常有意义。其他章节则从不同的侧面和角度分析、总结了大学对学生的影响。

二、主要研究内容和发现

（一）对已有研究的整合

在该书的第二章，作者试图回答这样一个问题：美国大学生在大学期间是否以某种特定的方式发生改变？显然，这个问题的答案是否定的。因为美国的大学本身具有丰富的多样性，同时美国的生源也有着同样广泛的多样性。作者认为研究大学对学生的影响应该从更加可回答也更加专业的角度来进行探究，那就是："什么类型的学生以怎样的方式发生了改变，这些改变通过怎样的过程得以发生，又是借助何种制度安排媒介发生的？"这个问题也奠定了本书的研究思路。虽然以往较为概括化的研究对理解大学如何对学生产生影响的帮助不大，但是作者认为这些研究可以为我们提供有用的背景知识，这些背景知识对理解作者所做的更为专业细致的研究是有辅助作用的。因为通过这些研究我们可以对大学影响大学生的心理变量有一定的了解。

在研究方法方面，作者搜集的资料主要采用了横断（cross-sectional）研究方法，通过比较新生和高年级学生在各项指标上的得分差异情况来判断大学经历是否对学生产生了影响。现在，我们来具体了解在研究大学对大学生的影响时都有哪些心理变量会受到影响，以及与之相关的已有研究结论。

作者关于大学对学生的影响的输出主要聚焦于六个方面的变量，这六个方面分别是价值观、生活目标（goals）、生活满意度（life satisfactions）方面，态度和取向（attitudes and orientations）方面，权威主义（authoritarianism）方面，人际和人际适应（interpersonal and interpersonal adjustments）方面，对大学之后生活的规划（toward later life）方面，以及团体同质性（group homogeneity）方面。

通过对价值观、生活目标和生活满意度方面的文章进行综合分析，作者发现价值观方面最普遍的变化就是审美型（aesthetic）价值观的上升以及宗教型（religious）价值观的下降。而关于生活目标和生活满意度，大学生大学期间在该方面几乎没有变化，而且他们将利己（个人）主义（privatism）置于高位。当将目标定位在大学教育的目的时，大学生的变化主要体现在他们更多地将大学的意义看成是通识教育以及思想的提升而不是将大学看成是狭隘的“职业培训”。当考察大学生对满意的工作的特性描述时，结果发现在要求能够有机会使用自己的专业技能方面，大学并没有对大学生产生影响；但是，高年级学生会更加青睐那些能够使他们发挥自己的创造力的工作机会。与入学新生相比，高年级学生对于工作更多的是“要求”，而新生更多强调的是“适应”；高年级学生更加渴望自我表达的机会，更不看重工作稳定性。高年级学生更加看重工作带来的内在激励，而低年级学生更看重外在激励。

有关态度和信仰的研究表明，在大多数公共议题方面，绝大多数学生呈现出逃离“保守主义”（conservatism）的变化趋势。在信仰方面会有轻微的减弱趋势，尤其是在正统和基本信条方面，但是也有更为谨慎的研究表明这样的变化是复杂的、不稳固的。而在智力方面，大学生普遍倾向于选择独立思想、原创性以及广泛兴趣。

研究结果还表明大学环境更有利于人们减少对独裁的向往。在人际交往方面，高年级学生会变得更为自信和更加独立自主，他们更善于表达自己的情感，他们的兴趣和态度也更少地拘泥于性别刻板印象（stereotypes of sex）。

总之，作者分别总结了大学对学生在价值观、态度、满意度、个性以及对大学以后的规划等方面的影响，最后发现大学最为显著和重要的影响包括以下几个方面，例如思维开放性（openmindedness）的增加、在公共事务方面保守主义的减少，以及对艺术和“内在”（inner）经历敏感性的增强等。作者还发现，大量的研究表明，大学生对宗教的承诺有所降低，对智力活动的兴趣有所增加，并且智力也有所提高。大学生在以下方面也得到了提升：独立、控制、自信以及表达情绪的敏捷性。从改变净值的角度来衡量，一些变化几乎出现在所有的大学当中；但是，无论变化的方向是使得学生原有的特征得以加强或者减少，都没有证据证明这些变化的产生是学校的某个特征单独作用的结果。也就是说，不能简单地用一句话来回答大学对学生产生影响的机制。

（二）时间的作用——大学不同阶段学生发生的变化

通过比较低年级学生和高年级学生之间的差异来理解大学对学生的影响仅仅是理解这个问题的第一步，通过比较学生作为新生甚至是准新生时的特征与其作为毕业生甚至是校友时的特征，可以从整体上看出大学经历的属性特征，因而作者关注了学生校园经历的不同阶段来具体分析大学对学生产生影响的这一过程。作者将学生的大学历程分为三个阶段，分别是初识大学阶段（college-bound）、新生学年阶段（freshman year）和后新生学年阶段（after freshman year），通过对三个阶段学生的变化的观察，作者总结出了几种可能的变化趋势。

其实在学生进入大学之前，他们已经开始了对大学的接触和认识，研究发现学生在准备申请进入大学学习的时候已经开始了对大学生行为的模仿，这种模仿除了表现在行为上还会表现在情感方面。他们会产生自己已经能够满足大学情境的能力的自我想象。而当他们正式公开申请某所大学时，他们中的有些人就开始阅读大学里需要阅读的书籍，并且开始尝试兼职来体现自立和责任。但是这些行为本身并不能说明他们对申请入学成功不存在焦虑，这只是因为他们变得可以控制这些焦虑。

说到学生对大学的预期，研究发现，那些期望进入大学的年轻人往往会为即将到来的四年生活描绘出一幅理想画卷，他们并不真正了解他们即将要经历的生活。例如，他们往往会高估学术压力，并没有想过大学的课程是怎么样的，也不会想到大学里会有那样多的活动和组织在等待着他们去加入。这样的结论可以通过高年级学生的回溯而得出，同时也可以通过学生期望的大学环境与实际进入的环境的比较而得出。学生们期望中的大学与实际的大学有着很大的差异，但也会有一些相同之处。例如，学生都会认为大学中会存在对成就的要求，但是不同的学生对该要求的强度的感知是不一样的，还没进入学校的学生更可能强化这些要求的强度。未入学学生与已入学学生之间的这些差异就如同低年级学生和高年级学生之间呈现出的差异一样。无论使用大学特征指数（College Characteristic Index，CCI）[1]作为测量工具还是用大学环境量表（College and University Environment Scales，CUES）[2]作为测量工具，这些结论都是成立的，并且结果也是一致的。新生也会有更多更高的的渴望、热情以及对未来生活的好奇，他们常常会抱有更高的个人期待。总之，未入学的学生对大学的了解和期望往往是不现实的和理想化的。

---

[1] CCI是最初由默里在1938年开发出来用于评估大学中环境压力（environmental pressures）的量表。该量表基于环境压力和个人需求（personal need）两大因素，其潜在假设是每个人都有不同程度的心理和情感需求，其所处的环境被看成是可以在不同程度上满足或阻碍这些需求的压力。

[2] CUES是佩斯（C. R. Pace）在对CCI进行进一步改进的基础上发展出的大学环境量表。该量表不考虑个人的性格特征，直接对各个学校的环境变量进行直接测量和分析。

在第一年的适应过程中，他们往往会变得更加理性和现实，但他们的期望和愿景不会出现大的下滑而变得特别世俗。在接下来一年半左右的时间里，他们的人际交往目标以及满意度却会有很大的变化。毕业班的学生会变得更成熟，也变得对真实的世界更加感兴趣。这样看来，大学似乎发挥了独特的作用来使得年轻人更好地完成社会化过程，大学环境同那些人类生命循环中不可阻挡的要求一起完成了这样的过程。

作者发现，更多的变化是在四年的过程中逐渐平缓地发生的，而不是在某个特殊的阶段发生了显著的变化。在各个方面都没有发现有突变现象的产生，甚至都没有特别的环境变化看起来对变化的速度产生了影响。

大学四年，学生们对独裁支持程度的下降以及对公共议题的转变是普遍的，但也不是绝对的，结果表明，这些变化是与毕业生是否将注意力转向大学以外的世界相关的。有趣的是，高年级的适应模式并没有恢复到他们作为新生时的那种转变模式。这可能是由于他们看世界的角度和方式已经发生了变化，新的世界观为他们改变了的态度提供了新的锚定点（anchorages）。

（三）不同的大学存在影响差异

在阐述大学期间学生们的一般变化以及各个时期对其产生的影响时，研究者们都是基于这样一个假设：对于大学里的学生、教职工和环境特征来说，他们多多少少是一致的。这样的一个简化假设有助于理解大学对学生产生的广泛影响。但事实却是，美国大学是极其多元的（diversity），不同的学校会对学生产生特殊的、不一样的影响。

作者认为，大学的不同所带来的影响不仅仅是从学生入学之后才开始发挥作用的，在学生选择学校时，大学的特征和属性已经在影响着学生了。因为学生进入大学这个过程并不是一个随机的过程，它更多的是一个选择的过程。再者，那些想要进入和已经进入大学的学生不能代表他们同辈群体中的全部。那么，什么样的因素会影响青少年是否要进入大学进行学习呢？研究发现，学生的家庭社会经济地位（socioeconomic background of the students）和智力水平（the level of intelligence）二者在这里起到了主导作用，但是还有其他一些相关因素也发挥了一定的作用，这些因素包括居住地的大小和规模、家庭的大小、信仰背景以及性别等。例如，大家庭的成员更少想上大学，高中学校规模大的更愿意上大学。而在选择什么样的大学方面，影响因素是多方面的，包括学生个人的志向、能力和个性，父母的价值观、目的以及社会经济地位，老师、同学的建议以及大学的地理位置，还有学生个人倾向于向谁征求意见，等等，这个选择过程是极其复杂的。通过因素分析，作者把这些影响因素归为六个基本的维度，分别是智力倾向（intellectual emphasis）、现实情况（practicality）、他人建议（advice of others）、社会倾向（social emphasis）、宗教和伦理价值观倾向（emphasis on religious and ethical values）以及学校规模（size of the school）。作者在文中对各种因素如何影响学生的选择作了详细的分析，例如，高智商的学生倾向于进入私立综合性大学而低智商的学生倾向于进入低等学院。但是，在理解这些差异时需要注意两点：第一，并不是说进入这些不同类型学校的学生们之间有绝对的不一致，也就是说不一定进入低等学院的学生智力就一定低；第二，同一类型的大学之间也不是完全同质化的。

想要探究不同的大学会带来怎样不同的影响，就需要来定义和区分不同的大学，也就是说给出一个合理的大学分类体系。前人在对大学进行分类时，通常按照课程对大学进行划分，也按所有权将其分为公立学校、私立学校和教会学校等。这些传统的对大学的分类并不能揭示和量度不同大学环境的不同，这些分类并没有从“产生影响”的角度进行划分。因此，试图揭示大学对学生的影响的大学分类应当揭示导致不同影响的环境的区别。作者从人口学特征（demographic characteristics）和环境压力两个角度出发，最终建立了基于学生对压力、要求、机会以及其他环境特征的认知的分类测量方法。这样的分类测量方法是对现在已知的对学生产生影响的特征进行同质化聚类而得出的。这一测量方法意味着当我们观察到的不同类型的大学在对学生产生不同的影响时，我们可以进行更为有意义的分析。

作者分析了不同学校类型对学生的影响，结果发现不同学校学生的原始特征存在着系统化的差异，不同学校的学生在对自我评价和对目标重要性排序方面存在着显著的差异。例如，学校的大小与对受欢迎程度的自我评价的改变呈负相关。又如，在科学目标上的改变与环境的同质化以及学习教育、护士和社会工作的学生比例呈负相关关系等。作者的另外一个发现就是，不同的大学对学生的原始差异（initial diversities）起到了强化（reinforced）作用。也就是说，不同学校的学生在入学时呈现出来的显著差异在他们毕业时仍然是存在的，甚至更为明显。大学的这种影响是一个个体特征与组织所提供的环境相互匹配与相互促进适应的过程。

（四）不同专业领域对大学生的影响

如同考察不同的学校对学生的影响一样，作者首先对选择不同专业的学生进行了分析，试图考察这些不同专业的学生在初始阶段是否已经有了差异，这些差异的程度又是怎样的，这些差异是否又有所改变。作者考察了学生的价值观类型、政治经济态度、信仰、职业生涯定位、智力情况、独裁主义倾向、主观幸福感以及其他特征。

首先，专业的选择与个人的背景特征相关。例如，有研究发现，来自高社会经济地位背景的学生普遍会选择医学、社会科学、艺术与人类学、法学以及其他与政治和管理相关的学科，而诸如教育、工程之类的学科则较多地被来自社会经济地位背景较低的学生所选择。其次，这些特征还与学生对专业选择的变化相关，选择转换专业的学生中社会经济地位高者较多。但是这并不能适用于所有的背景特征。但是，当从价值观、职业生涯定位以及个人特征的角度来考察大学的影响时，背景特征的确切作用依然不得而知。

在价值观等个人特征方面，在不同的价值观维度、不同专业的学生之间确实存在着不同的侧重。作者使用斯普兰格价值观（the Spranger Values）类型调查工具进行验证，例如在研究理论型（theoretical）这个价值观维度时发现，自然科学和工程学科的学生选择高或者中等重要，而社会科学的学生的选择分布于高、中、低三个区间。还有将价值观划分为自我表达的生涯价值观（self-expressive career requirements）、强调外在激励的生涯价值观（extrinsic reward-oriented career requirements）以及以他人为导向的生涯价值观（rank people-oriented career requirements）三类。他也发现了不同领域的学生在这三类价值观的得分上也是不一样的。不同专业的学生在态度和其他个人特征方面也都表现出了差异。但是，我们并没有证据可以说明在某些专业领域某类或某种个体特征在一些或所有专业领域可以占到绝对优势的地位。这些研究的重要性在于说明进入某一特定领域的个体，作为一个群体成员，确实呈现出了某些独有的特征，而且这些特征可以具有较高的一致性。但是，各个专业和领域的学生都不会固定于和拘泥于某个特定的类型。

为了探究不同专业学生之间的差异在多大程度上是由不同的课程经历造成的，而不仅仅是由学生的自我选择造成的，作者试图对不同专业的环境特征进行分析。作者从学生类型和教职工两个方面入手分析。但是该领域的研究和文献较少，证据表明，不同学校的专业也是不同的，但并没有解决不同专业对学生的影响机制问题。在这方面，需要作进一步的研究。

通过考察不同专业学生的变化情况，作者发现，同一个专业的学生趋向同化。他们认为，虽然不能得出学习不同学术专业的经历产生了这种效果，但是至少可以说这种效果是个人选择和专业环境共同作用的结果。这种效果的发生，至少存在两个可能的原因。第一，同一专业对学生有共同的同辈群体影响（peer-group influence）和相同的教职员工队伍影响（faculty influence）。因为在大学里，个体接触更多的是同一个专业的同伴，与他们有着更多的一致性，同时学生见得更多的也是自己专业的老师，受他们的影响最深。第二，在大的大学（large university）里这种环境比小学院（small college）更为典型。大学不同专业的差异更加明显。总之，正是这样的过程和这样的互动产生了这样的结果。

（五）居住群体的影响

显然，学生并不是在教室里或者在与教学有关的活动中度过自己的全部大学生活的，所以这样就会有教室之外的其他场所能对学生产生潜在的影响。大学生的居住群体（living group）就是这种场所中的一个。这里的居住群体包括学生的居住场所以及他们是否参加学生组织（fraternities and sororities）、参加什么样的学生组织，也就是他们除了课程之外经常活动的场所。

同样，作者考察选择相同居住群体和环境的学生之间是否存在着某些原始差异。答案是肯定的。这些原始差异表现在很多方面，例如，有大量研究非常清楚地表明，居住在不同环境里的学生的家庭背景各不相同，家庭社会经济地位较高的学生更愿意加入学生组织，也更加积极地参与学生事务；又如，参加了某个有组织的群体并经常参与该群体活动的个体，比那些经常在宿舍、自己家里或者亲戚家里度过时光的个体看起来社会适应能力更强。但是，作者发现这一结论并没有足够的数据可以对其进行支撑。另外，作者发现有很多的研究可以证明，参加组织的个体比其他人在个性特征方面显得更为自信和坚定。

这些结论的得出可能会受到对居住团体进行不同分类的方法的影响。作者还指出，不同的居住环境还伴随着不同的情境特征，例如压力、机会、要求等等。不同校园的居住环境并没有被直接地进行比较过，这也许是因为不同学校的不同居住群体的差异性太大，以至于这种比较本身并没有太大的意义。即便是同一个校园中的不同居住群体之间的差异性也非常大，并且差异很分散，因而简单的分类本身可能会掩盖和模糊他们的不同。

另外，作者也分析了影响的差异性，主要从选择过程、加入组织后学生的变化、住宿分配、舍友影响等几个方面进行了分析，最后还着重分析了学生组织对学生的影响。结果发现，居住在不同类型的环境和地区的学生之间的差异是学生的自我选择（self-selection）和群体招募（group-recruitment）共同作用的结果。具体来说，某个地方原有的群体更愿意接受与他们一致性较高的新生入住，新生也愿意申请那些与他们自己相似的地点或组织。那些进入了整体氛围与自己相差甚远的群体的个体，往往也会选择退出并重新选择所在群体。但是，为了组织更好地发展，组织会试图采取一些特别的措施来吸引和留住一些“异类”成员。谈到学生会组织，这个组织本身就很具有争议性，既有积极的方面，又有消极的方面。而不同学校的学生会组织所看重的价值具有很大的差异，这些差异背后可能隐含着不同学校本身的差异。

（六）同辈文化和教职工的影响

专业和居住群体对学生产生的影响通常被称为同辈影响（peer influence），这二者对学生的影响是重大的，因为个体与这两个群体中的成员的接触是最为频繁的，彼此之间也是最相似的，个体也最有可能从其中发展出自己的至交。但是，那些与他们不同的群体也会对个体产生影响。作者将个体的同辈群体作为一个整体来考察其对学生的影响，不论这些群体成员是个体的朋友还是敌人，也不论他们相识与否、是否居住在相同的环境之中。另外，作者也考察了教职工作为一个整体对学生产生的影响。

从社会化的角度来看，大学无疑是一个社会化机构（socializing institution），大学通过培训、发展、修正等方式影响进入其中的学生，从而使得学生在离开校园时可以获取知识、技能、正确的价值观和态度，以便他们可以更好地适应社会。这种影响可以是正式的，也可以是非正式的。例如，大学里的课程对学生产生的影响是正式的影响，而学生与其舍友之间的相互交流就可以看作是非正式的影响。另外，按照惠勒（Wheeler，1966）对社会化进行的具体分类，大学所产生的社会化类型应当是连续的

（serial）和集体的（collective）。学生是作为一个年级中的一员进入学校的，学校对其产生影响的过程是连续的，持续四年的时间。在这个过程中，学生通过与其他学生和老师的接触而习得规范的价值观和态度。他们是被整个校园学生群体所影响的，他们也面临着各种各样的亚环境。

学生同辈群体在个体社会化过程中有重要的影响。学生同辈群体为个体提供了自我判断的标准以及态度和行为的规范。在同辈群体的影响中，亲近的朋友的影响作用更为突出。因为他们通常会有一个或多个共同的价值观。他们的相互影响可以表现在价值观的转变以及相互选择上。如果他们之间存在着先前共同的价值观，即便不强调他们共有的价值观，他们的关系也会得以加强。另一个表现就是，不同群体之前的原有差异（initial group differences）将会增加，群体内成员更加相似而群体外成员更加不同。

教师群体也会对学生产生不可忽视的影响。研究表明，虽然学生认为他们与教师在教室外的相互接触不多，但是他们认为额外的接触并不是必需的，他们也承认教师群体确实对他们产生了影响。但是教师对学生的影响和同伴的影响是不同的：教师对学生智力发展以及职业发展的决定会产生较大的影响，而同伴则更多地影响个人和社会交往方面的决定。教师对学生的影响也常会以学生之间的相互交流为中介，但这一过程经常被忽略。

另外一点，学生对大学教育目标的理解和教师的理解往往是不一致的，甚至是冲突的，不同的教师之间也是不一致的。

二者的兼容性决定于学生的特征、教师的特征、学生组织的权利、师生之间的互动程度等等。学生的群体数量是学校产生影响的一个限制因素。但是大学校小分校（organization within large institutions）的新型组织模式（一个学校整体很大，但是每个教学单位不大）可以取长补短。

（七）学校对不同背景和不同个性的人产生的不同影响

不同类型的人不仅仅会寻求不同的校园经历，共同的校园经历对不同类型的人也会产生不同的影响。作者通过资料整合，探究了校园经历对来自不同社会背景和不同个性特征的人会产生怎样不同的影响。

如果大学环境仅仅是对学生入学前的家庭、高中和群体的简单复制，那么大学就不会对学生产生那么大的预期改变，也不会对学生的成熟有太大的推动作用。也就是说，没有环境的变化就不会有学生的变化。如果用线性思维模式进行思考，似乎可以得出环境差异越大则学生的变化也会越大。由于乡村和小城镇与大学的差异最大而城市与其差异较小，所以人们推想大学对农村学生的影响会最大。但研究结果表明，这样的假设经常是不正确的。作者经过相关证据资料的总结发现，这些变化通常与一个关键变量有关，这个变量就是学生的社会经济背景，而与其他变量相关性很小。不同社会经济地位背景的学生之间确实存在着某些不同。例如，与社会经济地位高的背景的学生相比，社会经济地位低的学生们文化熏陶更少，经历更为有限，也更会把大学教育看成是职业培训而不会将其视为增长知识。

就学生的社会经济地位背景与大学的适应来看，来自较低阶层的学生似乎会在第一、二学期的适应过程中出现更多的问题。但是这样的结论并不能被所有研究支持，研究结果之间存在着分歧。作者认为这些分歧，可能是源于某些研究方法上的差异。例如，一些结果是采用纵向研究得出的，一些结果则是横向比较得来的。再者，一些研究只比较了不同地位的学生群体之间简单的变化方向，并没有深入分析具体的变化。这也可能导致不同的研究之间结果的不一致。最后，还有一个因素可能导致结果的不一致，那就是对待变化的开放性（openness）。

但是，也有一些结果是明确的。例如，已有证据表明学生入学前所处的环境与大学的整体环境差异性越大，一般来说，他退学的可能性就越大。但是环境的不连续性和连续性同等重要。作者认为，可能学生入学前的环境与大学的环境之间最理想的关系是由各种不构成冲突的不连续所构成的连续环境。具体可以这样理解，环境变化太少、挑战性太低将不会对学生产生有效的影响，但是变化太过剧烈可能导致学生的抵制或是退学。

作者认为，不同于简单的适应环境，大学对学生的改变程度或促其成长的程度部分取决于学生个体在心理上是否做好了准备去接受新的经历。这种开放性分为两个方面，一方面是对不同的新的事物的接纳，另一方面是对他人的影响的开放。由于不同学生的开放性程度不同，学校环境所产生的影响也就会有所不同。有限的证据表明，学生对新的改变的开放性越强，大学对他的影响就越大。同样，愿意接受他人意见的人也会受到更大的影响。

（八）大学产生的影响的持续性

作者首先指出了对大学生毕业后的研究的不足。作者认为，教育者本身和公众都期待着大学会对学生产生一定的影响，这些影响会让学生在毕业之后的几年之中呈现出与众不同的表现。但令人遗憾的是，通过资料的整理，作者发现很少有研究关注大学对学生产生的影响在他们毕业之后的持续性。虽然有一些研究比较了读过大学的人与同龄没读过大学的人之间的不同，但是并不能将这些差异完全归因于大学的作用，因为是否选择上大学的人本身就存在一定的差异。那么，究竟大学是否对大学生产生了影响呢？

为了回答这个问题，作者认为最优的方式就是选择一群被试，他们在17岁时是完全一致的，然后一半读了大学，一半没读，之后比较他们在30岁、40岁和50岁时的差异。显然，这样的研究设计是不可能的。退而求其次，作者认为可以选择一批大学生，他们中一半在大学发生了特殊变化，另一半没有发生特殊变化。然后在他们离开学校后，每隔十年比较他们之间的差异。但类似这样的研究也只有一个。

虽然有这样那样的缺陷存在，但还是有一些研究得出了一些结论。例如，大学毕业后人们的职业兴趣变化很小，但这种结果产生的机制不能确定。在个性方面，凯利（Kelly，1955）总结说："个性变量的改变程度要低于价值观的改变程度，而高于某些特定态度的改变程度。”也有研究结果表明，学生的态度和价值观在毕业后的改变很小，但是不同年代的学生之间差异很大，这或许说明对大学生在大学中发生的改变来说，对学校和学生个体有影响的文化和社会因素的作用要大于精细设计的教育政策或项目的作用。凯利还发现内隐价值观的保持性最强，而特殊的（具体的）态度的坚持性最弱。这些改变比较明显的有，在信仰价值观上重视的增加和对智力价值观重视的减弱。而这些转变与大学期间新老生之间的转变方向却是相反的。

哪些因素与这些坚持有关呢？作者发现一项以女性为被试的研究表明，毕业后支持性的社会环境与此相关。最重要的就是男朋友的支持。通过妻子的报告发现，在大约90%的调查案例中，丈夫的态度与妻子的态度相一致。第二重要的因素是毕业后周围朋友的态度为其提供了支持。第三，毕业后各种各样的活动不仅使其表达出了而且强化了他们的态度。

总之，研究结果表明大学生毕业之后在态度方面表现出更多的是坚持。与此相关的现象有：时代变化（times change）、个人对价值观改变的开放性（openness to value change）、年龄的差异（age difference）、个体心理历程（psychological processes of individuals）等等。那么，这是不是就意味着大学生就一直停留在他们离开大学的那个阶段而不再成长了呢？作者认为，另一种可能性是“大学培养了学生学会适应环境的基本态度”。

（九）总结与建议

总之，该书研究大学对学生的影响是着眼于一般规律而不是特定的几类个体化过程。该书始于那些可应用于大多数大学的一般问题，而后转而提出针对特定类型的绝大多数大学的问题，再后是那些对绝大多数学生都会有影响的特定的大学环境，或者是那些大学里拥有某类特征的绝大多数学生。也就是说，这些结论是概括性的结论。统一的结论主要有：

1. 近几十年来，美国大学中新老生在一些特征上的转变在绝大多数学校都有着统一的模式。

2. 入学新生的特征差异影响着不同大学的特征对其本身产生的影响及其程度。

3. 在同一所大学里，由于学习不同学术领域而带来的影响要大于由导致选择不同专业的原始差异所带来的影响。

4. 学校对原始价值观和态度差异的强化是一种重要的影响。

5. 尽管教师在学生的职业决定方面有一定的个人影响力，但是并不能导致所有的影响，教师的作用和同辈群体的影响是相互作用和共同完成的。

6. 更多更频繁的影响是由小的、居住式的、四年制的学院提供的。

7. 除了校园影响的效果和亚环境的压力，大学的影响还受制于学生的社会背景和个体特征。

8. 学生离开大学时所持的态度倾向于维持很多年，尤其当他们生活在支持这种态度的环境中时。学生在大学中开放性的改变可能更深远地扩展到他们对新的社会和物理环境的适应当中。

9. 如果某些特征促使学生选择了某些特定的情境，那么在这些情境（专业、居住环境）中发生的经历会强化甚至扩展这些特征。

最后，作者指出了未来的研究需要关注的一些方面。例如，人口膨胀将使得大学里人满为患，这样的话就会带来如下可能：大学的程式化官僚主义、大学影响的可能性降低、学生个性化不突出。作者认为，不应当把大学仅仅当作社会化的机构，不应当将所有的大学都按照同样的或者相似的等级来进行要求。一个大学的规模对高质量的教育水平的贡献微乎其微。重要的是应当使得内部组织结构与其规模相适应。作者建议，大学应该采取扁平化组织（horizontal organization），如前文所述，与传统的集权金字塔结构不同，这种结构指在一个大学里可以有很多的小学院，每个学院都有自己的特色，从而使一个大学会有很多的中心。作者也指出，并不缺乏新鲜的有想象力的教育理念，但是缺少打破对现有系统可能性的鼓励。作者的观察认为，新型的扁平化组织将促发或至少有利于重要的教育革新（significant educational innovation）。作者还建议各个学院拥有一定的自治权，这样就可以使得教育更有特色。

三、导读

阅读该书时，读者需要首先了解社会心理学的两种研究取向，分别是心理学的研究取向和社会学的研究取向。作者在该书中采用更多的是社会学的研究取向，致力于探索大学的社会背景因素如何影响学生的心理特征。在阅读该书时还应当考虑到横断研究和追踪研究两者之间的不同，前者是在同一时间选择不同的被试（如不同年级）来进行比较研究，而后者是指在不同时间选择同一批被试来进行比较研究。例如，通过比较新生和老生之间的差异来探究大学对学生产生的影响就属于横断研究，而通过每隔十年对同一批学生进行一次测评来探究学生在大学毕业后态度的改变就属于追踪研究。这两种研究各有优劣，但如果不同的研究采用了这两种不同的研究方法，却得出了相同和类似的结果，那么这样的结果就会变得更加可信，会起到互相验证的作用。

再者，该书主要通过比较学生的变化来探究大学对学生的影响。不管这种变化是不同年级学生之间的变化还是同一批学生在不同时期的变化，我们都需要很好地理解一下“变化”的含义。首先，这里讲的变化并不是指某个个体发生的变化，而是大学生作为一个群体所发生的变化。这样，变化本身可以按照两个维度划分为四类（广度大，广度小；强度大，强度小），这两个维度分别为变化的广度和变化的强度。变化的广度就是指有多大比例的学生发生了相应的变化，而变化的强度则指的是这些变化的人其变化程度是怎样的。如果两个因素影响都特别大，那么就应当发生这样的情况：出现这种变化的人的比例很高，而且变化程度也很高。

并且，变化本身就包含变化的方向和变化的程度两个变量。提到变化的方向，我们不能单一地看不同被试的差异均值来考量大学对学生的影响。因为任何经历都要经过一定的时间才能发挥作用，变化在一定的时间段内应当是连续的而不是简单的点对点的。例如，在某两个时间点取样某个指标，结果发现二者之间无差异，这不能表明在两个时间内的一段时间里，该指标没有发生过变化，有可能发生过变化而又回到了之前的水平。作者具体分出了六种可能的变化类型。具体可参见该书第56—57页。理解了这一点将对理解《大学对学生的影响》这本书有重要帮助。

另外，在阅读该书时应当对练习效应有所了解。还有一点需要指出的是，原始得分的情况可能导致天花板效应。这将影响结果对差异本身的表征。例如使用七点量表时，大多数被试的原始得分就达到了6分，那么被试可能的分数变化值最多也只能是1分，如果研究者根据分值变化情况来推论某个因素的影响，就有可能得出该因素影响作用不大的推论。但是这样的推论是不可靠的，研究者应当考虑修改或选用新的量表。

最后，在阅读该书时，请大家关注那些比较读了大学的人与未读大学的同龄人之间的差异的研究，而不仅仅是关注那些着眼于不同阶段的大学生之间的差异或者那些大学生在不同时期的差异的研究。

四、评价

在2014年召开的两会上，中共中央政治局常委、全国政协主席俞正声向代表们推荐了《无声的革命》一书（梁晨、张浩、李中清著，生活·读书·新知三联书店2013年版），该书着眼于高等教育的重要作用。还有一本《读大学究竟读什么》（覃彪喜著，南方日报出版社2005年版）很畅销，究其原因在于人们好奇于读大学对于青少年来说究竟意味着什么，好奇于大学将对身处其中的学子们产生怎样的影响、如何产生影响。另外，人们也经常会疑惑，我国的大学为何难以产生大师，要解答这一著名的"钱学森之问"也不得不落脚于高等教育如何对学生产生影响以及怎样产生影响的研究之上。

但是，如何科学地回答这些问题呢？该书基于大量的科学研究结果，系统梳理和分析了美国的大学究竟对其学生产生了什么样的影响以及这些影响是如何产生的。不同于普通的通俗读物，该书观点及结论是基于已有实验数据的。为了使基础研究数据本身足够全面，作者搜集并整理了数百篇相关研究报告，其中还包括许多未发表的研究结果。为保证实验数据的可靠性和真实性，作者还对很多原有数据进行了检验，甚至在原有数据的基础上按照原来研究者所报告的方法进行了分析。作者搜集的这些研究的发表时间自20世纪20年代中期至20世纪60年代中期，跨越40余年。该书的作者基于大学对学生的影响这一视角对这些文献进行了系统的归类和梳理，花费几年时间才得以完成，作者为此付出的艰辛和执着也可见一斑。在搜集汇总完这些资料后，作者还对相关主题的文献进行跟踪，在跟踪了三年半的时间之后，作者发现并没有文献涉及完全“新”的角度，而后作者才停止了文献搜集工作。其治学态度的严谨由此可见。

该书对于研究者来说也是一本学习研究方法的好书，尤其对那些新入门的研究者们来说。例如，作者在探究大学生发生的变化时，对变化的各种情况进行了细致的分类。又如，作者在通过变化情况来探究大学的影响因素时，并不是简简单单地比较不同情境下的均值差异，而是细致地找出哪些人发生了怎样方向性的变化，这些变化方向是否有过变动，有多少人发生了这样的变化，这些发生变化的人和没有发生变化的人是不是有什么样的区别。再如，关于大学对学生的影响问题的探讨，作者首先考察不同学校不同专业的学生之间是否存在着一定的原始差异，而不仅仅是比较大学不同阶段的差异情况。

作者在该书最后提到了大学的规模问题，这也提醒我们去反思前些年在国内掀起的并校风潮，我们是应该追求大而全还是发展小而专的大学。该书作者认真的治学态度、严谨的研究思路和对社会现实的关怀都值得后来人学习。另外，书中的一些结论和话题本身也值得我们借鉴。

第二节 《人格与社会变化：一个学生群体中的态度形成》解读

一、研究概述

纽科姆的社会心理学研究关注社会影响、态度发展、团体行为和小团体现象。其学术生涯中第一个重要研究项目就是1939年开始的本宁顿研究，项目内容是关于本宁顿学院的部分学生在4年学校生活期间对公共事务态度的转变问题。该研究属于典型的纵向研究，主要是在实地而非实验室的情境下开展的。作者通过4年的跟踪研究发现：在大学社区中，个体的性格与其团体成员之间是如何相互作用并影响其态度变化的，而且无论是在校就读的4年左右时间里，还是在离校后达15年以上的时间里，都存在着这种影响。该研究始于1939年，1943年该项研究成果由纽约德莱顿出版社（Dryden Press，New York）出版。著作从研究设计、数据资料收集、个人研究和总结解释四大方面共用17章内容详细为读者展示了其研究成果。该成果为社会心理学领域的社会态度研究奠定了重要的基础，也是在出版多年之后为纽科姆赢得良好学术声誉的重要社会心理学著作。

二、主要研究内容及发现

（一）问题及研究设计

1. 问题与研究方法

20世纪30年代，面对经济危机（或经济大萧条），美国社会发生了深刻的变化，这种变化在政治经济层面以罗斯福新政为代表。社会变革被绝大多数美国民众所接受，这也是纽科姆本项研究的大背景。虽然从总体上看人们都很容易接受变革，但事实上很大一部分人对此并不热心，而且还有很少的一部分人反对变革。但是很多人随着时间的延续转变了看法。那么是什么样的人衷心支持这一变革的新道路，又是什么样的人仍固守老的传统呢？对这一问题显而易见的回答是：大多数商业和金融领域的领导者反对变革，而绝大多数失业人员则支持变革。但纽科姆所关注的问题却远不止这些，他认为这并不是绝对的，研究问题的关键应该是去了解，当遇到变化时什么样的人有多大的意愿去适应和作出改变，其中可能包含了更多值得去深入探究的内容。

任何社会变化，对不同的人来说都充满了不同的风险和机会，每个遭遇变化的人对风险和机会的评估也都是不一样的。每个人会根据自己的主导价值观来看待风险和机会。因此，在面对特殊的社会变化时，对于人们是否会表现出不同的忍耐性这样一个问题，应该可以从研究个人的价值观问题上找到答案。

当然，纽科姆的研究不可能通过研究美国的全部人口来收集资料进而回答这一问题，但通过收集与社会变革紧密相关的大学生群体的研究数据来研究这一问题是可行的。如果从理想角度看，应该对美国不同类型的大学进行广泛调查，以研究不同类型个体接受变化时的不同心理意愿，但是如果要想真正深入了解大学生如何看待社会变化以及对社会变化的价值观，这样大规模的研究也几乎不可能实现。在纽科姆看来，在研究方法上，可以研究一个单一的群体，在这个群体中，倡导的价值观可以被分享。因此，他决定在一个单一的群体中探索不同的人如何通过不同的方式看待一个正面临的社会变化，同时或多或少地影响群体中的共享价值。研究单一的群体确实会存在局限性，但因为任何所预测的变化发生必须通过直接的社会环境起调节作用，而价值观的影响作用也主要是通过在与个体有直接关联的群体的调节下发生的，因此，脱离群体直接研究个体的价值观将失去意义。

选择本宁顿学院群体进行研究的原因不仅在于这一群体可被方便采用，还因为在这个紧密可控的学校社区中，罗斯福新政中的问题表现得非常突出。而更重要的则是，许多研究所必需的人格类型方面的数据纽科姆都已经有所掌握，其余的信息也可以很容易地从全体学生中获取。

从某种意义上来看，发生在20世纪30年代的社会变革对本宁顿学院这些年轻女性（本宁顿学院是一所女子学校）来说好像很遥远，她们中的不少人是从父母的收入及家庭地位受到的影响中意识到这场变革的。然而，对于她们中的大多数人来说，更多是从大学群体而不是家庭团体中感受到这些问题带来的实际影响。换言之，社会变革带来的这些问题确实对这些学生产生了影响，它们离学生并不遥远。当只有问题发生在身边才有实际意义时，就可以预期在这些大学里的年轻女性身上会观察到价值观的变化了。因此，可以作如下假设：她们在很大程度上从父母家庭的环境中得到了释放，并在大学生群体中建立起了独立的人格地位。

显然，这样的价值观只有在特定的群体状况下才能与罗斯福新政带来的态度变化产生联系。作者从以下各个方面详细描绘了研究群体的特点。

（1）人员组成。包括由50人组成的一个高年级班级在内的、代表了本宁顿学院的250名女大学生和50名教师。这个300人的群体就组成了未来研究的“大学社区”（the college community）。

（2）招生情况。在研究进行的这几年中，招生办公室收到了3到4次的新生入学申请，由于招生条件非常严格，相对美国其他大学来说学生平均智力水平都很高。

（3）学生经济状况。大多数学生的家庭都有能力支付1 000美元的学费，约有35%的学生享有100~1 000美元的奖学金资助，约有1/4的学生平时做兼职赚钱，大约有1/3的学生在学校有自己的汽车。

（4）学校位置及环境。学校坐落于格林山（Green Mountain）山顶，面积有几百亩，距离学校不远有一个人口不到1万人的佛蒙特村庄，学校社区成员们偶尔会去村里看电影、购物或是做礼拜，平均每位学生大约一周去一次，一般的学生每个月的最后一周会离开学校。

（5）居住情况。学生住的房子大概一所房子能容纳20人，每所房子里都会住一些新生。虽然反对学生结为小团体，但有些学生仍会选择和自己喜欢的同伴共住一所房子。每所房子包括一间教师公寓，里面会住着一名教师及其家人。在这里教师没有任何监管责任，学生也可在他的允许下进出教师公寓，他的身份只是社区中的一员。在研究进行期间，大多数教师都住在学校，且和学生一样几乎完全待在学校里。

（6）饮食。学校中央的一栋公共建筑是吃饭的地方，每位学生可以随意与任何群体、在四个餐厅中的任何一个桌子上吃饭。虽然有单独的教师餐厅，但教师经常被邀请与一些学生一起吃饭。为学生和教师提供服务的主要是学生服务员，学生们非常喜欢这项工作，并不会因此产生羞耻感。

（7）日常活动。社区功能的自我维持是通过一个娱乐节目和晚间的会议日程来进行的。虽然没有体育馆，但是每个季节都会有关于高尔夫、网球等活动的计划。这里没有课外俱乐部或组织。对课外组织的教育观念是，如果它对学生来说是值得进行的一系列活动，那它应当完全符合并有益于学生的大学生活。

（8）师生关系。总体来说二者关系是友好和轻松的。因为社区总共只有300人，而且他们大多数时间都是在有限空间的郊区度过的，如果是非常正式的关系则很难维持。

（9）机构运行。社区管理是师生委员会的责任。教师没有否决权，决策基本是由大多数人投票制定的，教师不同意的决定会被记录在案。学生教育政策委员会（Educational Policies

Committee）是一个保障学生和教师在教学问题上合作的非常重要的机构，负责起草有关理想的教育程序和评价评估现有的教育程序。

（10）教师群体。当时的大学教师队伍是一个相当年轻的群体。群体里将近40岁的教师只有2~3名，而且没有一个超过40岁。他们要具备与其专业性一样棒的维持融洽的社会关系的能力。

（11）大学生活。在这个时期的大学生活是自给自足的，同时它又是相当自觉的，但大学生活更重要的一面必须提及，即大学是自由的，有时也会被认为是“激进的”，但所谓的“激进”可能仅仅是和其他一些院校相比较而言。

（12）数据。首先，纽科姆一直生活工作于这个“相当自由”或“激进”的指导员群体当中，他自己可能也没有意识到这个“名声”对研究的重要性，但这样的数据对于评估这项研究来说可能很重要。其次，那个时期对态度量表的施测很难达到100%的填答率，虽然事后所引用的数据证实这可能不是主要因素。在纽科姆看来，态度量表施测是否会获得真实的反映不是固定的，其中最重要的就是如果忽视激进主义程度对调查员的影响，调查员就会被所有学生认为代表的是大多数教师群体的利益。

在这里态度变化被认为是一种对现代公共生活各个部分的妥协式的适应。像任何其他适应一样，态度变化是由一个特定的拥有特殊能力和局限性的生物个体在特定的时刻产生的。因此，尤其在公共生活的一些领域，当个人认为环境中的任何社会力量侵犯自己的时候，适应就会产生。

当这个特殊的调查进入操作阶段的时候，也就意味着纽科姆已经准确地形成了他的问题框架：每年大约有90名十七八岁的年轻女性离开保护自己的家庭进入学校，而在家庭中，有关当前公共问题的意见是非常保守的。在形成有关公共问题的明确观念上，学校和家庭几乎没有带给她们什么影响，也不是必须对她们有所影响。她们在这些领域开始产生适应的本质往往是："为什么事实上每个聪明和有良好教养的学生都会在这些事情上同意自己的家庭和家庭的朋友的观点？"进入学校后，伴随着不同程度的竞争和成功，她们必须面对要获得独立个人地位的问题。这不仅因为与同学的竞争，还由于摆脱了家长的束缚。因此，在这样的背景下，就必须进行各种形式的适应。

以上就是纽科姆所研究的群体——本宁顿学院当时的一些情况。必须强调的是，它虽然并不是一个"典型"的社区，但在纽科姆看来它却包含了所有社区的特征。因此，"面对既定的变革，什么样的人会产生什么样的反应"这个问题必须改写为"在任何学生社区中，什么样的人格特征会决定那些导致对社会变化产生不同反应的社会关系"，这才是本次研究的问题。

2. 数据收集过程

这项研究主要使用了三种形式的数据：纸笔问卷应答（paper-and-pencil questionnaire responses）、大学办公室提交的每位同学的书面报告以及个人访谈。以下简单介绍获得数据的情况。

1935年秋，研究者将一封油印信放在了学校里每个学生的信箱中。在信中作者说明了他所主持的这项历时四年的有关大学社区态度变化的研究的目的，并且提示在几天之内每位同学都会收到一份问卷，之后又详细解释了调查人员并不是想了解学生的个人信息，因此，这次研究使用学生编号的形式。在收到第一份问卷的时候大约有20人向调查者咨询这次研究的计划和目的。每份问卷都标有一个编号，学生填写完之后，就可以将问卷投入到锁着的指定信箱中。

在接下来的研究过程中，研究者只是增加了两个较小的设计。在研究的第二、三、四年的早秋，简短的油印信被寄给了所有学生，并承诺如果每位参加者关心的话会收到简短的研究结果。在这三年中，每一年都大约有80%的学生会签订研究意愿书，并且其中有75%～90%的学生实际上会寄回发放的问卷。

在研究的第三年和第四年的春天，作者采用了不同的做法来回收学生的问卷。在这一时期，只使用了研究中的主要态度量表和一两个社会经济问题。为了达成研究目的，就需要获得每所房子中一名学生的支持。被选出的学生要自己愿意并能得到其他同学的尊重，她要负责的只是收集她所居住房子里所有同学的问卷，并用信封密封好。这一体系运行得非常好。在这两年中，没有几个学生拖拉或者反对这件事。之后调查者进行了访谈，学生也非常配合。

研究使用了几种不同类型的大学（档案）记录。最重要的是调查人员的报告，它包括学生成绩、学生工作的若干方面、研究者关心的一些学生个人品质的评价、每个学生辅导员一年两次书写的更加详细和系统的学生全方位发展的记录。

调查人员没有像之前直接研读所获得的所有个人数据那样直接研读病历。但是当时的和之前的校医，大致汇报了他们工作期间了解到的学生情况。调查人员有机会参加一周一次或两次的学生人事委员会举行的会议，广泛讨论大多数学生的工作和个性。同时他们也使用了一些客观测试的记录。

总之，通过这段时间提出的这些要求，学生们开始对研究产生了兴趣，因为她们已经有规律地参与其中，并且在这段时间里这项研究也已成为一个被接受的社区组织活动。

（二）数据收集工具及结果分析

1. 态度量表：本质和内容

态度是一种简单地表示不同程度的支持或不支持的观点。在本研究中这个术语被保留，但它表示的意思则是指对争议人物和公共事件的观察。观察本质上是一种私人的、主观的过程，调查者只能用纸笔评价的反应形式来代替口头表述。被试则从一系列的给定的表述中进行判断。具体为，每名被试对整个叙述量表的总体看法用一个数字代表，这个数值就表示对整个问题的看法。

选择态度问卷的一个决定性因素是：在公共事件领域，什么样的争论可以作为大学社区中一种经验的结果来改变学生态度？想要研究当前对公共事件的态度变化，就应该研究当前的争论热点。同时，在选择问卷时也存在风险。美国历史上的诸多研究显示选择现成的问卷似乎更好，但也显示精心设计的问卷往往并不适合研究设计以外的其他人群。因此，根据本次研究的目的，最重要的是要考虑这次研究的特殊对象群体，问卷的公认度及标准化等因素则是次要的。

最终，纽科姆选择了“政治和经济革新主义”（Political and Economic Progressivism，PEP）问卷。该问卷以往也称为“法西斯主义”测量，用来测量“法西斯主义”倾向和态度，这个量表被用于整个项目的研究。该量表内容主要包括有关公共救济、工会以及对私人和公司财富的公共决策的态度。在解决问卷主题之后，纽科姆又选择采用李克特应答方式来计算态度得分。该方法为量表中的每个陈述提供以下五级应答方式：强烈同意、同意、一般、不同意、强烈不同意。作者又加入一两个新题项，但是在内容上保留PEP量表的主体内容框架。

量表的具体计分方法如下：支持西班牙政府（Loyalist Spain），强烈同意被计为1，之后依次为2，3，4，5；反对西班牙政府，强烈同意为5，之后依次为4，3，2，1。总分就是每个项目得分的简单相加。除了作为本次研究主干工具的PEP态度量表外，根据李克特改编的国际态度量表（a Scale of International Attitudes）以及为获得个人对当前热点问题的详细全面态度的另一个态度量表也比较重要。

2. 态度变化特点

研究态度变化的主要目的是发现与个人不同程度和比率变化的有关因素，如果没有背景，那么个人分数的变化也是没有意义的。背景中首要的因素是不同群体对个体成员态度变化的影响。

通过分析1935—1939年大学生PEP平均得分，发现有从大一到高年级分数逐渐降低的趋势，在这个趋势下有两个例外，一是1937年入学的班级没有发现这个趋势，二是大三和大四的学生从秋天到春天的变化非常微弱，这很可能是文化上的变化带来的。

大一到大四的变化非常重要，这表示在这四年当中的每一年，新生比高年级学生更加保守。从其他量表中也计算了每个班级的平均得分。对有关国际主义（internationalism）和西班牙政府的态度的量表得分进行分析时发现，大一与大二、大一与大三、大二与大四的群组间对国际主义者的态度差异非常显著，在新生中的不同班级间对于西班牙政府的态度也会不同，但是差异不显著。因此，研究发现可以表明，所有人平均分逐渐增长反映了学校生活初期的几个月对争论问题的关注是最有影响力的。在接下来的两年里，当学生受到争论问题的影响过去时，就不会再有类似倾向。

大一与大三、大四之间显著的差异全部涉及国内争端，而那些不显著的主要涉及国际争论。唯一与这一普遍性不一致的是有关西班牙政府和国际量表的部分，这不是因为在校园里不讨论这些事，而是态度量表中的反对观点受到相当活跃的教师和学生群体的偏爱。

3. 态度变化的本质及其重要性

纽科姆主要讨论的问题是态度的坚持和改变。测试来自家长政治态度有差异的学生是否仍然存在差异。1936年10月，调查学生对五名总统候选人当中他们更愿意把票投给谁，以及他们认为其父母更倾向于投给谁，结果显示来自父母的政治差异对学生的影响是一个渐进的过程。并且通过对在校园内待过两年及两年以上的同一组人，进行简单相关分析，来展现态度保持稳定的程度。为了回答入学时分数极端的人在离开学校时分数是否同样极端和那些离开学校时分数极端的人入学时分数是否同样极端两个问题，作者对大一与大三和大四两个班级的学生分数进行了分析，结果也如预期的一样，大学前的影响是持续的，大一新生的得分对大三、大四时的得分有决定性影响。

纽科姆将在本宁顿学院获得的态度变化数据与其他学校的相似数据进行了比较。1938年春，PEP态度量表在威廉斯学院（Williams College）等四所大学的四个班级的学生中进行了测试。之所以选择威廉斯学院和斯基德莫尔学院（Skidmore College）这两所学校进行比较分析，是因为它们离本宁顿学院距离很近，并且威廉斯学院与本宁顿学院学生的家庭情况类似，斯基德莫尔学院与本宁顿学院的规模相近。比较结果显示，比起威廉斯学院和斯基德莫尔学院，本宁顿学院学生的PEP量表分数更低，本宁顿学院的新生比斯基德莫尔学院的新生更不保守，纽科姆认为这是社区的影响。同时本宁顿学院的大一与大四的差异比其他两所学校更大，原因在于社区生活的本质不同，之后纽科姆就这一问题继续进行了更加深入的探讨。

另一类数据也揭示了本宁顿学院对学生态度影响的本质。由于高年级学生告诉研究者他们对问卷的回答越来越小心谨慎，因此，研究者又对同意趋势和谨慎趋势进行了检测，结果显示确实如此，高年级学生学会了作不太极端的回答。之后，对不同意趋势进行分析，发现像PEP项目中，不同意更多的被用在保守的回答中，尤其是高年级学生。这种不同的回答不能完全归因于校园的影响，但也能得出学校对学生关心PEP量表中的保守信念有非常明显的作用，但对于学生肯定非保守信念的建立作用不大。学校经历对态度影响的本质的另一方面是群体的同质性。测试显示大一到大四期间同质性会微弱提升，但在程度上并不明显。

4. 兴趣和价值观

专业兴趣和价值观显示出对本研究有双重影响。如果本宁顿学院学生真实的态度变化是不同学术兴趣或学院工作追求造成的结果，那么这些变化的重要性与作为一种覆盖整个学校的态度现象相比就会明显不同。

兴趣方面。研究者对学校每个专业的大一和大二的PEP均分进行了分析，发现不同专业间的差距很微弱，学院部门的影响分化程度比预期的要低，说明态度形成于覆盖全社区的影响之中，而不是由学科划分导致的。引用的其他数据也支持这一结论，即兴趣和信息之间存在相互关系。通过对本宁顿学院和威廉斯学院两所学校有关西班牙内战的测试，发现在大量威廉斯学院社会科学的学生样本中，关于争论的信息增长是追求特殊课程的结果，而不是社区经验的继续。另一方面，在本宁顿学院，社会科学专业和其他学生之间没有一致性差异。因此，研究者认为，争论的兴趣在本宁顿学院是社区分享的结果，而在威廉斯学院则不是如此。

价值观方面。由于本研究的目的在于比较那些态度或多或少受到本宁顿社区影响的学生，因此价值观的研究非常有意义。研究使用了奥尔波特—弗农价值观问卷（Allport-Vernon Study of Values）。在1939年春，问卷被发给毕业班的所有学生，并几乎全部回收。结果发现，在所列价值观类型中，理论价值观和审美价值观平均得分最高，政治价值观和宗教价值观得分最低。之后作者又研究价值观得分与态度得分的关系，通过计算班级中最低的25%和最高的25%的均分的差异和学校不同专业的大四学生的平均价值观得分，发现与单纯的学术专业划分一样，态度测量源于与社区有稳定关系的个人价值观。

5. 作为影响背景的学校社区

数据已经提供了足够的证据说明态度发展变化是其所在的特殊社区的一项功能。但对所有人来说社区并非一成不变的。如果作为一个整体的社区在态度发展中的作用如此重要，那么它对每个个体的作用就要依靠个体与它的关系，即个人是如何看待社区的。因此研究者对学生群体对学校社区的态度进行了测量，以发现学生是如何看待社区的。主要研究有两个：一是比较态度反应（attitude response）（每个人填答态度问卷）和估计反应（estimate response）（每个人对班级的某一态度进行评估）；二是了解一个学生当她认为班里的大多数人反对一项观点时，她更倾向于同意而不是反对这一观点，这比了解在她知道大多数人反对时仍对陈述的反应不确定更重要。研究工具为百分比评估调查问卷（the Per Cent Estimates Questionnaire），为了避免复杂化并使研究更有针对性，问卷里的态度陈述是简化版的PEP量表。回答的形式有两种，一种是“同意”或“不同意”，另一种是学校的四个群体（大一、大二、大三和大四、教师）同意该陈述的百分比。

为了比较态度反应和评估反应，共有14个题目同时用来测量。结果发现：一是大四的保守主义评估比新生更低；二是大四和新生的保守评估差异大多为非保守方面的回答；三是两组人员对每组回答的非保守的项目的评估比回答保守的项目更低，并且大四的差异比新生的更大；四是在新生与大四之间的差异方面，大四学生比新生认为二者之间的差异更大。之后研究者又通过三个问题的分析对这一问题进行研究。问题1：保守态度回答与保守评估有关。测试结果显示，更加不保守的学生，尤其是高年级学生，她对新生的评价就会更保守。问题2：评估与真实态度到底在多大程度上保持一致。结果显示，首先，对于新生和高年级学生广泛共享的信念来说，新生比高年级学生更加保守，相继地，高年级学生比教师更加保守。其次，这一信念已经被真实的回答所验证。最后，新生和高年级学生过高地评估了这三个群体的保守主义的绝对程度。问题3：在多大程度上新生或高年级学生会假设不同群体在14个项目中回答会相对保守。结果显示，新生认为三组（新生与大三、大四之间，新生与教师之间，大三、大四与教师之间）间的差距会非常小，几乎没有人会保守回答问题。另一方面，大四学生则认为各组间保守回答的差异会非常大。

在对研究二进行检验后发现，所有组都表现出一个惊人的趋势，他们猜想自己对态度的回答会和班里大多数同学一样。社区的推动是新生到大四学生态度发展的方向。同时，大四学生的态度反应并不像其对新生态度反应进行评估的那样，而且，新生态度反应比起他们对自己班级的评估更加接近大四学生对新生的评估。此外，百分比评估问卷也发放给了斯基德莫尔学院的252名学生进行测试，发现斯基德莫尔学院的学生并不认为大四与新生差距很大。

普遍认为本宁顿模式包含了相当绝望的保守态度，然而，不管是新生还是大四学生，尤其是大四学生，都表明他们在与班级大多数人保持一致的情况下既有保守的也有非保守的态度倾向。

6. 个人地位

社会力量是抽象的，它通过个体进行传播。在社区中，尤其是在高年级，个人的声望天赋越高，其社会态度为保守的越少。但直至研究到了第二年时，研究者才意识到这个问题，因此，1938年春以及1939年，才开始尝试测量个人声望。

为了能得到个体在社区的声望（community-oriented prestige），而不是个人魅力，指导语的用词非常用心地进行了设计。回答率为100%。问题“能否被选为代表”的频率范围1938年为0~89，1939年为0~90，分为六组。结果发现当选为代表的频率越低时，PEP得分越高。声望的变化与态度变化存在关联吗？纽科姆认为只有那些声望增加而PEP得分降低时才能呈现出微弱的趋势，反之亦然。其实更重要的是确定是否具有声望天赋的个人在刚入学时PEP得分就很低。研究结果发现，更高的声望不仅在入学初期就与更少的保守主义相关，而且声望越高，保守主义倾向就降得越快。通过一系列分析研究者发现，将进步（革新）主义看作一种社区重要风气的程度与受领导和声望的位置所迫的程度之间存在密切的关系。

之前被选为代表的分数被设计成学生在社区声望的形式，但在每个人都相互认识的小社区中，合意的朋友也同样重要。因此作者对此也进行了研究，结果显示PEP得分与选择作为朋友的关系是可预测的，说明在本宁顿，朋友圈和社会态度有显著的关系。

7. 社区声誉

这一部分的研究需要对学生的人格特征进行测量，作者的假设是：个性特征是社区导向（community-oriented）的。选定的方案如下：1939年春，作者选择了4名学生，他们都曾被频繁选为称职的学院代表，在学院中拥有若干个职位，知名度高，朋友圈子广，并且非常了解这次研究的目的。他们被要求列出12位能覆盖所有重要的朋友团体和所有专业的大三、大四学生的名单。名单中的学生会完成指定的任务，任务中包括填写“猜猜是谁”的空白表格（“Guess Who” blanks）。

同时，通过将历时三年同时拥有新生和毕业生PEP得分的两个班级划分为高分组（PEP得分比新生时期高或无改变）和低分组（PEP得分比新生时期低），通过比较两组间的差异得出了重要发现，即这些“猜猜是谁”的回答代表了28个题目所描述的极端性格特征，而作出这些判断的学生也远不会意识到这些性格特征与社会态度的关系。此外，通过比较历经三年的三个班级的声望得分（reputation score）与PEP得分的关系，发现当声望得分降低时PEP平均得分会稳定增加。

这一系列的分析表明，在这一时期的社区中，一般与“自由”、“激进”的社会态度联系在一起的行为，在其他社区中却以某种方式与“保守”的社会态度相关。而且更重要的是，社会态度与这样的人格特征间的关系的本质就像它们依靠社区力量的本质一样。

8. 以前的学生和毕业生

那些已经不在本宁顿学院的学生的社会态度发生了什么变化呢？带着这样的问题，1939年，作者向那些1935年以后毕业的且参加过此次研究的已毕业离开学校的学生邮寄了问卷。这里包括1935年以后的大多数班级的学生。

问卷包括PEP量表和9项来自百分比评估问卷里的“同意/不同意”题目。通过回答情况和分析学生离开后的PEP得分变化程度，发现个人经历是社会态度变化的一个主要因素。之后，纽科姆又分析了离开学校时PEP得分非常高或非常低的学生情况以及之前和现在的学生倾向保守主义回答的比例。最后他认为，一般性的态度或多或少是通过长期或最近的学校体验构建的，并且通过学校中个体的宗教感情和个人身份得到进一步强化。

（三）个案研究

1. 数据的本质和选取

研究者当时所有完成的个人数据量大约有140名学生，她们于1935—1939年在学校生活了三年甚至更长时间。这几乎包括了1938—1940年毕业的每一位学生。考虑到篇幅问题，每位同学都包括在内是不可能的，因此选择方法也变得更严格。

只有1935年入学的班级才能作为新生班和毕业班递交问卷调查反馈，因此这个班要保持一个完整的样本非常重要。这个班里的每名学生都有一个四年期间的完整资料汇总，称为个人总结（individual summaries）。个人总结包括量性的和非量性的数据，量性数据是展现学生如何在班级中学习和生活的，非量性数据是将量化的分数进行进一步深入解析。并不是所有的量性数据都会放在汇总报告里。标有“大学记录”的汇总报告是研究者挑选出来的。其他一些学校官方资料基本来自学生辅导员、其他比较了解学生的老师和校医等。有关个人信息的非量性数据大多被改变了，但是量性数据基本没进行改动。

如果没有一个采访情况的详细描述，访谈资料就不会清晰有条理。访谈是半标准化的，有访谈提纲，而且主要的访谈情况与大纲基本一致。有12名将于1940年毕业的学生同意按照所给的提纲写自传性概述。

2. 对一些被挑选出的个案的研究

在这部分，研究者介绍了对个案研究的情况。

选择个案Q63和Q73的原因是因为在受尊重的声望方面两人

很相似。但他们在学校记录中仍有某些方面的特征差异，而这些差异也在访谈数据中有显现，也从自传里的信息得到进一步证实。但这些差异之间也有一定的相关。

选择个案Q61和Q81的原因是两人之间的差异性，两人在测量的个性特征方面都非常“典型”。两人在评价各自班级的保守主义时差别相当大。虽然两人在量性数据方面差异显著，但是她们在主观陈述自己想要什么时却非常相似。

J22和K42被放在一起研究是试图进行对照的原因。C12和G42则是作为对以前要求执行的一般规则的例外情况而出现。

3. 与团体适应相关的人格模式

这部分纽科姆关注的核心问题是：在一个单独的社区中，确定的人格因素模型与确定的态度有关，且二者的关系密切以至于大家认为人格模式与态度的关系非常重要。内容讨论基于前文中已描述的现象，即在这个社区中，不仅一般的态度趋势是非保守的，并且这种趋势众所周知。主要的假设是：不管什么样的人格模式都应该与总体社区同化的程度相关联。次要的假设与人格因素模式有关，即在社区的视角下，每个人必须以这样或那样的方式适应以往的态度趋势。

这是一个二维研究。维度包括意识—非意识维度、人格维度、对抗—非对抗维度。与保守主义有关的四种人格模式分别是自恋型（self-absorbed）和被动型（passive）、自恋型和反抗型（resistant）、非自恋型（not-self-absorbed）和被动型以及非自恋型和反抗型。但是单一维度无法解释观察到的现象。这种二维研究被用于对整个非保守群体的研究，研究发现四种人格模式与非保守主义有关。

（四）小结和解释

1. 对量性数据发现的总结

数据研究的主要发现包括：一是本宁顿学院的学生显示出在社会态度方面有明显变化，尤其是那些从大一到大四都生活在学校里的学生测试的PEP值更加明显；二是依照固定的标准，大一与大四的变化最大；三是相当少的大一或大四学生的态度是极端的；四是不同态度测量之间其态度变化程度也不相同；五是态度变化与学校的课程学习关系不大；六是通过奥尔波特—弗农价值观量表测量发现社会态度与价值观之间具有稳定的关系，这一发现很有启示性；七是态度得分与声望间的密切关系被看作大学的典型特点；八是社区身份会导致非保守主义，然而社区消极论（community negativism）会导致保守主义。在总结数据成果时，研究者也分别进行了简洁的分析和说明。

2. 对个案研究的总结

研究中选择的个案大多是在新生时态度不极端，但到大三或大四时态度或多或少有些极端的被试。这部分的总结主要想阐述态度变化显著与不显著的学生之间的差异。他们分别被归类为保守的人与非保守的人。通过一系列分析研究者认为，对于大多数态度变化显著的人来说，可以感受到其他更重要的意义。概括起来说就是，像聪明、自尊、独立的地位是作为成年人的个人权利，在学校中感受到的责任则会激发改变世界的意识和在这个世界中的公民责任感。

3. 人格模式和社区角色

这部分的主题是分析在大学社区中的同化程度问题。从一般意义上看，本研究对态度形成的一般理论的唯一贡献是，在这样的社区中，获得社会态度是一个人的总体人格适应一个总体环境的重要方面。

纽科姆认为此次研究厘清了所描述的社区角色和人格模式的关系，在社区实践中不只是可以想象的，而且也是可以操作的。并且他还认为他做了一个非常好的个案研究，该研究表明在个人态度的研究中，社区因素往往被理所当然地忽视了。总之，研究发现社区角色调节了社会态度和其他人格特征间的关系。

4. 人格和社会变化

这部分主要探讨了学生群体中人格和社会态度的接受程度问题。首先，与威廉斯学院和斯基德莫尔学院的高年级学生相比，本宁顿学院学生显示出更少的保守性。其次，本宁顿学院的小部分学生和斯基德莫尔学院的大部分学生都低估了大一与大四的真实差异。文化滞后，这个简单的理论可以对此进行解释。另一方面，本宁顿社区与该社区的典型特点是相关的。这不仅是因为学校执行的教育政策，还因为大多数教师都将学生培养得高于平均水平。

三、导读

《人格与社会变化：一个学生群体中的态度形成》这本书结构严谨，条理清晰，方便阅读。从内容方面讲，书中第二部分的量性数据资料无疑是本书的重点内容，通过对数据资料下面各个章节的了解，读者就能迅速把握著作的脉络，了解著作中涉及的各个变量、研究工具、研究过程及内容等信息，尽快进入著作中的世界。此外，由于本书出版时间较早，英语语言使用较为陈旧，不经常进行英语阅读的人初期阅读时会有一定的不适应，但并不影响对内容的理解。作者历时四年才完成这部著作，足见其治学之严谨，每一章节、每个段落都蕴含大量的信息，需要细心琢磨和推敲才能将作者的意思完全准确理解。虽然这本书出版于20世纪40年代，但作者对研究方法的选择和研究进程的逐步推进在现在看来仍然十分精彩，值得学习。

四、评价

《人格与社会变化：一个学生群体中的态度形成》这本书出版时间较早，是社会态度研究领域早期的重要著作，是进行态度研究不可或缺的一部好书。无论是研究内容设计、研究方法选择还是所得研究结论都会给人以有益的启示。作者通过1935—1939年长达四年时间的潜心研究，为我们展示了大学社区中人格与社会变化的关系。这部书的研究结论有很多，对后续的研究也有重要的启示作用。该书最重要的结论就是：社区角色调节了社会态度和其他人格特征的关系。

在研究过程中，作者研究态度之严谨、考虑之翔实，都可作为当前学术研究的典范，如对一个量表的使用，作者都详细考察了以往的相关研究和自己目前的需求，对量表的针对性和信效度作了详细的分析，从而使研究结果更加科学。

在理论意义方面，作为早期研究，纽科姆的这本著作对早期大学社区研究、高校学生人格心理研究都是不可或缺的。从实践意义方面来看，对研究大学生的心理变化和心理健康、了解大学生的心理动态以及在各种环境下大学生态度的预测都具有重要的指导意义。

第五章　纽科姆人际关系思想评述

美国著名社会心理学家海德于1958年出版了其著名著作《人际关系心理学》，书中有关归因的观点和认知平衡理论（P—O—X模型）对现代西方社会心理学产生了极其重要的影响，也使海德当之无愧地成为归因理论和认知一致性理论的奠基人。海德的重要贡献在于将人际关系引入了社会认知（social cognition）研究领域，重点探讨了人际关系框架下个体的认知平衡及态度形成与改变问题。而纽科姆人际关系思想中的核心部分——认知均衡理论（A—B—X系统）一方面受到海德认知平衡理论的影响，但另一方面更重要的是纽科姆发展了海德的思想，将认知平衡思想引入到群体内部的人际交往与沟通过程之中。

美国著名社会心理学史家萨哈金（1982/1991，第611页）在比较海德和纽科姆对社会心理学理论及学科的贡献时曾说："纽科姆理论的最大价值不在于他与海德的社会心理学理论平分秋色，而在于他把海德的平衡理论扩展到了包括人际关系在内的广阔领域，从而使他的'社会'心理学远胜于海德的社会心理学。"进一步来讲，纽科姆的社会心理学之所以"远胜于"海德的社会心理学，在于纽科姆的理论是"有关群体结构及其变化的理论，而不是有关态度形成和改变的理论"（萨哈金，1982/1991，第614页），在于群体过程、人际互动比单纯的个体认知平衡、态度形成和改变更能体现社会心理学的"社会"属性。

事实上，纽科姆的人际关系思想并不仅仅局限于他所提出的认知均衡理论（A—B—X系统），他对人际吸引现象也有非常深入的理论思考和实证研究，提出了许多重要的思想和观点。

但相比于海德的归因思想和认知平衡理论，国内社会心理学领域对纽科姆人际关系思想的介绍相对较少或不够充分，许多社会心理学教科书要么只简要介绍纽科姆A—B—X模型的基本思想，缺乏全面系统性，要么干脆不作任何介绍。相关专著或译著也属空白，评述性论文在中国知网上仅有一篇[1]，且不属于心理学视角。就纽科姆对社会心理学学科的重要贡献来讲，这种状况影响到了对纽科姆人际关系思想和理论的系统认识和了解。

本章主要对纽科姆人际关系思想的核心部分——人际交往理论（A—B—X模型）的早期观点及后续发展进行较为详细的评述，另外，也对他的人际吸引思想进行简要的评介。

[1] 以主题词“纽科姆”或“纽康姆”（国内两种常见译法）在中国知网查阅，只有一篇文献：“戚冬伟.（2008）.纽科姆ABX论战的意义.消费导刊，9，223”，且该文立意属于传播学视角，其引用文献也皆为传播学领域文献。

第一节 纽科姆人际交往理论的研究对象及基本概念

纽科姆终生的学术志向是对群体结构、群体发展变化、群体发展变化的原因等问题进行深入探究，并因此提出了成就其重要学术地位的人际交往理论。同时，正如其将自传体回忆录名称定为“思想之爱”一样，在其一生中“我爱上了几乎每一种观点”（Newcomb，1980），对各种思想观点充满热爱，也使其所提理论极富创造性，充满了新的名词和概念。

一、关于研究对象的认识

纽科姆（Newcomb，1980）在总结其一生的学术研究时，认为受到勒温场论及群体动力学研究的重要影响，他终生的研究兴趣、研究内容都具有“一个特定的连贯性”，其主题是“群体随着时间而改变”，并着迷于这种“变迁的方式和原因”。事实确实如此，纽科姆早期影响最大、最重要的研究是其本宁顿研究，而本宁顿研究不仅对社会心理学这一新生的研究领域产生了重要的影响[1]，更重要的是“也在很多重要方面形塑了纽科姆自己的学术发展轨迹”（Converse，1994，p.327）。因为在本宁顿研究中，纽科姆在个体倾向与群体过程相互作用方面有了大量发现，认为群体背景因素对个体反应存在一个强有力的形塑过程。

纽科姆（Newcomb，1953a）之所以由关注群体过程发展至对群体内人际交往、人际沟通的高度重视，并因此提出著名的人际交往理论，是因为在他看来，特定可观察到的群体特性是由交往行动的条件和结果所决定的。“交往行动是互动的单元”（萨哈金，1982/1991，第597页），并且他认为通过研究交往行动是探讨人际互动关系、群体特性、群体变迁的一种最适宜、最直接、最有效的方法。换言之，人际交往行动“是达到和维持对称的手段”（萨哈金，1982/1991，第596页），是促进群体人际关系稳定、变化发展的重要途径。

纽科姆最重要的人际关系思想和理论主要都是围绕人际交往行动展开的。

二、人际交往理论的基本概念

纽科姆关于人际交往行动的理论和实证研究集中体现在他的两项著名作品中，一是于1953年发表于美国《心理学评论》的

[1] 典型例子就是，由于本宁顿研究的重大影响，他受邀参与了墨菲《社会心理学》教材的重新修订工作，在修订过程中根据自己的特长，大量增加了有关社会态度、态度改变、自然情境研究的方法等方面的内容。

重要论文《研究交往行动的一种方法》，二是出版于1961年的重要著作《熟悉的过程》。

纽科姆对不同的理论、思想、观点几近痴迷，善于倾听并乐于和大家平等讨论各种思想和观点。菲利普·康弗斯（Converse，1994）在其所著纽科姆的传记体回忆录中，就提到了纽科姆的同事、朋友（在纪念纽科姆仪式上）对他的看法，认为对纽科姆而言，“课堂就是和思想在玩耍——严肃的玩耍”。他不仅痴迷于别人提出的思想和理论，也擅长自己提出新观点和新理论，并尽可能通过自己擅长的方法（或喜欢、认可的方法）去尝试验证、检验自己的理论和观点。

为完整、系统地构建自己的人际交往行动理论模型，纽科姆提出了一系列概念，其中有些概念为其所独创，有些概念则具有不同于其通常含义的特殊意义。为深入、准确地理解纽科姆的理论体系（A—B—X系统），笔者有必要将这些概念（或术语）解释清楚。

1. A——人。

2. B——另一个人。

3. X——对象。

4. 交往行动——本质上是指一种由可辨别刺激组成的信息的传播（过程），从一个信息源到一个信息接受者。例如，在一个最简单可行的交往行动中，有关某个对象（X）的信息从一个人（A）向另一个人（B）传递，这样一个行动可被表征为“A对B关于X”。

5. 取向——从词源学角度来看，意指导向性和选择性；也指指向一些事物的方法手段，最低程度上，是指引导人的注意力朝向特定对象而非其他事物。它的最主要定义性特征包括概念的和操作的两个方面，概念性特征主要指有关人们自己在对待他们所处环境中的事物时，表现出的个体持续性态度现象；操作性特征具体包括信号（积极的—消极的、赞同的—反对的、接近的—回避的等倾向）和强度（强的—弱的，极端的—适度的）。

6. 共同取向——也称同时性取向。意指如下假定：A对B的取向和对X的取向是相互依赖的。A—B—X因此可被看作是正在被建立的一个模型系统。更确切地说，某些可确定的A与B之间、A与X之间、B与X之间的关系都可被看作是相互依赖的。

7. 取向的对称——包括认知上的对称和情感态度方面的对称，意指A的认知取向（或情感态度）与B的认知取向（或情感态度）之间的相似程度。相似程度越高，系统就越平衡，系统变化的压力就越小。

8. 知觉共识（或认知共识）——可感知到的一致性。

9. 取向类别（categories of orientations）——内容上指吸引、态度、认知到的他人的取向（perceived orientation of others），方式上包括直接取向和间接取向。

10. 导引取向和认知取向——针对态度对象X而言，前者是指对X的一种接近—回避倾向（以信号和信号强度为特征），后者是指对X的认知过程（以信念和认知建构为特征）。

11. 吸引——用来表述对作为人的A或B的积极或消极的

关系。

12. 态度——用来表述对作为物的X的赞成或反对的关系。

13. 认知到的他人的取向——指A感知到的B对X的态度，或指B感知到的A对X的态度。

14. 系统（system）——由相互关联的元素（或实体）组成的统一体，其中任一元素的变化都会引起该统一体中其他组成部分一个或几个元素相应的变化。

15. +——肯定的吸引（对人），或积极的态度（对物）。

16. -——否定的吸引（对人），或消极的态度（对物）。

17. ++——积极的相似。在一个给定的时间里的一个给定的X，A和B的关系将被集中看作在态度和吸引方面（或认知方面）是积极的且相似的。

18. --——消极的相似。在一个给定的时间里的一个给定的X，A和B的关系将被集中看作在态度和吸引方面（或认知方面）是消极的且相似的。

19. +-——在一个给定的时间里的一个给定的X，A和B的关系将被集中看作在态度和吸引方面（或认知方面）是有差别的。

20. -+——在一个给定的时间里的一个给定的X，A和B的关系将被集中看作在态度和吸引方面（或认知方面）是有差别的。

21. 系统稳定性——指处于平衡状态的系统，也是人际交往追求的一种压力较小的状态，处于这一状态需要满足一些条件。

22. 个体取向系统（individual systems of orientation）——以特定某单一个体为焦点（如A）的人际交往系统。

23. 集体取向系统（collective systems of orientation）——同时以两个个体（或多个个体）为焦点的人际交往系统。

24. 张力——针对个体系统而言，即个体取向系统的动力。在A和B之间存在吸引及X为双方共同关心的对象的条件下，由A自己对对象X的取向和认知到的B对X的取向之间，存在一种知觉到差异所带来的张力（the strain of perceived discrepancy）。

25. 心理张力（psychological strain）——同张力。

26. 趋向对称的张力——同张力。

27. 重要性（importance）——从概念上讲是指效价，积极的或消极的，也即指态度对象X对A的重要性。从理论上讲，人们可以根据个体对要求他改变对X态度时的对抗程度来测量这一变量；从操作层面看，通常可采用一个重要性指数来说明，即个体对态度对象所表达出的赞成或反对程度。

28. 共同关联（common relevance）——A和B共同依赖态度对象X的情况（就个体系统来说，是指当被A感知到的情况）。如果A考虑到了一个对他自己和B有高共同关联的对象，那么他就会认知到他们对这一对象的关系是一种“共同命运”的关系，也即这一对象被看作对他们两人都具有共同的重要性。

29. 类驱力（drivelike）——指张力，张力在本质上是一种驱力，但鉴于“驱力”概念在常识理解上有消极的一面，故纽科姆在其理论中采用了“张力”概念。

30. 平衡（或失衡，imbalance）——针对集体系统而言，即集体取向系统的动力。指加诸特定集体系统之上的一种力量，在特定条件下，这一力量的效果是趋向于使集体成员的现实态度差异降至最小。平衡（或失衡）其力量影响力的核心是对集体成员态度间关系的影响，而不单单是对一个个体成员态度的影响。失衡是产生张力，平衡则是消除张力，同样具有动力意义。

31. 新信息（new information）——交往过程中获得的与先前态度形成所依赖的信息不一致的新出现的信息。

32. 现实力量（reality forces）——客观力量。

33. 平衡力量（balance forces）——主观力量。

34. 熟悉过程（acquaintance process）——通过不断的交往行动使交往者之间熟悉增加的过程。

第二节　纽科姆早期人际交往理论模型

一、模型建构

将纽科姆的人际交往理论区分为早期模型和后期模型，并非立足于不同时期理论观点的差异，而是试图呈现出其理论发展过程中的一个不断完善、充实的路径。早期交往理论模型主要是指纽科姆于1953年提出的人际交往理论的思想和观点。

（一）模型构建的条件

1. A—B—X系统的宏观假设

该理论提出的最初假设是："人类间的交往在扮演着一种促使两个或更多人之间维持同时朝向交往者彼此及朝向交往目标这样的基本功能，就像沟通过程中的信息传播者和信息接受者。"（Newcomb，1953a）

2. 纽科姆对研究对象群体属性的规定

纽科姆重点研究群体内人际交往的认知平衡问题，所以他的研究模型所涉及的群体并不局限于二人群体，可以是三人群体、四人群体、五人群体或更大规模的群体，但出于简化和便于说明理论的原因，他将交往模型设计为适合两个人之间的交往，并对两人群体的构成属性进行了如下规定：（1）交往行动将被限定为传统意义上的面对面情境下的语词（口语）沟通；（2）交往行为的启动被看作是有意的（即有计划、有目的的，那些行动者表现出的不能被观察到的行为将被排除，因为这样的行为不具备提供沟通信息的作用）；（3）假定“信息”是可被接受的，即交往行为将有一个有计划、有目的的接受者参与，尽管对接受的精确程度没有特别的要求；（4）A和B被假定是一个以具备持续联系沟通为特征的群体的成员（即一种长期的交往关系，而非偶然的、临时性交往关系）。

（二）模型的基本框架

纽科姆在其1953年提出的A—B—X系统主要针对的是人际交往中的二元交往（dyadic communication）关系。与海德相似，他也设置了一种简单的人际交往情境：A（人），B（另一个人），X（对象，如物、事件等）。

1. A—B—X系统的最小组成要素

这样一个二元系统存在各种关系，为了避免用词混乱，纽科姆用“吸引”一词来表述对作为人的A和B之间的积极或消极的关系，而用“态度”一词来表述主体对作为物的X的赞成或反对的关系。A—B—X系统的最小组成要素（见图5-1）为：

（1）A对X的态度。包含两种态度，一种是对作为目标的X接近或回避（以信号和信号强度为特征），另一种是对X的认知过程（信念和认知构建）。比如，对某一款手机品牌，一种态度表现为情感方面，如是否已确定为你的购买目标（信号），是愿意买还是不愿意买，如果愿意买的话动机有多强烈；第二种态度表现为认知方面，如你对这款手机品牌的认识、了解程度。

（2）A对B的吸引。即A是否喜欢B，以及喜欢B的程度。

（3）B对X的态度。即B对X的情感和认知状况。

（4）B对A的吸引。即B是否喜欢A，以及喜欢A的程度。

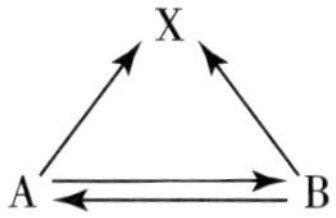

图5-1 A—B—X系统的最小组成要素图解

2. 模型的“共同取向”本质

纽科姆（Newcomb，1953a）之所以将群体内的人际交往引入认知研究领域，除了他认为群体特性是由“交往行动的条件和结果”所决定的之外，还由于他相信人际交往为人类所必需，正如其人际交往理论所确立的基本前提“人类间的交往在扮演着一种促使两个或更多人之间维持同时朝向交往者彼此及朝向交往目标这样的基本功能”。“总体而言，使自己取向环境中的目标，也使自己取向被环境中同样目标引导（吸引）的其他人，对人类来讲这几乎是一种永恒的需要。A取向X或取向B的程度，要取决于B对X的取向，A被激发去影响和（或）告知自己有关B对X的取向。交往是最普通但通常也是最有效的手段，通过这一手段人们知道该如何去做。”纽科姆将这种A与B之间、A与X之间、B与X之间的这种相互依赖的关系看作是一种“共同取向”。

“共同取向”之所以有必要，是因为两种“现实”的存在。一为环境现实。意指人际交往，即便是最小单元如两个人之间的交往也不可能是在真空中进行的，也即交往不可能是在完全排除了X（两人之外的其他事物或其他人等环境因素）的情况下进行，即便是两个除了互相爱慕对方其他什么都忘了的恋人之间，其“持续紧密的联系也明显要视是否超越了他们自己并发现和发展出他们彼此的共同兴趣而定”，共同兴趣即指对外在事物X的兴趣，如一对恋人之间的关系是否紧密，可能会受到他们是否发现和发展出他们的共同兴趣（如都喜欢体育运动）所影响。“一个人对另一个人关怀的情感越强烈，他就很可能对这个人在环境中取向（喜欢追求）的目标越敏感。”也即一对恋人关系越紧密，就越会去高度关注彼此感兴趣的外在对象（X），这就是环境现实。环境现实的存在，决定了即便是单纯两个人的交往中也需要有他人、他事、他物的存在，表明了群体构成的内在结构属性。

二为社会现实。不同于环境现实是强调外在事物（X）在人际交往中的重要性，社会现实主要是强调交往双方（人）的重要性，意指交往双方之间的依赖不仅因为对方可以提供他人、他事、他物的有关信息，还在于对方可以作为自己对他人、他事、他物判断是否正确的检验背景，也即“当A和B交流有关X的信息的时候，A和B两个人是彼此依赖的，这不仅仅因为别人的眼睛和耳朵能够提供一些有关X的额外信息资源，而且因为他人的判断提供了一个作为社会现实的检验背景。于是对他人的依赖是如此重要，以至于这种依赖影响了行为，进而影响对他人的取向”。

所以，在纽科姆的认知均衡理论中，与海德（Heider，1958）不同的是，他既强调A对X的取向、A对B的取向，同时也强调B对X的取向、B对A的取向，同时强调这些不同取向之间的依赖关系。换言之，交往系统中每一个要素的存在和变化都会受到其他要素的影响。

3. 关系的方向和强度

纽科姆（Newcomb，1953b）不仅强调人际交往各成分间态度和吸引的方向，还强调可能存在态度和吸引的强度差异，如其所言：“为了检验A和B之间可能存在的相似的或差异的关系，关于上述四种关系我们将采用简单的二分法。也就是说，关于在一个给定的时间里的一个给定的X，A和B的关系将被集中看作在态度和吸引方面是相似的（+ +或- -）或有差别的（+ -或- +），也在认知上被视为相似的或有差别的。我们同时也将采用简单的二分法来区分态度和吸引相似或差别的程度，例如是更相似还是较少相似。作为对称的关系，我们也将提及A对X的取向和B对X的取向存在的横向相似性。”

二、取向对称的益处和趋向对称的张力

纽科姆A—B—X系统模型的具体假设是：（1）良好的人际

关系是指系统处于平衡状态或静止状态，这种平衡状态不是指系统成分（或要素）之间没有力量存在，而是指这些力量间取得了平衡，所以系统才能保持稳定或静止；（2）处于平衡或稳定状态的系统，只要系统内任何部分的一个变化都会导致其他任何部分的变化；（3）如果特定力量对系统的冲击相对强大和持久，那么就会产生朝向优先恢复平衡状态的张力。与海德理论不同，纽科姆引入了“取向对称”、“张力”、“趋向对称的张力”等概念，所谓系统的平衡状态就是指系统内两个主体的取向对称，而系统内的任何一个变化都可能导致系统内两个主体的取向不对称，而不对称即会导致系统不平衡，从而产生趋向对称的张力，这种张力会引发系统内主体间的交往行动，交往的结果是使系统内主体间的取向重新取得对称，这样，系统就重新恢复到平衡或稳定状态。

在一个有着共同取向的人际关系系统里（纽科姆研究的群体是指有共同取向的群体），所谓的取向对称，主要是指交往双方对同一对象的取向对称[1]，也即对同一对象态度的一致性，即A对X的态度和B对X态度之间的一致性，比如一对夫妻双方都喜欢某种品牌的轿车，这时他们的取向就是对称的。纽科姆进一步分析认为，取向对称既包括客观上的取向对称，也包括主观上彼此认知到的对称（认知到的一致性）。关于后一种对称，纽科姆

[1] 纽科姆这里所讲的取向对称主要是指交往双方对共同对象的态度是否一致，没有特别专门提及两个主体间的取向（吸引）对称问题，主体间的取向对称在本章第四节有关人际吸引的互惠原则中有较深入的论述。

称之为“知觉共识”，并认为一定程度上认知到的取向对称对维持系统平衡更为重要，“它明显是一个激发对称导向交往的决定因素”。对知觉共识的重视也凸显了纽科姆理论与海德理论的不同，海德理论只注意到了P与O的单向关系，没能考虑到O对P的反馈对P的认知的影响，而纽科姆的理论则同时考虑到了A对B取向的认知和B对A取向的认知以及两种认知之间和谐一致的重要性。

人际关系系统里的主体间为何一定要追求客观上的取向对称和认知上的取向对称呢？在勒温和海德的心理动力观点看来，特定认知主体之所以要追求对称，是因为不对称（或系统不平衡）给自己带来了紧张、焦虑、不安等负性情绪情感体验，带来了压力，要消除或降低这种负性情绪体验和压力就必须使系统恢复平衡状态。但纽科姆对系统追求对称或平衡状态的动力观却有着显著不同的独特见解，他（Newcomb，1953b）认为系统追求取向对称是为了获取对称带来的益处，也即为了获取对称的益处，才产生了“趋向对称的张力”。取向对称（尤其是认知上的对称）带来的第一个益处就是：“A的认知取向与B的认知取向越相似，他们之间任何一人根据其他人的取向来解释X的必要性就越小，在如此一类解释过程中失败或犯错误的可能性也就越小，因此，在共同取向中他们两人中的任何一人遇到的困难就会越少，犯错误也越少。”取向对称的第二个益处是：“A的取向与B的取向越相似，这种取向不管是理性认知的还是情绪情感的，他们中的任何人对他自己认知的和可评价的取向的信心就越高。”

所以，在纽科姆看来，取向对称具有奖赏和激励价值，而且，A和B两人及X组成的人际关系系统其共同取向的重要性程度越大，关于X，A趋向和B对称的张力就越大，采取交往行动取得对称的可能性也就越大。纽科姆还认为，在沟通一段时间之后，A和B可能会交换作为信息传递者和信息接受者的角色，这一点也与海德（Heider，1958）的观点有本质的不同，在海德的P—O—X模型中，P始终是主导者。例如，A和B是一对夫妻，X指一种大病医疗保险。如果这对夫妻越是恩爱，购买大病医疗保险越是重要，就证明共同取向对这组关系的重要性程度非常大，对于购买大病医疗保险一事他们趋向对称的张力就会越大，夫妻间频繁协调沟通（双方可以转换信息传递者和信息接受者的角色）的可能性也就越大，因为在购买保险一事上取得对称可以使夫妻获得家庭和睦的奖赏，而且，通过沟通交往过程在购买保险一事上取得一致还会使夫妻的和睦关系更进一步得到加强。纽科姆的这一观点也获得了一些研究的支持，如费斯廷格和蒂博特（Festinger & Thibaut，1951）、沙赫特（Schachter，1951）、巴克（Back，1951）等报告的实验结果均表明，企图影响他人的观点以与自己的观点相一致的效果将与吸引的作用成比例地变化。而且，他们的研究还表明，在一个凝聚力强的群体中，沟通往往被非常频繁地导向那些被大家认为是偏离者的人。

总之，当出现取向不对称的局面时，一方面迫于进行共同取向的外在情境需求（包括可获得的奖赏），另一方面迫于心理上趋向对称的张力，通过群体内认知主体间沟通交往重新获得对称或进一步加强对称的可能性就大大增加。

有共同取向需求并不必然导致取向对称，也即共同取向并非导致取向对称的充分条件，只是促进因素。在共同取向条件下还有哪些因素会对通过交往获得取向对称的过程产生影响呢？

一种因素是A和B之间形成共同取向的关系是主动的还是被动的，是基于广泛兴趣建立起来的共同取向关系还是基于个别兴趣建立起来的共同取向关系。在纽科姆看来，主动构建起来的共同取向关系比被动形成的共同取向关系更有利于使系统通过交往实现取向的新的对称。比如一对自由恋爱的男女和一对由两个家庭强迫交往的男女之间就有很大不同，前者形成的共同取向关系是主动的，而后者形成的共同取向关系是被动的，在关系因任何一方变动导致失衡的条件下，自由恋爱的男女之间比被迫交往的男女之间更容易通过交往获得新的对称。另外，在纽科姆看来，基于广泛兴趣建立起来的共同取向关系比基于狭窄兴趣或个别兴趣建立起来的共同取向关系，更容易使系统通过交往实现新的取向对称。这似乎也是一个常识性的现象，比如，一对在人生价值、理想信念、兴趣爱好、生活方式等多个方面有共同点的朋友，比一对仅因为在踢足球方面有共同兴趣的朋友，更容易在出现关系失衡的条件下通过交往获得新的取向对称。现实生活中，相同地位身份、相同职业的人容易建立牢固的友谊关系可能就是由于这一原因。当然，主动构建的共同取向关系（如自由恋爱的男女）、基于广泛兴趣构建的共同取向关系，在出现取向不对称时所存在的内在压力也会更大，要求重新取得对称的内在张力也会更大。

另一种因素是在A和B之间形成的共同取向关系中，由于A和B在规定性角色上存在差异，当关系出现不平衡时，通过沟通交往无法实现A和B之间取向的完全相同，只能达到取向之间的妥协和折中。例如，一个父亲和他年龄很小的儿子之间的关系，假如他们之前确定了一项彼此都不能喝酒的规则，那么双方都不喝酒这种关系就是平衡的。但有一次，儿子发现父亲在和朋友聚会时喝酒，这种有关喝酒的关系平衡就被打破了。由于父亲是成年人，某些场合需要喝少量的酒来应酬，而孩子是未成年人，绝对不能饮酒。所以，父子交往沟通的结果可能就无法实现取向的完全相同，只能达到父亲尽量少喝酒（或除必要的应酬之外不喝酒）这样一种折中妥协的效果。像师生关系、婚姻关系等也大都如此，通过交往，实现取向对称上的妥协和折中。

第三种因素是由A和B之间形成的共同取向关系中，如果一方（B）做出的某种行为（X）牵涉到羞耻、罪恶、惩罚性后果等道德和法律问题，这时，共同取向关系中趋向对称的张力就会被相反的力量所抵制，也即另一方（A）在针对X这件事上追求与B取向的对称（赞成B的行为）反而会产生罪恶感。所以，尽管A和B是朋友，但在这种情况下系统内产生的趋向对称的张力并不必然导致二人之间的取向对称，反而会更加倾向于产生抵抗对称力量。

三、取得认知对称的途径和方法

纽科姆也提出了解决系统不对称的一些具体途径和方法。在他看来，当存在一个有关X的确定的认知不对称时，同时存在对B和X的共同取向需求，那么对A来讲（对B也是如此）就存在多种可能的解决系统不平衡的方案。这些解决方案之所以说是可能的解决方案，是因为方案仅从现象学视角提出，并非来自真实的系统不平衡问题的解决实际。见图5-2。

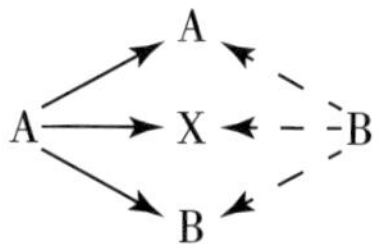

图5-2　A知觉到的A—B—X系统

（在图中，左右两边的A和B代表作为交往者的人，中间位置的A和B代表作为共同取向目标的相同的人，虚线代表A对于B的取向的判断）

依据现象学观点，从图5-2中可以看出，在由A、B、X所构成的一个二元人际交往系统中有如下关系要素：A与X的关系、B与X的关系、A认知到的B与X的关系、A与B的关系、A与A自己的关系、A认知到的B与A的关系、A认知到的B与B自己的关系。前三种要素关系是针对X对象而言的，后四种要素关系是针对A和B双方以及双方自身与自身的关系而言的。基于上述要素关系，针对A而言，解决系统不平衡就有以下几种具体途径：

1. 实现，或尝试实现，关于X的对称（针对X对象）

a. 通过影响B使B对X的态度与自己对X的态度趋向一致；

b. 通过改变自己对X的态度以与B对X的态度趋向一致；

c. 通过歪曲认知到的B对X的态度以与自己对X的态度趋向一致。

2. 在系统的其他部分引入变化（针对交往的人）

a. 修正他对B的吸引，如由原来的自己喜欢B，修正为现在自己不喜欢B，或修正为现在自己不太喜欢B；

b. 修正他为B吸引的判断，如由原来的认为B喜欢自己，修正为现在B不喜欢自己，或修正为现在B不太喜欢自己；

c. 修正他自己（A）对自己吸引力的估价，如由原来的自己把自己看作一个很有魅力的人，修正为自己不算一个有魅力的人，或者修正为自己并不是一个十分有魅力的人；

d. 修正他对B对自身估价的判断，如由原来自己认知到B是将自己看作一个顾全大局的人，修正为自己认知到B并没有将自己看作一个顾全大局的人，或修正为自己认知到B将自己看作一个不太顾全大局的人。

3. 容忍不对称，不作任何改变（放弃恢复系统平衡）

这些改变群体内人际关系认知上不平衡的途径和方法与海德有显著不同，因为这些做法中充分考虑到了B对A的反馈信息，体现了交往互动的本质，而非只单一关注A自身的信息及认知平衡问题。另外，就是从现象学出发，充分考虑到了认知到的信息的重要作用，以及采用改变认知的途径来解决系统不平衡的重要性。下面举例说明以上取得对称的途径和方法（针对A而言）。

A代表一位丈夫，B代表丈夫的妻子，X代表购买轿车这一事件。夫妻关系原来处于平衡状态，但近来夫妻间涉及购买轿车一事，丈夫想尽快购车，妻子则考虑到家庭经济状况及其他原因不打算近期购买，夫妻关系出现不平衡。针对A来讲，他可以通过以下路径来实现这一二元人际系统的平衡（B实现系统平衡的途径和方法同A）：

1. 实现或尝试实现，关于购车一事的对称（对非人——态度）

a. 通过影响妻子趋向自己的取向（也即通过交往沟通使妻子对购车的态度与自己趋向一致，同意近期购车）；

b. 通过改变自己的取向来趋向妻子的取向（也即通过沟通交往改变自己对近期购车的态度以与妻子对购车态度趋向一致）；

c. 通过在认知上歪曲妻子的取向（也即在认识上假定妻子表面上说近期不想买车但心里想买，歪曲妻子不愿买车的真实原因等）。

2. 在系统的其他部分引入变化（对人——吸引）

a. 修正他对妻子的吸引（也即修正为自己并不喜欢妻子，既然自己不喜欢妻子，共同取向的需求就降低了，趋向对称的张力也就减小了，A对夫妻关系认知上的不平衡也就消失了）；

b. 修正他为妻子吸引的判断（也即之所以在购车一事上出现夫妻间关系认知上的不平衡，其前提条件是丈夫认为妻子是喜欢自己的，如果修正为妻子并不喜欢自己，A对夫妻关系认知上的不平衡也就消失了，因为妻子既然不喜欢自己，在购车一事上与自己态度不一致也就容易理解了）；

c. 修正他自己（A）对自己吸引力的估价（也即修正为我自己是否太看重自己的想法、意愿了，太自恋或太自以为是了，太武断了，是否没有去很好地倾听考虑妻子的意见）；

d. 修正他对妻子对自身估价的判断（也即，原认为妻子将她自己看作一个理智的人所以不同意购车；A现在可以修正自己对妻子对自身的判断的判断，即修正为认知到妻子实际上并没有将她自己看作一个理智的人，以前自己对妻子自我判断的判断是错的）。

3. 容忍不对称，不作任何改变（拒绝做任何改变以恢复系统平衡）

四、与交往行动有关的群体特性

纽科姆在终其一生的学术生涯中，始终聚焦于群体过程，关注群体变化和怎样变化等问题。在纽科姆（Newcomb，1953a）看来，“在任何群体的某些特性和群体内与交往行为有关的变量之间存在着可预测的关系”，“一个群体的多数特性都是群体内自身沟通实践的结果”，也即群体特性要么是作为群体内人际交往的条件出现，要么是作为人际交往的结果出现。为此，他提出了三种群体特性，并认为这三种特性中的每一种特性都假定与一种确定的交往行动发生的可能性有关（或者作为因变量或者作为自变量）。

（1）对特定目标取向的同质性。尽管采用的研究方法和使用的称谓不同，但所有对互动性群体的描述性解释都强调了这一特性。换言之，任何互动性群体，其群体成员间互动的结果，都将会使群体成员的目标取向更加同质，但这种同质“并不必然指的是所有群体成员要表现出相似的行为，而仅仅是一种需要和期待（的同质性）”，因为真正持久稳定的群体是靠群体目标凝聚起来的。

（2）知觉共识的同质性。即对取向同质性判断的（或认知的）同质性。在纽科姆看来，“知觉共识的同质性可被假定是先前交往活动的一种结果，也可视作是未来交往活动的一种决定因素”。可见知觉共识同质性对群体的重要意义。知觉共识的同质性是对群体成员取向同质性的判断，尽管知觉共识的同质性和取向的实际同质性之间并不存在一个稳定不变的关系。知觉共识的同质性之所以重要，是因为在群体内的人际交往中，信息传播是采用符号的形式进行传播的，因此，认知到的或知觉到的取向同质性对群体内成员的心理和行为影响更大。举例而言，一个学校班级中，班级成员知觉到的班级成员取向的同质性，比班级成员实际取向的同质性更有助于班级凝聚力的提高。

（3）群体成员间的吸引。纽科姆认为，积极吸引的人际关系一定程度上总是被描绘为是在最小外来约束的条件下（指自由组织形成的群体），可持续组织（具有持续性稳定联系的组织）所具有的特征，但事实上，这一特点甚至也在具有相当大的外在约束压力条件下的群体（如人为安排或设计组织的群体）中被普遍发现。

第三节 纽科姆后期人际交往理论模型

在1953年模型的基础上，纽科姆在1961年出版的著作《熟悉的过程》一书中系统提出其后期人际交往理论模型。该著作不仅充实完善了原先的理论观点，还对所提理论进行了实验验证。因此，该著作被其传记作者菲利普·康弗斯（Converse，1994）称为“对社会心理学又一里程碑式的贡献”。

在纽科姆看来，对人际关系这样一种非常广泛和普遍存在的社会现象进行研究，要想有所建树，就必须提出一套严谨的构想（或理论）。所以，在后期的理论探究和实证研究中，纽科姆对A—B—X系统理论的基本概念和模式体系进行了更加深入的界定和呈现。

一、取向的本质

（一）纽科姆人际交往理论的基础性概念——取向

如同早先提出的模型（Newcomb，1953a），纽科姆（Newcomb，1961，pp.4–5）在后期研究中，依然将“取向”这一概念作为其所构建的人际交往理论的基石。对此，他作了如下解释："取向可被定义为持久的——但这并不意味着它不能被（个人）经历所修正，而仅意味着在任何即时的情境中，取向是与以往情境有关的经历所持续产生影响的产物。作为持续性现象，意味着对我们需要的有关稳定的人际关系的构想而言，和客观上可观察的行为相比，它们是最适合的建筑基石，因为这些可观察的行为一定会随着情境的变化而变化。"在纽科姆看来，取向是指个体在对待所处环境中事物时所表现出的持续性态度现象，它引导人的注意力朝向特定对象而非其他事物，取向具有导向性和选择性。这种持续性态度现象是受到即时环境所产生的具体的、短暂的影响，是和行为者过去在面对特定对象或相似对象时的遭遇所形成的经验及个性共同发挥作用的结果。由此我们不难看出，纽科姆所谓的"取向"概念在内容实质上是指个体的态度体系，之所以不直接用"态度"概念，是因为在他的理论中将"态度"概念用于另外特定的情境（即"态度"一词主要是在针对人对非人对象时使用，而"取向"不仅包括对非人对象的态度，还包括对人的态度）。另外，构建人际关系理论模型，之所以没有选用外在客观的行为指标作为其理论的基础性概念，一方面正如纽科姆所述，外在行为容易随情境变化，不够稳定；另一方面也与纽科姆沿袭勒温、海德传统，重视认知的作用这一背景有密切关系。

（二）对取向的区分和识别

纽科姆（Newcomb，1961，p.5）认为："取向可以从人们彼此确定的他们的目标中标记和区分出来，这些目标可以是特殊的或一般的、具体的或抽象的；一个目标总是表达或暗含了一种取向。”比如对阿道夫·希特勒的取向，对柑橘类水果的取向，对基督教的取向，或者对人们自己的取向，等等。目标因个体而存在，目标通常与客观的真实存在有一些一致性，但即便当这些目标不是“真实存在”的时候，只要这些目标需要被个体感知到，仍然会具有目标的作用。之所以能够从个体所确定的目标中去识别和区分取向，是因为目标具备信号和强度信息，信号也即目标代表的情感方向、代表的事物，如积极的—消极的、赞同的—反对的、接近的—回避的等倾向；强度是指目标指向的程度或激发个体反应的强度，如强的—弱的、极端的—适度的等等。

纽科姆（Newcomb，1961，p.6）还认为，除了容易测量到的信号和强度等目标本身的属性或特征可以揭示一种取向外，取向的认知特性在取向识别中也具有十分重要的作用，尤其是当不同主体对同一取向目标的信号和强度完全一致或难以区分的时候。这是因为“取向的认知特性与人们对其认知对象进行认知或归因时关于对象属性的分类或建构有关”。举例来说，一对父母在对他们孩子的吸引方面可能在信号和强度上是难以区分的，但是他们的取向的认知内容可能仍然是十分不同的。如父母中某一方对孩子的吸引（喜欢）可能是出于自豪、和他自己很像等高强度的认知成分，而父母的另一方之所以吸引（喜欢）孩子，所存在的更重要的认知成分可能是他对孩子热情温暖的反应。因此，对同一对象不同取向之间的差异是随后应被重点强调的，但必须说明的是，当面对有情感投入的信号和强度对象时，认知差异可以确切地说会有同样的结果。也就是说，目标的信号和强度信息更多体现了取向的情感态度属性，当单从交往者所确定目标的信号和强度信息方面无法对取向进行有效识别和区分时，可以利用交往者对目标取向的认知属性来区分取向间的差异。

（三）取向的具体类别

在纽科姆的人际交往理论模型中，系统成分之间的关系或取向是构成模型的基本要素，因此，他必须对取向的类别进行预先设定。根据“这些类别要足够抽象，或者不涉及具体内容，可以被应用到任何人际关系的任何相关方面”这一标准，纽科姆（Newcomb，1961，pp.6−8）提出了以下三种取向类别。

1. 吸引

在纽科姆的人际交往理论模型中，A和B是两个人，X为对象。所谓的吸引取向专指人对人的取向，而非人对非人的取向。在人际关系讨论中，虽然涉及人以外的对象或因素，但人与人的关系通常最先被提及，也最为重要，至少从潜在意义上讲人与人的互动会有独特的结果。正如纽科姆（Newcomb，1961，p.7）所言：“不像以非人作为取向的对象那样，以人作为取向的对象都同时是喜欢确定方向的人，在这种关系中，喜欢者与被喜欢者双方都具备取向相同对象的能力，而且双方都了解情况就是这样。因此，对人的取向（或以人为对象的取向）的特征，除了取向对象是人而不是其他对象外，其他都有可能。”这也是纽科姆在其人际交往理论中一定要将对人的取向和对非人的取向加以区分的重要原因。

吸引取向最常见的表达方式如“我相当喜欢她”或“我拒绝和他有任何关系”等，这些表达方式体现了直接人际关系取向的信号（是否喜欢）和强度（在多大程度上喜欢）两种特性。事实上，在纽科姆看来，人与人的关系在本质上等同于吸引或“喜欢”的关系，在他的理论模型中，之所以选用“吸引”而非“喜欢”来代表人对人的取向，是因为“‘吸引’一词一定程度上可以在更广泛的意义上使用”。进而纽科姆认为，吸引取向要么是积极的吸引，要么是消极的吸引。积极吸引如喜欢、尊敬、赞美、可靠等，包含了心理上的趋近而不是回避、行动上的接近而不是反对或离开；消极吸引如厌恶、不屑（鄙视）、贬低、不可靠等，包含了心理上的回避而不是趋近、行动上的反对或离开而不是接近等。当然，纽科姆与海德不同，其所谓的吸引取向即人对人的态度不仅指态度的两极（全或无），而且允许有强度上的差异存在。

2. 态度

在纽科姆的人际交往理论中，所谓态度取向专指人对非人对象的取向。纽科姆的理论之所以强调人际交往中对非人对象的取向，是基于以下认识：任何两个人之间所存在的一种吸引关系依赖于他们所处同一个世界里的共同对象，这些共同对象中有一些对两人都是如此重要，以至于他们两个人注定要因此发展出对彼此的态度（Newcomb，1961，p.7）。不仅两个人组成的关系如此，更多人之间的关系组合也是如此。在许多条件下，人与人之间的态度都会被彼此行为指向的共同对象影响到，而他们之间的关系又一定会被他们对共同对象的态度一致或不一致影响到。举例来讲，一对夫妻，他们彼此间的态度肯定会被如何装修房子（规划装修是夫妻的行为，房子是共同对象）影响到，而他们之间在这一问题上态度的相似性和差异性又会直接影响到夫妻关系。纽科姆也曾用如下例子来说明人际交往中共同对象对人际关系的重要影响：一个丈夫和一个妻子之间的关系，他们的关系可以相当确定地说，会被他们对共同的银行存款的态度的相似性和差异性影响到。

3. 认知到的他人的取向

事实上，影响人际关系的不仅仅是人与人的吸引（吸引取向），也不仅仅是共同对象的重要性以及对共同非人对象的态度（态度取向），还有一种取向十分重要，那就是主体认知到的他人的取向。

所谓认知到的他人的取向，是指对他人对交往双方行为指向的共同对象的认知的认知，简单说是指对他人对共同对象所持态度的认知。针对纽科姆的A—B—X模型，对A而言，所谓认知到的他人的取向就是指被A认知到的B对X的态度。

在纽科姆看来，认知到的他人的取向对人际交往之所以重要，是因为它可能是影响A和B之间关系的一个重要心理调节变量。一定程度上讲，对A而言，B对X这一他们二人行为所指向的共同对象的实际态度固然重要，但正如勒温场论所揭示的那样，真正影响A与B吸引关系的是行为环境而非真实的地理环境，也即被A认知到的B对X的态度，而不是B对X的实际态度。纽科姆（Newcomb，1961，p.7）在谈到这一问题时提到了对他人行为归因在人际交往中的普遍性和重要性，因为认知到的他人的取向说到底是对他人行为进行归因的结果，而这一结果将会影响到A接下来如何与B进行交往。

这一取向类别的明确提出显然受到了勒温场论的影响，但即便如此，仍然是纽科姆对人际交往研究的重大且具有创新性的贡献，因为在海德的P—O—X模型中，海德显然并没有鲜明指出P对于O对X态度的认知在P认知平衡中的意义和作用。

二、人际取向的系统特性

在上述三种取向类别中，纽科姆（Newcomb，1961，p.8）将吸引取向（人对人的取向）看作人际取向的直接要素（或成分），而将态度取向（人对非人对象的取向）、认知到的他人的取向（如A对于B对X的态度的认知）看作是人际取向的间接要素。但无论是直接要素还是间接要素，其共同点是都会对人际关系产生影响，而且两类要素之间是相互依赖的。根据两类要素，纽科姆提出了其人际交往理论的两个系统的观点：取向的个体系统和取向的集体系统。

（一）系统的一般本质

纽科姆（Newcomb，1961，p.9）将系统定义为与交往双方紧密相关的任何实体（entities）所构成的集合。而将系统的本质假定为：（1）交往双方任何一人在特定状态下的变化（不管变化的来源）都会引发一种或多种其他可指明的变化。（2）系统要素之间的相互依赖（或互动）关系，在特定条件下，应能够维持很长时间。如果仅仅是短暂的临时性关系，这样来定义一个系统就无实质性意义。用纽科姆的话讲就是“如此定义一个系统就会失去趣味”，因为纽科姆理论关注的核心问题是群体发展变化的过程及其原因，短暂的、偶发的人际关系显然不是他研究的重要对象。（3）由于组成系统的实体成分彼此间是如此紧密相关，以至于系统倾向于具有其自身不同于成分实体特性的某些特性（这一点也与格式塔心理学中有关整体不等于部分的简单相加、整体大于部分之和的观点是一致的）。（4）系统的稳定特性仅能够通过系统的成分实体间的稳定关系来维持。因此，系统可以根据它自身的稳定特性（在一定范围内它们可能会有变化）来描述，而且其稳定性也可以依据构成系统的成分实体或构成部分之间的相对稳定关系来解释。后两项假定其基本思想显然直接来源于格式塔心理学有关整体和部分之间关系的观点。

（二）取向的个体系统

1. 取向的个体系统的构成要素

所谓取向的个体系统，是指以人际交往中某一特定个体为焦点来考察交往关系的系统。纽科姆（Newcomb，1961，p.8）认为，个体系统由以下要素构成：A对B的吸引，A对X的态度，B对X的态度以及这种态度被A认知到。见图5-3。

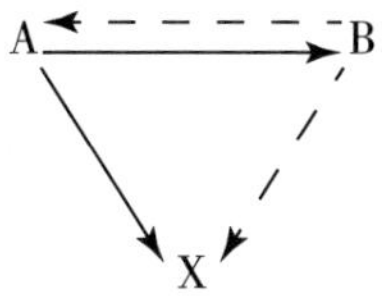

图5-3　以A为焦点的个体系统

（箭头指向是从确定方向的人到另外的人或取向对象，虚线指的是A对B取向的归因，实线指的是一个人自己的取向，带箭头实线指从他那里发出）

2. 个体系统存在的假设性条件

如果或者只有当以下全部条件得到满足时，针对个体A的一种个体取向系统才有可能存在：

（1）A对某个可指明对象X有一种要么积极的要么消极的态度，并且他认为这一对象是他自己和另一个人B的共同关联对象，换句话说，他假定这一对象对他自己和B两人有一些共同影响。

（2）就同一个对象X而言，A将一种要么积极的要么消极的态度归因于另一个人B，即A需要对B对同一个对象X的态度进行归因，也即存在A认知到的B对X的态度状况。

（3）A对B有一定程度积极的或消极的吸引。

潜在的系统（latent system）与激活的系统（activated system）。潜在的个体取向系统最典型的情况描述如下：现实生活中，一个个体对许多对象都会产生态度，而且对许多其他人也都会有一定程度的吸引，但这些关系在任何确定的时刻，个体的绝大多数取向系统都不是现实的，或不是有效的，而只是潜在的。例如，A对房价、股市、环境污染、食品安全等诸多X都可以有自己的态度，同时，A与B以及其他许多人都有较好的关系，当这些关系都尚未构成一个共同的取向系统时，只能称作潜在取向系统。如果A所面对的其他人和共同的对象都处于一个既定的相对恒定的环境，那么，A潜在的取向系统倾向于单一受习惯构念的影响而保持不变。也就是说，一个既定的（或确定的）A—B—X系统一旦被激活，如果来自B或X线索是曾经反复遇到过的，那么，系统就倾向于不时（偶尔）会被引发，其原因简单说就是因为他们之间的一种联系被学会了（或掌握了）。因此，要么是一类线索要么是两类线索的结合可能会激活一个潜在的系统。

只有当A与三种取向类别（A对X的态度，A对于B的吸引，A对于B对X态度的认知）相一致的心理过程也同时发生时，他的潜在取向系统才会变成一个被激活的系统。或者，用一个更简单的词语来说，在一个共同背景下，对A而言，只有当其“同时定向”于B和X时，一个被激活的取向系统才得以存在，以至于B被感知到与X有关，X被感知到与B有关。为了这一实际目标，我们可以作如下假设：每当A将对一个对象X的态度归因于B（即A认知到B对X存在某种态度）时，同时，A自己也因B对X的态度状况持有了一种态度，A是同时指向B和X的，因此，一个A—B—X系统才得以存在。因为，对A而言，A对一种对X的态度的归因是由B引起的，线索涉及B和X两个方面，所以，可以合理地假定：至少在一定程度上，A对B和X的取向将会随着归因被同时启动。就像图5-3所描述的那样，个体系统的成分（或要素）组成为：一个人自己的取向和他对另一个人取向的归因。有关个体系统的特性，纽科姆最感兴趣的是这些要素之间的关系，包括主体和其他人对同一对象认知间的相似程度和差异程度。

3. 心理张力与个体系统稳定性

在取向的个体系统中，就A而言，取向的三种类别之间的关系保持稳定和发生变化的基础、条件和动力是怎样的？纽科姆（Newcomb，1961，pp.12-14）对取向个体系统的内在动力问题进行了深入的研究和思考。

（1）心理张力概念的界定。

纽科姆在自己所提出的个体系统中，与海德（Heider，1946，1958）和费斯廷格（Festinger，1957）的观点基本一致，也即认为，如果个体的认知系统出现不平衡，为了保证系统的稳定性，就会诱发导致系统恢复平衡的力量。但与海德和费斯廷格将这种力量称为“失衡”、“失调”不同，纽科姆将这种力量称为“张力”、“心理张力”、“趋向对称的张力”或“知觉到的差异带来的张力”。

（2）影响心理张力的变量。

在纽科姆看来，个体系统要保持稳定性需牵涉到A—B—X系统的所有三种取向类别间的关系。其原则可假定为：会有一个心理的力量加之于A，而且这一力量会随着A对B积极的吸引强度的变化而变化（当然也会随其他变量的变化而变化），这一力量的存在会倾向于在A对X的态度和被认知到的B对X的态度之间维持一个持续稳定的关系。

所以，影响个体系统中A的心理张力大小的第一个因素就是“最小可觉差”（minimal perceived discrepancy），意指A认知到的A对X的态度与A认知到的B对X的态度之间差异的大小，换句话说，就是指A认知到的他自己和B在对待X态度方面的最大相似性程度。纽科姆认为，当A感知到B的时候，A对B的吸引力越强，加之于A身上以维持他自己和B对同一个对象X态度之间最小差异的力量就越大；而且，如果这种积极性的吸引保持持续稳定，在态度方面认知到的差异越大，降低这种差异的力量就越强。纽科姆将这种力量称为“张力”。

影响心理张力大小的第二个因素就是对象X的重要性。这里所谓的重要性是指态度对象X对A的重要性，也即对A而言X的价值有多大，这种价值可以是积极的或消极的。如何获取X价值大小的信息呢？理论上讲，人们可以根据个体对改变他对X态度的阻抗程度来测量这一变量；从操作层面看，通常可以采用一个重要性指数，即通过个体对态度对象所表达出的赞成或反对程度来测量。一般意义上讲，当X对A的价值越大，维持系统稳定、降低认知到的态度方面的差异的张力也就越大。

影响心理张力的第三个因素是共同关联。所谓共同关联，是指A认知到的与B共同依赖态度对象X的情况。纽科姆认为，如果A考虑到了一个对他自己和B有高共同关联的对象，那么他就会认知到他们对这一对象的关系是一种“共同命运”的关系，也即这一对象被看作对他们两人都具有共同的重要性。纽科姆曾举如下例子来说明共同关联现象：在海中央，坐在一条木筏子上的两个男人中，其中一人假定他们两个人都会将木筏子看作是他们幸存的基本手段，那么对这个男人来讲，木筏子有高共同关联。举另一个极端的例子，一个非常喜欢喝甜咖啡的人了解到，他的一个朋友更喜欢喝不加糖的咖啡；在这样的背景下，对于在他自己的咖啡杯里放糖还是不放糖这件事而言，他们彼此之间是自由的（毫无关系），是相互独立的，有关在杯子里放糖还是不放糖就没有任何共同意义，“甜咖啡”这一态度对象也不会被认知为具有共同关联性。但是，如果有一罐属于二人共同拥有的咖啡，喜欢咖啡不加糖的朋友在享用自己的那部分之前，了解到这罐咖啡中加了糖，那么这时的同一对象将被认知为有共同关联。和前一种条件相比，“张力”更有可能在后一种条件下体验到。也就是说，在面对对人际交往双方都具有共同重要价值的对象的条件下，或交往双方对同一对象X有共同依赖的条件下，维持系统稳定、降低认知到的态度方面的差异的张力也就越大。

从以上纽科姆有关影响取向个体系统的动力因素的论述来看，B对A的吸引程度、A认知到的自己与B对X态度的差异、X对A价值的大小、X是不是A和B的共同关联对象（也即A是否认知到自己和B对X这一对象是一种共同命运关系），这些因素以及因素之间的关系共同决定了个体系统张力的大小。纽科姆认为也可以将张力这一假设性的力量看作是一种“类驱力”。他之所以不直接采用“驱力”概念，是因为他认为“驱力”概念本身包含一些消极特征，他这里谈到的张力，更多指的是倾向于驱动和诱发那类它能诱发的降低驱力强度的活动的力量。换言之，纽科姆所论及的张力指的是一种维护个体系统稳定性的力量。

（3）心理张力的习得。

在纽科姆看来，现实生活中，在与有吸引关系的人交往过程中，如果认知到存在态度差异，长期的社会化过程就会向人们发出需要处理的危险信号，而且，随着人们阅历的增加，人们也学会了对这些信号进行辨别。信号的出现和有效识别，就会唤醒恢复强吸引关系的张力，从而驱使态度方面的调整和改变。所以，纽科姆认为，所获得的张力这种驱动性力量可能是有用的，因而人类的社会化过程也必然包含着，要获取和学习许多与他人的（尤其是成年人的）态度相一致的态度。他举例说，为了生存，就需要获取对溺水这种行为的反对态度（像成年人对这种行为持反对态度一样）、对待饮食的正确态度、对待玩物丧志的态度。为了能够很好地适应一个稳定的家庭、社区或社会秩序，人们就必须获取正确对待卷心菜、国王以及所有其他事物的态度（像我们的朋友或伙伴已经习惯和适应了的对家庭、社区的态度那样，等等），因为这些态度要么是文化支持的，要么是文化反对的。

总之，纽科姆认为，心理张力的产生会引发系统发生相关的变化：张力倾向于导致一种或多种趋向张力降低的变化。因此，系统稳定性会随着张力的强度作相反方向的变化。这一假设是确保探究稳定的人际关系的发展状况的核心。

4. 维持个体系统稳定性的模式

具体来讲，可以通过何种途径和方法来维持取向个体系统的稳定性呢?

纽科姆（Newcomb，1961，p.17）认为，一个稳定的个体系统其主要特征是要具有相对较小的张力，那么张力较小的个体系统可以作如下假定：A对B的吸引，A对一个相关的对象X的态度，而且，A认知到B对X的态度也全部都是积极的、与自己一致的。这时的系统状态就处于稳定状态。但是，如果A现在接受了一些新的信息导致其作出B对X的态度是消极的归因，这时，张力就被诱发了（根据假定）。

为维持系统稳定，以下变化都可能有助于降低新信息引发的张力：（1）在A对X的态度方面发生一个变化，以此降低与认知到的B对X的态度之间的差异；（2）在他对B的态度的认知方面出现一个差异降低的变化；（3）降低已被A强调的X的重要性；（4）降低A被B积极吸引的力量强度；（5）降低认知到的A将X归因于自己和B的共同关联对象的程度。进而纽科姆认为，上述这些变化可能会经由额外的有关X的或有关B的信息而发生，这些额外的信息一般会通过与B或其他人员的交往而获得，或仅仅通过内部的心理过程（例如幻想、记忆损耗或者精细加工，或者一个参考框架的改变）而获得。但不管通过何种方式，变化发生了，而且，不管发生的是哪一种变化，利用心理张力假设都意味着可以作如下预测：假如作为实体集合的个体系统中一种变化首先发生，那么，这五类变化中的一种或多种变化可以预期会接踵而至。

针对纽科姆提出的降低张力、维持系统稳定的路径和方法，我们可以举例说明：A（男）和B（女）是一对即将大学毕业的恋人，X为一座沿海城市。系统的稳定状态表现为：A和B之间感情关系良好，A希望毕业后去X城市工作（他很喜欢这座城市），而且，A也认知到B很喜欢X城市，认知到B对去X城市工作持积极态度。但最近，A突然接收到一些B不喜欢X城市也不喜欢去X城市工作的新信息，这时，系统的稳定状态就被打破，张力就产生了。有哪些路径和方法可以使系统的张力降至最小从而恢复系统的稳定状态呢？（1）A降低对X城市的喜欢程度以缩小与他所认知到的B对X城市现有态度间的差异；（2）调整他对B对X城市态度的认知，如可以调整为：新信息虽然表明B对X城市不是十分喜欢，但据自己的理解，女朋友对X城市也并不讨厌；（3）A可以降低X城市对自己的重要性，如X城市虽然不错，但像X一样的城市有很多，未必一定要去那里工作；（4）A调整被B吸引的强度为：她不喜欢X城市，我也不是非常喜欢她；（5）A可以采取现在交通很发达，即便是夫妻也未必一定要在同一座城市工作，主要是看哪里会有更好的发展前景这样的态度，从而降低X城市对二人的共同关联性。

关于新信息对系统的冲击，纽科姆最后认为，在一个现存的个体系统中，除关于B对X的认知会对A造成冲击外，新信息也许会首先冲击任何一种其他取向。不管输入的新信息的观点如何，其首要结果就是朝向与信息相关的取向（仅仅假设新信息与先前可利用信息是显著不一致的）的变化。如果是这样，进一步的结果就是以下两种情况中的一种：（1）与那些新信息直接相关的取向会发生改变，而且，如果张力没有被加大的话，其他系统的变化也一定会伴随而来；（2）新信息不可信，因此，系统免于变化继续保持稳定就有了保证。

（三）取向的集体系统

1. 取向集体系统的构成要素

取向集体系统的构成要素如下：A和B双方之间的彼此吸引；A和B双方对同样一个对象X的各自态度；B对同样一个对象X的态度被A感知到，A对同样一个对象X的态度也被B感知到（一个由两人构成的集体系统）。见图5-4。

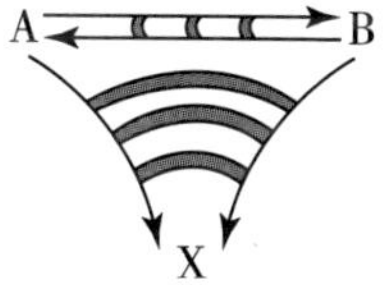

图5-4　A和B共为焦点的集体系统

（箭头指向是从确定方向的人到另外的人或取向对象，宽带指的是通过带状连接的取向之间的关系）

在纽科姆（Newcomb，1961，pp.11-12）的人际交往理论中，为了简化，集体系统仅仅构想了一个由两人形成的集体。而且，集体系统的构成要素仅仅考虑系统成员的实际取向，也就是说，仅仅考虑系统成员他们自己的取向，而不考虑他们对别人取向的归因。如此安排的原因在于，虽然一个人自己的取向可能会被他对别人取向的认知所影响，但是纽科姆最感兴趣的是集体系统的特性能够根据实际的取向来进行最好的描述，而不是根据引发他们的条件来描述。简言之，对于集体系统，纽科姆最为关心的是A和B对于同样一个对象态度方面的实际相似程度或实际差异程度，以及他们彼此之间实际吸引的程度，而非认知到的相似程度或差异程度以及认知到的吸引程度。

纽科姆认为，一个取向系统也可以被看作是由一套两个人或更多人形成的存在。人组成的群体或集体有它们的特性，在群体或集体自身的水平上与在个体自身的水平上相比，就系统特性与现实的关系而言，前者不会比后者更多或更少。

2. 集体系统存在的假设性条件

集体系统的激活。在纽科姆（Newcomb，1961，p.11）看来，一个集体系统其潜在基础被A和B的现实存在所决定，其激活也由包容了A、B、同样的对象X在内的个体系统要素所决定。一个集体系统会在一个确定的时间间隔期间内被激活，而且也只有在这一间隔期间内会被激活。首先是两个个体系统都已被激活；其次，A和B中的每个人，都假定各自的已被激活的个体系统已被对方观察到，或者说双方都假定各自的个体系统已被双方同时激活。纽科姆举如下例子来描述集体系统被激活的进程：假如在同一天内，A看到B踢了一只狗，而B看到A在安抚这同一只狗，而且如果两人中的任何一人假定对方已经观察到了他的行为，这时，一个集体系统就被激活了。

纽科姆认为，一个集体系统存在的前提通常是A和B涉及X的交往。就像他刚刚描述的有关狗的例子那样，交往并不一定需要通过语词（口语）沟通进行，它仅需要导致包括A和B在内的如下假设成立，激活的集体系统即告存在：（1）A和B彼此之间存在某种程度的吸引，积极的或消极的；（2）他们中的每一人都对同样一个对象X有一种态度，积极的或消极的。在特定条件下（尤其是双方非常熟悉时），一个人即便没有发生交往也可以正确地假定，上述两项条件是否已经被一个人或其他更多的人所满足；既然这样，无论交往是否发生，一个集体系统都已被重新激活了。

3. 集体系统的平衡和稳定性

然而，说取向系统倾向于持续发挥作用以及倾向于被重新激活，并不意味着取向系统在所有方面都保持不变。尤其当取向对象仍然非常不熟悉的时候，或者当有关取向对象的新信息导致其需要进行重新估价的时候，取向会发生变化。纽科姆人际交往理论探究的核心问题之一，就是要找到（或发现）取向之间关系的稳定性或动力机制，尽管与其有关的一种或多种取向会发生变化。

在纽科姆（Newcomb，1961，pp.14−15）看来，集体系统稳定性的关键原则类似于个体系统的原则。这一原则假定一种力量加之于特定集体之上，在特定条件下，这一力量的效果是趋向于使集体成员的态度差异降至最小。这种力量在强度方面随集体成员彼此共同吸引的强度而变化，随集体成员间态度差异的程度而变化，也随其他变量的变化而变化。犹如，就个体系统而言，假设力量（指张力）的效应是趋向于使认知到的态度差异最小化，所以，就集体系统而言，假设力量的效应是趋向于使现实的差异（而非认知到的差异）最小化。假设力量影响力的核心是对集体成员态度间关系的影响，而不单单是对一个个体成员态度的影响。纽科姆将加之于集体之上的这一力量称为一种趋向平衡的力量，或者更简单地表述，可将这种力量命名为“失衡”。

在集体系统中，失衡也随重要性和共同关联两个因素的变化而变化，这里的共同关联是指被集体成员共同归因的对象（也即集体成员同时有共同高依赖的对象）。如果是在两人系统（可以是三人或更多的人形成的集体）中，纽科姆假定，这些共同归因对象的水平最小等同于A的水平，或等同于被A认知到的在重要性或共同关联程度方面的B的水平，无论哪一个更低。纽科姆同时假定，在两个人的系统中，失衡水平的限度取决于（尽管并不必然相当于）A的和B的张力水平。因此，集体系统的失衡指的是，像个体系统中张力所起的作用一样，对系统状态而言，它们都是不稳定的，而且，假设的力量都是趋向变化，最终导致系统更加稳定。

4. 维持集体系统稳定性的模式

如前所述，在纽科姆的人际交往理论中，他将一个系统定义为一个实体集合（各种成分要素的集合），这些实体间的联系非常紧密，以至于它们之中任何一个成分的变化都会诱发任何其他成分朝向变化的力量，这一力量会使成分之间某些关系的稳定性最大化。与个体系统中将张力作为系统稳定性的首要条件不同，在集体系统中纽科姆将集体失衡的最小状态作为系统稳定性的首要条件。集体失衡会在不同人员取向（在集体取向）之间的关系上引发变化，在很大程度上也可能会诱发其他系统内的变化，最终达到维持失衡的最小化状态这一目标。

纽科姆（Newcomb，1961，p.18）认为，要维持集体系统内的平衡，并非与集体成员个体系统内的那些变化无关。事实上，非常普遍的情况是，后者与成员间的直接交往很相似，而且，不管集体一名成员的任何取向上的一个变化，都必然在该取向与另一名集体成员取向的一致性关系之间产生一个变化。

纽科姆认为平衡稳定的集体系统其状态是这样的：一个集体系统包含A、B两个主体以及一个共同的对象X。这时，A和B之间的共同吸引是高的，而且，他们在对一个共同的X时采取的积极态度也是一致的，X对他们双方而言都是重要的和相关的。

而上述集体系统的稳定状态，由于某个原因，如A对X的态度变为一个消极的态度，于是，系统就变得不平衡了。下述的任何系统变化的途径和方法都将倾向于降低这种失衡状态（imbalanced state）：（1）通过一方或双方的态度改变，使A和B态度之间产生一个和解（或变得友好）；（2）降低他们彼此之间的共同吸引；（3）降低X在重要性和（或）共同关联上对他们的共同水平。像在个体系统中的那些变化一样，这些变化通过交往可能会发生，或者通过A或B内在的心理过程也有可能发生。无论如何，通过这一机制，集体系统倾向于维持稳定，并假定通过这些操作个体系统也倾向于保持稳定。继而，如果不是全部也是在大多数情况下，可以假定，通过足够的交往，无论是口头的还是其他形式的交往，集体任何成员的取向都会以某种方式与其他成员的取向取得一致。

纽科姆有关集体系统恢复稳定与平衡的途径和方法可以用以下例子来说明：A和B是一对商业伙伴，X为他们共同开发的一个项目。如果A和B之间存在高的吸引，即情感深厚，而且他们对这一新开发项目X的态度都是积极的，彼此一致，这时的集体系统状态处于稳定平衡状态。但由于某种（或某些）原因，A对开发实施X项目的态度转为消极，原本稳定平衡的集体系统就处于失衡状态。失衡导致恢复系统平衡的动力产生。降低失衡恢复平衡的途径和方法有以下三种：（1）A改变对开发实施X项目的消极态度，与B之间产生和解；B改变对开发实施X项目的积极态度，与A之间产生和解；A和B可以同时改变或调整对开发实施X项目的原有态度，双方形成一种对X项目的新的折中态度。（2）原本A喜欢B，B喜欢A，现在可变为：A也不怎么喜欢B，B也不怎么喜欢A，这样的话，二人在对X项目态度上的差异也容易被他们各自所接受。（3）通过降低X项目对二人的重要性，也即通过淡化X项目对二人的重要性达到不会影响二人间关系的目标；降低X项目对二人的共同关联性，也即A不喜欢开发实施X项目，他可以作出该项目属于B的兴趣与自己关系不大，项目实施也不会影响公司整体利益的理解，同样，B也可以作出该项目虽然不属于A的兴趣，但自己操作成功或失败也不会对公司整体利益造成大的影响的理解。

（四）新信息和系统变化

纽科姆（Newcomb，1961，pp.15-16）还十分重视新信息在个体系统和集体系统变化中的作用。在他看来，个体对不同对象（包括人）的取向之所以在人们彼此之间会存在差异，主要原因是对对象特性的归因不同。比如，人对食糖的态度既可以取决于（或至少已被证明）甜的味道也可以取决于富含热量这些不同的特性，人们对艾森豪威尔总统和罗斯福总统的态度不同也是归因于两位总统的不同特质。事实上，对具有不同特性的任何事物的取向都需要归因于这些事物的特性本身。因此，取向取决于这样一个过程，通过这个过程，人们获得了取向对象新的有关信息。如果新信息——发表了对一种食物或一名政治候选人的特性的新看法——这些新看法被主体获取，而且这些新信息与先前态度形成所依赖的信息是不一致的，那么，改变这些取向的力量就将产生。也就是说，有关对象新信息的获取可能会导致系统发生变化，因为既有取向来源于对对象某些特性的认知，新信息的出现改变了对对象特性的认识，系统也将随之发生变化。

在纽科姆看来，获得对旧事物的新信息具有持续的可能性，而这正是事物运行的普遍规则而不是例外。生长和衰退是普遍的自然事实，任何事物都处于变化之中，甚至是客观上看来改变很小或根本不改变的事物也都会有新的方面不断展示给我们。而且，即便是作为观察者的我们自己，也从来不会有两次是一样的，也处于变化之中。所以说，新的技术或新的观点会帮助我们打开一条条新的信息通道，使新的信息不断涌现，那些仅仅在昨天还被认为是对我们封闭的信息通道今天就有可能被打开。总之，现实生活中，我们会不断被那些也许改变了我们取向的影响因素（或新信息）所轰炸，促进我们的成长和发展。

对对象（包括人）的取向取决于对对象特性的认识，而对于对象的特性人们是很敏感的，就像取向个体系统中个体对张力（最小可觉差，即自己对某一对象的态度与认知到的他人对这同一对象态度之间的差异）的敏感性一样。对对象特性之所以有高敏感性来源于这种行为倾向于被奖赏，事实是：我们对对象特性的估价越准确，我们取向有关对象的目标获得奖赏的可能性也就越大。例如，你对一款电脑产品的质量特性信息越敏感，了解越全面越系统，估价越准确，购买之后使用起来就会越放心，越少出现问题。对一位总统候选人特性的敏感和准确估价也会获得类似的奖赏。总之，绝大多数个体，在绝大多数情境下，都可以维持对新信息的充分的敏感性，以至于新信息可以被看作取向变化的一个永恒的源泉。

基于以上对新信息的认识，纽科姆将个体系统中的单一取向（比如A对X的态度，或者A对B的吸引）看作是在新信息影响之下容易发生连续性变化的。而且，在单一取向上的变化——在吸引强度、对象重要性和共同关联都确定的条件下——倾向于引发个体系统内的其他变化。这些变化反过来组成了作为集体系统成分的人与人之间关系的修正。换句话说，由个体系统中某种单一取向在新信息影响下发生的变化，会导致个体系统内其他取向随之变化，最终导致作为集体系统主要成分的人与人之间关系的变化。纽科姆将这类趋向于导致变化的外在信息等的影响称为“现实力量”，这种力量会引发系统的直接变化，导致系统的改变。但是，毫无疑问，在外在信息等影响因素持续发挥影响作用的同时，无论个体系统还是集体系统仍然会保持相对稳定性，这在一定意义上是因为个体系统内的张力和集体系统内的失衡各自都会倾向于保持最小。纽科姆将这些趋向于保持系统稳定的内在影响因素（就个体系统来说，基本上是自我方面的）称为“平衡力量”，这种力量会引发系统的间接变化，变化的方向是导致系统稳定。因此，系统的变化与稳定（或变与不变）始终是一个永恒的主题。

在纽科姆看来，就个体系统而言，系统对新信息的加工也不完全相同。一种情况是这些新信息进入现存的取向系统，而且相对摆脱了系统内张力的影响，那么，系统的动力机制就表现为在方法和途径上倾向于维持系统状态的心理的或（和）交往的加工过程。另一种情况是由系统业已存在的高水平的张力所主动引起的信息加工。两种情况的加工原则虽然在本质上是一样的，但也有明显的差异，主要的差异被假定为：在主动加工的条件下，会表现出对新信息更积极的寻求，这些新信息要能够及时且准确地代表取向的对象并用以降低系统的张力。

另外，纽科姆还强调，信息一方面被事实本身提供，另一方面，就像他们已经收集到的研究数据所表明的那样，信息也可以来自对事实的分析和解释。

（五）个体系统和集体系统之间的动力关系

纽科姆的人际交往理论不仅提出了取向的个体系统，也提出了取向的集体系统，而且还深入分析了两种系统各自的动力特征，那么个体系统和集体系统之间又存在怎样的动力关系呢？

纽科姆（Newcomb，1961，pp.18–20）认为，事实上，他采用严密的类比的方法所提出的个体系统和集体系统的动力特征，已经隐含地揭示了两类系统之间互动关系的一些动力特点。在他看来，作为一个集体系统的参与者而言，个体系统是集体系统的一个私人版。就如同其他系统（例如分子系统），其系统构成的要素实体可被看作一些子系统，系统的特性决定于那些子系统之间的互动。人际交往中，取向的集体系统的特性——尤其是平衡特性——也决定于个体系统之间的关系，尤其当个体系统受到交往性互动影响时。

纽科姆为具体说明两种系统之间的动力关系，提出了以下假设：一个给定的两人系统处于失衡状态，也即A和B对彼此的共同吸引是积极的，而在面对一个被认为对彼此都有重要意义和共同关联的对象时，A的态度是积极的，但B的态度却是消极的。在这些条件下，伴随着对某一人或对他们双方的张力的出现，态度的差异很可能或迟或早都会被某一方或双方（仅假设存在交往的可能性，通过交往差异会被发现）同时发现。进一步假定，接下来要发生的事情是，在由A或者B，或者两者一起，发起的系统的一种或多种要素取向中将发生趋向降低张力的变化；而更大的可能是，他们彼此间在态度方面的任何差异将通过A的或B的态度变化而被减少，或者他们对另一方单方的吸引或双方彼此间的吸引会被降低。因此，一个失衡的集体系统，经由交往的人际互动机制以及个人头脑中的张力机制，导致在一个或多个有联系的个体系统方面发生改变。这些个体系统方面的变化最终导致整个集体系统的变化。

总之，关于两种系统间的动力关系，纽科姆提出的基本假设是：（1）如果——在确定的吸引、重要性、共同关联度条件下——一个集体系统在事实上是失衡的，那么，集体中的一个或多个成员将发现这一失衡事实；这一发现将会导致在成员部分（假设一些成员的行为被另外的成员观察到，反过来也如此）发生个体的、由张力引发的变化，最终倾向于降低集体失衡。（2）在确定的条件下，如果一个个体系统处于张力状态，但这种状态事实上没有被一个对应的集体失衡状态所证明，那么，伴随着张力的降低，个体由张力引发的行为很可能会导致他对他的这种“错误”行为进行审视和确认。

（六）吸引和态度之间的相互依赖

在纽科姆的人际交往理论中，他不仅构想了个体态度变化会受到人与人之间彼此的吸引关系所影响这样的假设，也构想了这一假设的反面，即人与人之间吸引的变化也会受到其现有态度（指对对象X的态度）的影响这样的假设。在纽科姆看来，前一项假设绝不算一个新命题，因为它已被许多社会心理学研究所深入探讨并证明。例如，霍曼斯（Homans，1950），费斯廷格、沙赫特和巴克（Festinger，Schachter，& Back，1950），以及纽科姆（Newcomb，1943，1950）等的研究，可以说“每个人都了解这一命题”。但后一项假设并没有被太多的研究所探讨，而且，可能也很少被那些众所周知的研究者所提到。而纽科姆（Newcomb，1961）的相关实证研究结果却都支持了上述两项假设，尤其是研究被试在个体系统和集体系统两个水平上表现——支持了系统是由相互依赖的取向构成的这一观点，被试的表现可以被解释为与纽科姆的人际交往理论构想是一致的。

三、取向系统与熟悉过程

在纽科姆提出的A—B—X系统中，尤其是在其提出的集体系统模型中，鲜明地提出了其人际关系的重要思想：在人际关系中，人与人的关系（吸引取向）是最明显、最直接的方面，而人与对象（人之外，即非人）的关系（态度取向）是间接的方面，但人与人的关系（吸引取向）和人与对象的关系（态度取向）之间存在非常紧密的相互依赖。这一思想深刻地揭示了人际关系结构的动态本质。

但正如纽科姆（Newcomb，1980）在其回忆录《思想之爱》中所述，他终生的学术研究理想是要探究群体如何随着时间变迁而发生改变，以及这种改变的方式与原因。由此可知，提出人际关系的动态结构模型（A—B—X系统）并非纽科姆研究的最终目标，其最终目标是要探究这一模型构想与“我们对群体熟悉过程研究的特殊关联”。甚至可以这样说，A—B—X系统是纽科姆为探讨群体过程所提出的一个基础性人际关系结构框架，也可以说是纽科姆探究群体过程的一种方法和路径。

在纽科姆看来，群体随时间变迁而改变是群体熟悉过程的结果，“如果没有人经由熟悉过程而改变，我们将对这样的研究毫无兴趣”。那么，群体熟悉过程是怎样发生的呢？

在群体熟悉过程的早期阶段，有关群体内各要素的任何新的信息对交往者来讲都十分重要，新的信息（这些有关彼此的信息来自交往双方，而且既可以是直接的也可以是间接的）也会在这一阶段大量涌现，因为只有了解的信息愈多，熟悉程度才会进一步增加。而信息的获取过程事实上是一个不断的人际交往过程或人际互动过程，当然也是一个群体熟悉的过程。

与这一进程相关的问题也随即被提出：关于交往双方，有哪些信息类型是试图变得熟悉的群体成员所需要特别注意的（可用的大量信息是如此丰富，以至于必须在遵守某些原则下对这些信息进行选择）？不同的信息是如何结合在一起的（理论上讲，对人的知觉也像对其他对象的知觉一样，倾向于被建构或组织，而不是随机的）？关于另一名交往者对新信息的接受与他因此被改变的途径又有什么关系呢？

关于以上问题，纽科姆曾在发表于1958年第23期《美国社会学杂志》（*The American Journal of Sociology*）上的一篇有关海德《人际关系心理学》著作的评论文章中涉及。在他看来，“对人的认知，像对大小、形状和颜色等物的认知一样，是间接的，不是直接的。因此，在一个现象千变万化的世界里去寻找稳定性是必需的，我们往往根据‘知觉恒常性’原则来‘解释’事件。知觉往往被导向被感知事物的不变的特性以及事物之间的关系，而且，在社会知觉中，这些不变的特性与心理素质特性一致——如愿望、意向、信念——关于其他人的。因此，人际知觉需要对他人的这些心理素质特性进行归因。所有这些过程中的核心问题是寻找个人的原因，并且将其与非个人的原因分离开”（Newcomb，1958b）。换言之，在人际知觉中，像对物知觉一样，最重要的也是要去尽力获得他人稳定的、不易改变的特性，这些不易改变的特性通常就是指人们的个性特质，如愿望、意向、信念等。将他人行为归因于个人稳定的特质就会降低对解释这个人及其志向所必需的其他条件方面的要求（Heider，1958，p.102）。从这一逻辑出发，纽科姆的人际交往思想对我们来讲就会比较容易理解：在群体熟悉过程的早期阶段，人们需要大量彼此的信息来增进了解，但是哪些信息对群体成员彼此间的熟悉才是最重要、最有帮助的呢？显然是成员身上那些稳定不变的内在特质信息，因为对这些稳定不变的内在特质信息的了解将有助于对他人行为进行正确的归因，从而增强群体成员之间关系的确定性和稳定性。而同样明确的是，要了解群体成员稳定的内在特质，势必要经过长期的持续的交往和互动，这一过程就是群体熟悉过程。

纽科姆从海德（Heider，1958）的归因理论和人际关系理论中为自己的人际交往观点找到一些注解：（1）个体通过归因于人们的稳定的取向来获得关于人知觉的恒常性；（2）通过这样一个归因过程所形成的取向就不是变化无常的，而是被平衡原则所掌控的。来源于海德观点的这两项注解对纽科姆研究熟悉（过程）的重要启示在于，在新信息涌入及其带来的结果之中，它们指出了一个心理稳定性的基础，改变取向不可避免地要伴随一个新的熟悉过程。具体来说，在群体关系中，通过频繁的人际交往或人际互动，获得了关于人知觉的恒常性，从而也为这一群体关系打下了稳定的心理基础。而随着新信息的涌入，有可能会导致群体内一些原有取向的改变，这时又会开始一个新的熟悉过程。

第四节　纽科姆的其他人际关系思想

人际吸引（吸引取向，即人与人之间的吸引，与人对非人对象的取向相对）是纽科姆人际交往理论中的重要内容之一，被他看作人际交往系统中最明显、最直接的构成要素，也是纽科姆学术生涯后期重要的研究内容之一。在研究的基础上，他提出了邻近与吸引、互惠与吸引等重要的人际关系思想和观点。

一、邻近与人际吸引

1956年9月2日，在伊利诺伊州芝加哥举行的美国心理学会第64届年会上，纽科姆作为美国心理学会主席发表了主席致辞，报告题目为《人际吸引的预测》。在该报告中，纽科姆谈到了他的邻近与人际吸引关系的思想，对邻近的本质进行了非常深入的探讨。

（一）日常生活中的邻近与吸引现象

在纽科姆看来，解释人际吸引的最简单但似乎最令人信服的原则就是邻近原则或接近原则。所谓邻近原则，是指在其他条件相同的情况下，人们更喜欢被那些与他们有密切接触的人所吸引。比如亲子关系（不可选择性）、婚姻关系（可以选择，但选择什么样的人作婚姻伴侣也符合邻近原则，即有密切接触关系的男女比没有接触的男女更有可能成为婚姻伴侣），当然，现实生活中的友谊关系也大都与邻近有关。

（二）邻近导致吸引的本质

那么邻近导致吸引的本质又是什么呢？纽科姆认为，邻近导致吸引的本质并不是距离相近，因为距离并不必然导致吸引的结果。日常生活中，一些互不往来的街坊邻里关系，一些虽相距遥远却能缔结深厚持续友谊等个案都能说明这一点。问题的本质可能在于，由于邻近导致了某些现象的发生，而这些现象的发生对人际的吸引关系是有利的。总之，这才是正确理解邻近与吸引关系的恰当视角。

首先，在纽科姆看来，邻近导致人际互动以及人际互动频率增加的可能性，简单来说就是接近有利于增加互动机会。而互动的本质就在于一个人所作出的行为能够被另一个人观察到并导致这个人因此作出某种反应，他的反应又会引起行为作出者的进一步反应。有大量且引人注目的证据可以支持互动次数与积极性吸引之间的关系。

其次，仅仅得出互动或互动机会增加导致吸引的结论，事实上仍然没有深入揭示出人际互动与人际吸引之间的复杂关系。纽科姆对此进行了进一步的探讨。他首先分析了强化原理的解释作用。在他看来，邻近导致互动的增加，而互动的增加等于提高了互动双方彼此获得奖赏（或惩罚）的机会，比如一个人的某一种积极行为被邻近的人观察到，并引发这个人的肯定和赞扬，而肯定和赞扬对行为作出者而言是具有奖赏和强化作用的，从而会导致他们之间的吸引增加。用萨哈金（1982/1991，第608页）的话来讲就是："人际吸引具有互酬性，其结果必然会导致交往频率的增加和平衡程度的提高。"另外，纽科姆还分析了互补原理（补偿性原理）的解释作用。他举出了一些共生现象的例子来解释互补原理对吸引的作用："就像母牛与牛鹂彼此吸引的情境：母牛通过寄生虫的形式为牛鹂提供食物，而寄生虫的去除对二者来讲都是一种奖赏。或者（可以这样说），在人类水平上，在一对情侣之间考虑的是使彼此满意的交换。在这里，同样地，在互补而不是相似的动机条件下，人际吸引的总体规则是吸引滋生了吸引。"也就是说，由于邻近导致了互动的增加，而由于互动导致了对他人长处（我的短处）的发现以及产生羡慕和合作的需求，而这种需求直接导致了人与人之间的吸引。事实上，这里所谈到的互补性原理与下文重点讨论的互惠原则也有许多共同和相似之处。

最后，纽科姆最为重视并力图通过研究检验的是相似性原理，也即他更为关注的是，在特定时刻，在一个或更多方面，交往者倾向于比他们交往前彼此之间更加相似的现象。换言之，现实生活中，我们往往会发现，群体成员经过交往互动，随着彼此吸引力、群体凝聚力的提高，群体成员之间的相似性也越来越增加。这说明，由于邻近导致互动的增加，而由于互动导致人们之间的彼此相似性增强，而相似性的增强导致人际的吸引。正如费斯廷格和蒂博特（Festinger & Thibaut 1951）、沙赫特（Schachter，1951）、巴克（Back，1951）等报告的实验结果所表明的那样，企图影响他人的观点与自己的观点相一致的效果将与吸引的作用成比例地变化。在一个凝聚力强的群体中，沟通往往被非常频繁地导向那些被大家认为是偏离的人（或偏离的观点），直到实现偏离者（或偏离观点）从社会经济层面都被排斥和拒绝（也假设偏离者或偏离观点吸引力降低或干脆变成消极负面的），偏离问题一解决，群体中沟通频率就会明显降低。出于纽科姆的认知研究传统，在探讨相似性与人际吸引的关系时，纽科姆不仅注重群体成员之间实际的相似性对吸引的影响，更注重认知到的相似性对人际吸引关系的重要影响。纽科姆（Newcomb，1956，p.579）曾谈道："人际吸引总是而且必须随着对具有重要性的相关对象（包括人自身）可知觉的相似性的大小而变化。不过我把态度的相似性看成一种必要条件而不是一种充分条件，我相信这比任何其他单个变量都能更好地解释有关人际吸引的变化。"其实证研究数据一定程度上也证明了他的这一观点。

总之，邻近是一种促进吸引的手段，由于邻近增加了互动交往的机会，而交往机会的增加导致互惠奖赏机会的增加。更重要的是交往机会的增加导致交往者之间认知到的态度相似性的增加，交往者之间的意见表达与分享、认知相似性的增加也随之发生。所以纽科姆（Newcomb，1956，p.586）曾如此描述相似性原则在人际吸引中的重要作用："如果我们倾向于对积极性人际吸引采取一个有力的支持态度，或许我们同样应该感谢相似性：相似性万岁！”

二、互惠与人际吸引

纽科姆于1979年在《社会心理学季刊》（*Social Psychology Quarterly*）第4期上发表了《人际吸引的互惠性：一个貌似真实却未被证实的假设》一文，在以往研究的基础上进一步深入探讨了其人际吸引的互惠性思想。

（一）理论假设

1. 具体假设

在一个二人群体中，随着熟悉的持续，二人之间的吸引关系将日益体现出平等交换（互惠）的特点，彼此间交换的吸引水平会越来越相似。具体如：B喜欢A导致A喜欢B，B比较喜欢A导致A比较喜欢B，B非常喜欢A导致A非常喜欢B；同样，B不喜欢A导致A不喜欢B，B不太喜欢A导致A不太喜欢B，B非常不喜欢A导致A非常不喜欢B。

也可以作如下假设：交往双方的持续互动包括了两个成员间的共同适应，这样随着持续熟悉，被交换的（例如，A给B的，与B给A的）喜欢水平的差异将会逐步降低。

2. 假设形成的依据（或假设的来源）

纽科姆（Newcomb，1979）上述假设有两个主要来源：来源之一是生活中的常识性观点。在日常生活中，那些拥有持续机会来熟悉彼此的群体成员，将会对他人逐步改变和调整自己的吸引水平（即喜欢他人的水平），随着熟悉时间的延续，其改变和调整的大体趋势是，群体中成对的个体之间将会彼此协调，直至达到在任意吸引水平上喜欢程度的近似。事实上，这种常识性观点基于如下两项认识。认识之一是，至少在一定程度上，人们对他人所表露出来的对自己的感觉很敏感，人们对回报式的（回馈式的）吸引很舒服。举例来讲，日常生活中，交往双方对对方如何看自己很敏感，自己对对方有付出并得到了对方的回报自己就会感觉非常好。认识之二是，随着熟悉的持续，群体成员会日益准确地去判断他人对自己的喜欢程度，然后会以相同程度的喜欢回馈别人。假设来源之二是一些实证研究的结果。琼斯与吉拉德（Jones & Cerard，1967，p.307）就曾通过列举一些实例后得出结论说“很明显，吸引导致吸引，我们喜欢那些积极看待我们的人”，似乎是同样的道理，我们也不会喜欢那些表露出不喜欢我们的人（虽然这一结论当时尚未有实证结果支持）。

纽科姆也从社会心理学的相关理论和研究出发对上述假设进行了溯源。在他看来，交往双方的每个成员，在交往关系中，一方面会传递行为，表现出他关于对方的态度；另一方面，每个成员都会去归因出对方关于自己的态度。两个成员之间这种互动或相互影响，可以用学习理论的积极强化与消极强化原理来解释，也就是说，在人际交往中，吸引（喜欢、被喜欢）已经被其他人视为具有奖赏的价值（Newcomb，1960；Byrne，1971）。如果P

对O的吸引受到O对P的假定吸引影响，反之也一样，那么他们交换的吸引力水平事实上预示着归因的交换。

（二）被试与数据获得

纽科姆为验证上述假设所使用的数据为1961年获得，该数据并不是专门为验证互惠与人际吸引关系的，但数据与这一研究主题紧密相关。第一年的数据主要包括在超过4个月的时间内，由一个现实团体（成员中所有人都是作为陌生人被招募进来的）中17个成员对其他成员每周的喜欢等级评定（最喜欢的人等级为1，最不喜欢的人等级为16）。团体中17名成员可以构成（17^2-17）/2=136对成对关系。另一群人，在一年之后被招募进来，然后以同样的方式生活在一起。提供第一套数据的对照数据，数据获得方式同上。

（三）研究结果

研究结果见表5-1。表格中有前后两年的实验数据，每年都选取了第1周和第15周团体每位成员对其他16位成员的喜欢等级评定汇总结果，用以检验是否随着熟悉的持续，成对关系中交换的吸引水平越来越相似。但研究结果表明，早先（第1周）的两者内部差异频数，事实上与后来（第15周）的并没有显著差异。无论是在第1年还是在第2年，无论是早先的差异分布还是后来的差异分布，都与概率期望值没有显著不同。

表5-1 成对关系之间吸引等级差异的频次

差异水平	第1年		第2年		概率估计
	第1周	第15周	第1周	第15周	
0~1	42	31	34	36	31
2~3	32	40	32	33	27
4~7	46	41	45	47	42
>8	16	24	25	20	36
总计	136	136	136	136	136

（四）假设未被证实的原因

研究数据没有证实纽科姆提出的假设。为此，他对假设没有被证实的原因以及如何改进研究条件来支持假设验证等问题进行了深入的分析和探讨。

1. 假设未被证实的原因

（1）对他人是否喜欢自己以及喜欢自己程度的判断的准确性，没有随着熟悉而增加。根据纽科姆的假设，A喜欢B的程度要受到A认知到的B对他的喜欢程度所影响，这就要求A对B是否喜欢自己以及在多大程度上喜欢自己的认知或判断要十分准确，只有判断准确，A才会回馈给B相似水平的喜欢程度。对A来讲如此，对B也是一样的，只有当B对A对自己的喜欢状况有准确的判断时才会对A作出相似水平的回馈。可见，人际交往中，互惠与人际吸引的关系需建立在交往双方对彼此喜欢状况有准确的认知和判断上，这种认知和判断可能比实际的喜欢状况更加影响人际吸引中的互惠原则（或假设）。

（2）团体标准影响了个人认知（判断）的准确性。为什么会出现随着熟悉的持续，对他人是否喜欢自己的判断不准确的现象呢？在纽科姆看来，主要原因在于逐步形成的团体标准（比如随着熟悉的持续，似乎出现了群体多数成员都喜欢的人或都不喜欢的人）影响了个人对他人的实际喜欢，也影响了对他人喜欢自己状况的判断。研究数据似乎也表明，一个人自身对他人的喜欢，日益受到团体标准的影响，并且一个人关于他人对自身喜欢的判断，也相当接近于他自身受团体影响下得出的自己受大家喜欢的水平。如果是这样，通过让他人互相评定喜欢等级的做法，并不完全符合来自于他人的实际的吸引互换，因此，关于实际成对关系间交换喜欢水平的差异随着熟悉持续而下降的假设，也就不会发生了。

（3）研究方法方面存在的问题。纽科姆的研究发现，他研究所使用的对喜欢（或吸引程度）进行等级评定的方法可能会造成一些明显的人为影响。在数据收集过程中，团体中每个成员必须把16个确定的等级（从第1喜欢到第16喜欢），分配给所有16位其他团体成员，但是每个团体成员所接受的等级却并没有离散分布这样的要求。实际上，从接受者所接受的评定等级来看，接受的极端等级（最喜欢、最不喜欢），日益趋于向团体中相对较少的个体之间集中。例如，一个仅仅接受在13—16这一区间等级评定的个体，他不可能将这同样区间的等级评定分配给所有其他16名成员。这样在研究方法上导致出现的“人为的”差异发生在研究的整个过程中，影响到了人与人之间相似水平吸引的互换。

2. 检验假设更适宜的条件

针对以上可能导致假设未被验证的原因，纽科姆对有利于进行验证互惠与人际吸引假设的条件进行了探讨。

（1）团体成员资格应该更少被强制地决定。团体成员应该可以自由地离开，其他人可以自由地加入。这种安排既能使得团体中固定地位层级最小化，又有助于改组小圈子。改变成员资格的另一个可能结果是高度不受欢迎成员数量会减少。如果他们中一些人应该退出并被新人代替，关于个人地位的团体标准会更加富有弹性，以至于关于他人吸引力的判断，将会更加直接地基于观察到的人际行为，关于他人对自身吸引的估计也会变得更加精确。

（2）吸引的测量方法应该不要那么生硬。例如，主试可以简单地要求被试列出他们喜欢共度时光或共同做事的人的名字。那么，核心的假设可以不通过对比早先和后来反应的等级差异，而是依据早先和后来的互换选择的数字来证明。一些这样的程序会自动地消除等级排列的惯例化（根据团体标准应答）特点。关于他人对自身喜欢的估计，可以以同样的方式获得，如“请列出你相信其他每位成员会列出的，想共同欢度时光的或者一起共事的受偏爱的人”。纽科姆认为，被试对类似这样问题的反应会更加自发，或许会比让一个成员对其他所有成员喜欢等级进行排列（或分配）更有效。

在纽科姆看来，以上这些想法和安排可能会使所获得数据更加贴近于日常生活，而日常生活才是有关互惠与人际吸引这一假设最有利的验证场所。

第六章　纽科姆人际关系思想应用案例分析

纽科姆的人际关系思想在西方社会心理学及其他相关学科领域都有着广泛的影响力。但一种理论的效力如何，一方面要经受来自实证研究的检验（通过实证研究，可以有效考察一种理论的适用条件和边界），另一方面则需要接受来自社会实践的检验。针对后者，不仅要接受短时距的社会实践检验（理论提出当时对社会实践的解释效力），还要接受长时距的历时性检验（即验证该理论是否具有跨时间的解释力）；不仅要接受同文化条件下实践的检验，还要具备跨文化的解释力。

纽科姆的人际关系思想能否经得起实证研究检验呢？本章通过两个案例（第一节和第二节）介绍了纽科姆人际关系思想的实证检验情况。第一个案例探讨了人际吸引变化背后的稳定性机制，实质是对纽科姆人际交往理论（A—B—X模型）的实证检验。第二个案例探讨了海德平衡理论（P—O—X模型）的适用条件，通过对比从另一个侧面验证了纽科姆人际交往理论更好的解释力。

关于西方理论在中国的应用情况，有研究者（杨国枢，文崇一，1982，序言第2页）曾表达过如下担心："我们所探讨的对象虽是中国社会与中国社会的中国人，所采用的理论与方法却几乎全是西方的或西方式的。"这种担心意在督促人们认真审视和考察理论的文化边界及理论的普适性问题。纽科姆的人际关系思想是否具有跨时距和跨文化的解释力？能否有效解释当今中国社会的相关生活实践呢？本章通过两个案例（第三节和第四节）介绍了纽科姆人际交往理论在中国文化背景下的应用情况，分别从中国社会的友谊关系、婚姻关系探讨了该理论的应用价值。

第一节　人际吸引变化背后的稳定性[1]

一、研究问题

在纽科姆（Newcomb，1963）看来，可以作出这样一个有把握的预测：一些原先互不相识的陌生人，在给定的一个确保他们将会变得越来越熟悉的条件下，他们会经历许多彼此间吸引程度或吸引水平的变化，比如由低吸引到中等程度的吸引再到高吸引或其他形式的变化。假定这种变化的发生也是有规律的，而且控制变化和不变化的原则与隐藏于现象背后的稳定性是紧密相关的，那么人际吸引的程度或水平的变化，就像科学家们所研究的任何其他变化一样。纽科姆借用了曾被勒温（Lewin，1947）引用过的卡西尔（Cassirer，1923，p.5）的观点："在整个数学与物理学的历史中，关系的稳定性比单个要素的稳定性更加地重要，而且逐渐改变了世界本质是什么的图景。"纽科姆的本项研究，就是试图去发现人际吸引的程度或水平变化背后的几种关系的稳定性。或者可以这样理解：在熟悉过程中，人际吸引的程度

[1] 本案例整理自纽科姆1963年发表于《变态和社会心理学杂志》第66卷第4期上的论文"Stabilities Underlying Changes in Interpersonal Attraction"。

和水平是不断变化的，社会心理学家像其他自然科学家一样就是要去发现这些变化背后的稳定性或规律，而要素之间关系的稳定性比单个要素的稳定性更能反映或体现人际吸引变化的规律。

纽科姆本项研究所依据的理论假设，仍然来源于他的A—B—X系统模型。该系统模型认为，对一个个体（A）来讲，一种人际交往关系包含以下要素：他对另一个体（B）的吸引程度（是积极的还是消极的），他对一些对象（X，X可以是人、问题，也可以是像一般价值观这样的抽象对象）的态度（赞同的还是反对的），他感知到的另一个体（B）对同样对象（X）的态度。人际吸引的变化不仅受到这三个要素各自独立的影响，更重要的是会受到这三个要素间形成的不同关系的影响。这些要素间的关系有以下几种情况：两个个体之间的吸引是积极的，而且，个体认知到自己的态度和别人的态度是相似的，这代表了人际吸引关系的一种平衡状态。而两个个体彼此间有积极的吸引却认知到二人在态度方面不相似，就代表了一种失衡状态。如果两人彼此之间有消极的吸引却认知到他们在态度方面是相似的，可能要么是一种失衡，要么就只是非平衡（merely nonbalanced）。彼此间有消极的吸引同时也认知到他们在态度方面是不相似的，这可能要么是一种平衡，要么就仅仅是没有平衡。[1]这些平衡关系的规则需要包含对某些特定条件的说明，其中最为重要的是，态度对象具有非常重要的意义，态度对象被认为以同样的方式对自我和他人都有共同的影响。

人际吸引程度或水平的变化是在交往者不断交往互动过程中发生的，要考察人际吸引背后的稳定性也必须立足于对交往过程的考察。纽科姆引用海德（Heider，1958，p.201）的观点来说明人际交往系统平衡与失衡状态的重要特征："如果一种平衡状态被打破，那么朝向这种平衡状态的力量就会产生。如果不能发生改变，那么这种不平衡的状态就会造成紧张不安。"因此他认为，平衡状态倾向于稳定，而不平衡状态则倾向于不稳定。但不管面对的人际吸引关系是平衡状态还是不平衡状态，要探讨稳定性问题都不仅仅是研究作为系统要素之一的态度问题那么简单，而是要注重要素间关系的探讨。

二、研究方法

为了探讨以上问题，纽科姆（Newcomb，1963）设计了如下研究，调查了两组各17名男性被试在连续两年的实验中是如

[1] 这一有关平衡与消极吸引关系的描述不同于海德的观点。按照海德的观点，人与人之间的消极吸引与认知到人与人态度之间存在差异结合在一起是平衡的，消极吸引与认知到态度之间存在相似性结合在一起是失衡的。但理论思考表明，前一种结合既不能获得奖赏，也不会引发苦恼，而且来自实证调查的发现也表明，前一种结合通常不具有平衡关系所必备的稳定性特征，而后一种结合并不必然具有失衡关系所必备的不稳定性特征。

何变得熟悉起来的。他与合作者首先成功地挑选了被认定为完全不认识的17名陌生人，然后让这些男性在一个为他们预订好的房子里面生活起居。在为期16周的每一周里都会要求他们回答包含一系列问题的问卷，问卷中包括态度量表和其他一些测验，这些问卷常被重复测量。特别要说明的是，几乎每一周，都要让他们对人际吸引[1]状况进行喜好的等级评定或排序（即每个人对其他16名群体成员进行喜欢程度排序，从最喜欢到最不喜欢依次排序为第1到第16）。除此之外，他们要经常评估彼此对不同事物的态度（即认知到的他人对不同事物的态度，如针对特定对象你怎么看，你觉得他人会怎么看）。另一群17名被试，在一年之后被以同样方式招募进来，然后以同样的方式生活在一起，所获数据作为第一套数据的复本。

三、研究结果

（一）个体的态度

纽科姆假设，个体对群体中其他人的喜欢在一开始是不稳定的，因为最初的喜欢反应（在第三天测试）必然是仅仅基于第一印象；同时假设，随后每周间喜欢的变化是朝着稳定性不断增加的方向发展——也就是说，喜欢的变化率将会是一个不断下

[1] 在纽科姆的人际交往理论中，所谓吸引主要是指人对人的取向，也即人对人的态度（喜欢及喜欢程度）。为了便于理解或减少歧义，下文中在提到“吸引”一词时一律改为“喜欢”。

降的趋势，因为连续数周的接触，个体彼此间所能接受到的大量“新”信息是会下降的，而新信息的减少会使得人际的吸引变得稳定。与个体彼此间是否喜欢紧密相关的有关其他人的信息类型，大体上是那些能够导致归因于个体个性特征的信息（如人格方面的信息），因为这些信息是相对稳定的，以这些稳定性信息来对他人进行判断或行为归因的可靠性更强，从强化理论角度看，等于是对这些稳定性信息的了解会给个体带来奖赏。当然，这些信息也未必一定是持久的或者是内在的个人特性，有些特性可能完全是在与特定他人互动过程中引发出的特性，当然也可以归于气质上的原因。喜欢的变化不仅来自对其他人已有性格特征的新发现，也来自观察的质量，无论人们之间是了解还是不了解，人们都会想方设法去探究这些有奖赏、有价值的信息。

表6-1　17名个体成对关系相邻周间相关分析的平均数

周间隔[a]	第一年研究结果	第二年研究结果
0—1	0.51	0.65
1—2至4—5[b]	0.82	0.84
5—6至9—10[b]	0.86	0.91
10—11至14—15[b]	0.88	0.90

注：纵列是对其他16名被试的喜欢情况。

a. 周数指的是熟悉之前的周数数量。

b. 在这几组相邻周设置内，变化是如此轻微，因此对成对周数值进行了平均，而不是每一周数据的独立呈现。

表6-2　17名个体在所有变化时间间隔内相关分析的平均数

周间隔	第一年研究结果	第二年研究结果
0—15	0.29	0.31
0—10	0.32	0.35
0—5	0.38	0.43
5—15	0.66	0.70
5—10	0.82	0.84
10—15	0.83	0.85

注：纵列是对其他16名被试的喜欢情况。

表6-1提供了周与周之间相关系数（reliability coefficients）的平均数；在喜欢方面，每周每个被试对其他16名被试的排序都与接下来一周的数据有很好的相关。表6-2显示的同样是相关系数的平均数，只是计算了更长一段时间间隔的数据。两份数据结果都为两项假设提供了强有力的支持：最初的反应其预测价值很小，即使是一个5周这样的短间隔也没有很好的预测作用，然而，第5周的反应几乎可以对第10周、第15周（两项p值均小于0.01）都有很好的预测。变化在整个阶段都是持续发生的，但是变化率在最初的5周或6周后开始明显下降。除了一些非常不受欢迎的被试，他们的高喜欢选择没有被回馈并且持续处于变化不定的状态外，喜欢选择在6周后整体显示出相对较小的变化。

尽管个体倾向于在知觉到的一致性程度和对他人（对他而言是重要的对象）的喜欢之间维持一种稳定持续的关系，但可以假定一些变化仍会出现。在纽科姆看来，如果自我的目标是寻求积极的价值肯定，那么我们可以假设，对他人的高喜欢将与期望高喜欢可能给自己带来积极回馈的认知有关。两年的数据都支持了这项假设。通过对大家在喜欢选择上排名第1位的数据结果的分析可以发现，有一种非常强烈的趋势（不一定能绝对保证）：人们给予实际喜欢最高排列等级的人与从这些人反馈回来的赞誉或喜欢是有密切关系的。

基于同样的原因，可以假定，对群体其他个体的喜欢将与被认知到的与该个体的一致性有关。研究结果表明，对他人的喜欢水平与被认知到的一致性程度，在研究的两个群体里，在熟悉过程的所有阶段，这两个变量之间都存在一个显著的相关关系。

在这种几乎可以说是非常普遍的趋势中也有一个特例被发现，该现象可被描述为：被试实际选择中喜欢等级排在第1位和第2位的群体成员与被试彼此之间会有高度吸引。数据表明，从排名第1与排名第2选择中获得的回馈性的喜欢也被认知为非常高的，这类现象也可被称作“知觉到的最佳三人群体”。比照第1年的数据，纽科姆认为，就他的研究目标来讲，虽然第1年的数据比第2年的数据更加完整，但第2年数据却更好地支持了研究目标。

在两年的研究中也发现，在对与最喜欢的人之间的紧密一致性认知方面，明显产生了由追求平衡导致的驱动性力量。最能证明这一结果的数据是被试第2年对斯普兰格六项价值观的排列，以及他们对彼此会怎样排列六项价值观的估计。第2周和第14周的数据都表现出，对其他被试的吸引与对其他被试的一致性估计关系之间存在显著差异，x^2值分别是17.19和11.63，p值分别小于0.01和0.005，自由度是2。这种结果也出现在其他类似测试项目中，这部分反映了随着熟悉的增加，估计的准确性也在不断提高。

总之，数据显示，在对他人喜欢的稳定性上有一个持续的升高，尽管随后又会出现一个下降的趋势。这些数据同时还表明，对他人的吸引与认知到的与他人（涉及多种事物）态度的一致性紧密相关。

（二）二元关系：相互吸引与真实的一致性

伴随着群体成员之间持续的互动，当被试对有关彼此新信息的增加非常警觉和敏感的时候，可以假定：对他人态度的估计将随着持续的熟悉进程而变得日益准确，相互吸引和一致性之间的真实关系将日益接近认知到的关系。后一项假设（或预测）意味着，随着对他人态度估计准确性的增加，被试将会发现，他们所作出的与自己所喜欢的人之间的一致性方面的有些假设是不合理的，然后就会倾向于要么修正他们自己的态度，要么变换他们对某些个体的吸引的优先选择。

关于将自己作为一个对象，数据并不支持第一项假设，即对他人对自己的喜欢的估价并没有随着熟悉的增加而变得更加准确。显然，在整个研究期间，大多数被试会对他人传递给自己的喜欢信号相当敏感，并存在一种稳定的倾向，即夸大人们自己对另一个人喜欢的程度，以此作为在大致相同水平上的回馈。

被试对其他房子里成员的彼此吸引偏好（attraction preference）的估计准确性确实提高了。表明被试很可能在5周之后与对象有足够频繁的接触，使得对他们偏好的估计更加理性。在第1年的数据中，到15周，17个被试中有15个被试的估计比在第1周更准确。

研究结果还显示，被试在估计他人对斯普兰格六种价值观类型评定排序时，准确性也有一个显著的增长。

现在转向真实的二元关系，可以预期，由于我们对别人对我们作出的反应越来越敏感，因此这将导致二元关系成员之间的吸引水平越来越相近（如你有多喜欢我，我就会多喜欢你），而不管这一吸引水平可能有多高。在一定程度上可以这样认为，当自己内在的趋向于平衡的力量受到现实思考调节时，二元关系成员彼此之间将会分配相同程度的吸引给予对方，研究数据确实也证明了这个问题。另外，在二元关系中，其成员都有对吸引增加回馈的同等倾向。

关于斯普兰格的价值观调查，也是一样的，由于评价他人时准确性日益提高，再加上存在的趋于平衡的动力，所以真实的二元关系的一致性与高相互吸引之间的联系日益密切。

在第2周，当第一次收到这些反应数据时，数据表明两个人之间的一致性与两个人之间的相互吸引并没有关系（x^2=1.17，p<0.50，df=1）。而在第14周（最后一次得到的反应数据），数据则表明这种关系已变得非常显著。

巧合的是，被试对斯普兰格六种价值类型的排序，在早期未熟悉时和后来熟悉后这之间几乎没有什么变化。因此，可以作出以下预测：二元关系间的吸引，在开始阶段和后期受到的一致性影响的程度是一样的，但是，早期的一致性并不能够预测早期的吸引。

另外两项内容广泛的态度调查也得到了同样的结果。对这些态度题项的第一次作答是在第一年熟悉后的第三天，第二次调查是被试第二年到达大学实验前一个月通过邮寄问卷进行的。研究结果显示，在这两次测试中，先前的熟悉和一致性与早期的相互吸引分数之间没有很高的相关，但是每年中先前的高熟悉和高一致性却能显著预测四五个月之后的高相互吸引。

基于估计他人态度准确性的普遍提高，也基于对平衡状态的持续稳定倾向，随着相互越来越熟悉，关系朝向平衡的趋势也不断增强，而且，这种增强的平衡不仅仅是认知上的平衡，还是事实上的平衡。这就意味着，除了一些显示出很少变化或根本没有变化的态度个案外，二元关系成员间在相互吸引方面的变化应该会伴随着他们之间实际一致性的变化。这一假设被有关房子里成员间的相对吸引力的一致性很好地验证了。就像研究结果所显示的，二元关系之间的相互吸引，与房子里成员的一致性之间的关系在早期两个研究群体中都接近于0，但是在后面的几周，这一相关关系得到了显著的增强。

最为典型的是，在最初的几周里发生了大量转变，这些转变有相互吸引层面的，也有成员偏好方面的，最终共同导致吸引与实际的一致性之间产生高相关关系的结果。通过更多的细节分析发现，如果二元关系中在先前几周就有一个高水平的互相吸引，那么，到后期仍然维持高相互吸引水平的二元关系就比那些后期相互吸引水平降低的二元关系，在三个月后其吸引和实际的一致性之间有更显著的高一致性。吸引和实际的一致性这两个变量的稳定和变化都在同时进行并且相互依赖。

（三）研究群体内部的高吸引结构

理论解释和支持性证据都被提出用来说明以下预测：随着熟悉的增加，被试为了实现平衡（也即与有吸引力的他人在对待重要对象上的态度取得一致），将采用改变他们自身的偏好以满足持久偏好（维持相互吸引关系）的方式。同时，随着有关彼此信息的持续增加，他们还会考虑到许多现实的因素。尤其是关于二元关系成员对房子里其他成员吸引力的一致性，这种预测可产生如下假设：高吸引三人群体和更大规模的小群体的数量将会增加。二元关系成员将倾向于去发现一个或多个其他个体，对这一个或多个其他个体来讲，二人中的每一个人都是有强的吸引力的；没有发生这个现象的二元关系将会倾向于不稳定。很可能像已经表明的，这种高的吸引在本质上会通过第三个人来获得回报。如果是这样，一个高度吸引的三人群体就形成了，由相互吸引的三组成对关系组成；如果不是这样，就一些特别的人来讲，很有可能出现一个不一致的二元关系。一旦一个高度相互吸引的三人群体形成，相同的过程会进一步堆积，有更多参加者加入形成高吸引的四人群体以及更大的亚群体（subgroup）。

关于三人群体的形成，这种现象在第1年和第2年两个研究群体中确实曾发生过。由于纽科姆研究的主要兴趣在于他们提出的稳定的三人群体（非临时性的三人群体），因此，作为一个稳定性的标准，三人群体中的所有三个人应组成不同的二元关系，且需维持连续三周的一个高水平的相互吸引。在最开始三周的熟悉过程中，按照上述标准，17个可能的三人群体中在第1年只有2个保持稳定，在第2年13个可能的三人群体中有3个保持稳定。但是在最后的三周里，第1年13个中有7个保持稳定，第2年19个中有14个保持稳定。统计分析表明，前三周和后三周差异显著，其各自p值为0.036和0.017。结果表明稳定的三人群体的数量确实随着熟悉程度不断增加，也有非常少的高吸引四人群体和五人群体在研究中被发现。

全部研究对象的吸引结构可以通过不同的方式来描述，如不同规模的高吸引亚群体的数量，它们之间的吸引关系，孤立者或游离者（那些根本没有高的相互吸引关系的人）的数量等。两个研究群体结构的一些重要方面在最初并没有明显的区别，但后来出现了有趣的差异，就像图6-1“社会关系网络图”（sociograms）所显示的，在所有的小群体中有2个或多个小群体其成员之间的相互吸引水平达到了一个相当高的标准。结合某些没有报告的其他证据，这两幅“社会关系网络图”呈现的现象，表现出差异沿着一维方向变化，这一维度可以称作中心化（centrality）对分离化（divisiveness）。以下两个变量对中心化有重要贡献。

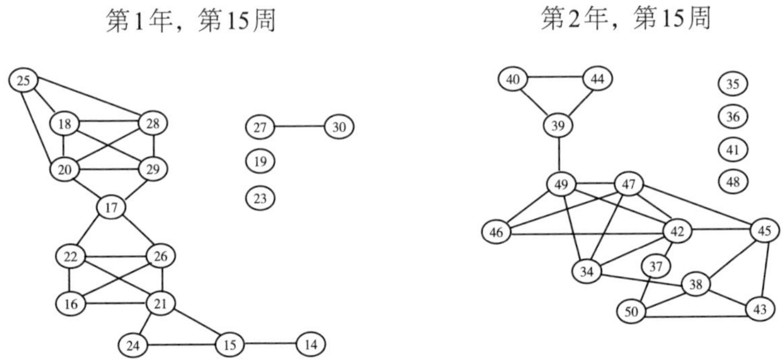

图6-1　两个研究群体在最终熟悉阶段的高吸引结构

（圆圈代表个体，连线代表高水平的相互吸引）

第一个变量是，对拥有高吸引力（多数人喜欢）的那些个体而言，在高相互吸引的二人群体间彼此紧密相关的程度；第二个变量是集中于这些个体身上的吸引量的多少。从每个群体中最受欢迎的6个人中，研究者发现他们几乎占了该群体超过一半的吸引量。所有此类二人群体中有20%在第1年满足了高相关的标准，比较而言，第2年53%满足了此标准。而且，那些最受欢迎的6个人在第2年比第1年有了更多的吸引量。因此，两个变量在第2年对中心化都有贡献。也就是说，具有相同规模的两个研究群体，事实上无论哪一个拥有这些特征都是人际互动的需要，都经历了更加中心化的构建过程：在拥有最大吸引量的个体之间，以高水平的相互吸引为特征的密切关联性越大，就相同数量有吸引力的个体而言，其吸引力也就越大。这些并不是有助于中心化的唯一必要变量，但他们确实必然有助于中心化。理由如下：那些有多渠道接触的受欢迎个体，通过高相互吸引，构建了一个三人群体或更大的亚群体，这类群体扮演了一个核心基础结构的角色，群体成员中的每一个人都会带来几个“阿谀奉承者”（hangers-on），这些“阿谀奉承者”于是将会被填加到核心结构之上。因此，“阿谀奉承者”增加得越多，核心基础结构就会变得越大。

因此，为什么在第1年广受欢迎的被试之间多样化的相互关联如此少，而第2年这样的相互关联就如此之多？问题实际上很简单，就是因为在6个广受欢迎的个体之间后一年比前一年有了更多的一致性，大量的证据支持这一判断。

（1）两个研究群体中几乎绝大多数可比较的态度反应都是面对五花八门、各式各样的题项；在第1年，在6个广受欢迎被试之间形成的15个二人群体中，彼此间的一致性并不比所有其他二人群体更多、更紧密，然而，在第2年，他们的一致性要显著高于其他二人群体（$p < 0.05$）。

（2）在权威主义问卷中（采用F量表[1]分数），6个最受欢迎被试中有5人的分数在第2年非常低，排列等级分别为1、2、3、4和5，在被试得分的低分段；然而，在第1年,这6个人的顺序等级几乎分布在从2到17的全部范围。

（3）尽管在第1年没有可比较的数据，但在第2年这6个人中有5人在斯普兰格价值观问卷测试中有非常高的一致性，他们

[1] F量表是Fascist Scale（法西斯主义量表）的简称，由阿多尔诺（T. W. Adorno）等人编制，用于测量权威主义人格。

也知道这个情况：他们的真实反应中，10个交互相关系数的平均数为0.72，而他们彼此间自我估计的一致性相关系数为0.75（编号为39号的第六名被试，在F量表分数和斯普兰格价值观测试上与所有其他人都不一致，他是6个人中唯一一个和其他人有高相互吸引不超过1个人的人）。因此，有关平衡的中心化命题解释了第1年6位广受欢迎被试的紧密的相互关联，也因此解释了在两个研究群体中的不同的吸引结构。当然，它并不能解释，在第2年受欢迎者几乎集中在一群5个有高一致性的个体之间。纽科姆认为，通常的理论对受欢迎者集中于这些人中的原因并没有很好的解释，所以只能说，他们随机选择被试的方法导致了这一结果。

四、结果思考

（一）被试的个体特征

从理论上推导出的几个假设已经被实证研究发现所支持。纽科姆认为适合解释群体或小群体现象而不适合用来解释个体。但有两个相关问题涉及了个体特征对研究结果发挥作用的方式。相对很少的个体贡献了全部或绝大部分的变异是有可能的，这些变异解释了在研究发现上存在的统计学的显著差异；如果是这样的话，这些研究发现的推广性就会受到很大的限制。这些研究发现依赖于对个体倾向的两种假设：其一，相对于不平衡的关系，个体更偏好平衡的关系；其二，个体对信息的了解越多，对他人态度的评估越准确。对所有34名被试的深入分析可以总结为以下几点：

（1）个体在平衡和准确性方面的差异是非常明显的。

（2）在评估他人对不同对象的态度时，在每个研究群体中都会有非常典型的1个或2个个体，显示出对平衡很少有或没有敏感性，或者在进行评估时不比机遇（或随机）的准确性更大。

（3）在熟悉过程中的某一特定阶段，对于一种态度对象在一些方面看起来异常的被试，并不一定在面对其他态度对象时（或在其他时间）也表现出异常。

总之，随着熟悉的增加，个体趋向于对平衡关系更敏感和判断他人态度更准确，这成为研究者从理论上推导出的一些预测的基础，就当时来看，至少在一定程度上体现于研究者研究的所有被试身上。

关于已测量的个体特征，权威主义（通过F量表测量）似乎更有可能与研究者这次调查的问题相关。研究者对有关权威主义的预设主要来源于几项研究，这些研究认为F量表分数（Adorno，Frenkel-Brunswik，Levinson，& Sanford，1950）与“对他人的认知”有关（Christie & Cook，1958）。这一证据导致如下预设：低F量表分数的被试在估计他人态度时将相对更准确。根据准确性的不同指标，这一预测在两个研究群体中都获得了有关不同态度对象的支持。非常适合拿来对准确性进行深入分析的数据，是由他人对斯普兰格价值观排序的估计组成，在第2年的第2周和第14周采用同样的方式获得。这些数据表明，根据与评估者的一致性对其他被试进行排列是一项相当艰难的任务，那些非权威主义者比权威主义者在熟悉过程的后期有更高的准确率；F量表分数和后期的准确性相关是0.56，差异显著（$p<0.01$）。

对他人态度的不准确估计也许代表了要么在提升平衡方向上要么在降低平衡的方向上存在混乱。前者也许会被认为是自我中心的，如果我们假定不平衡的关系代表了一种模棱两可的形式，在这种形式中，权威主义者是相对容忍度低的（参见Adorno，Frenkel-Brunswik，Levinson，& Sanford，1950），那么可以预期，高F量表分数者的不准确性将会是由自我中心导致的（与低F量表分数者相比）。在第2周时这方面没有区别，当自我中心导致的偏差在所有F分数水平都相对常见时；但是预测在14周被很好地证实了：对低、中、高F分数的自我中心、准确性和非自我中心进行比较分析，差异显著，x^2=13.02，$p < 0.01$，$df = 4$（单侧检验）。

以上发现和其他发现都与下面的解释是一致的。在F分数非常低、敏感性很高的情况下，能够使被试去选择最有吸引力的那些人，与这些人在一起，在一个相当广泛的价值认同范围内，他们事实上都会有更紧密的一致性。那些非权威主义者解决关系不平衡的特征是非自我中心的：他们倾向于取得一种不通过夸大与那些人之间的实际一致性才导致吸引的平衡，而是通过评价谁和他们一致，据此决定将最高吸引力赋予谁。更多权威主义者解决不平衡的特征是倾向于采用恰恰相反的路径：他们个人的偏好不是由对一致性的准确认知来决定，而是在面对那些已经吸引他们的人时，他们倾向于认知到会存在比实际更多的一致性。

（二）一致关系的本质

从勒温（Lewin，1947）的角度看，有三个要素应该被考虑：一个人对于另外一个人的吸引，他对某些对象（而不是对另外一个人）的态度，被他感知到的另外一个人对相同对象所持有的态度。在这里所报告的研究条件下，这三种要素的稳定曲线是非常不同的：对非人对象的态度（尤其是对一般价值观）从一开始直到最后熟悉都没有显示出太大的变化；就绝大多数被试而言，对房子里其他成员的吸引在前六周结束的前后时间内就变得相对稳定；尽管有个体差异，对他人的态度的估计在稳定性方面是很缓慢的。如果研究曾经仅仅集中于被试自己的态度和吸引，那么这个实验将会在第6周而不是在第16周结束。但是基于当时正处于对他人态度知觉形成的决定性时刻，也基于对他人态度估计相对比较慢且是一个连续变化的过程，因此，这个研究是否还要延续几周是有争议的。

尽管稳定和改变的比率不同，但是自己的态度和认知到的他人的态度两者的关系，与吸引之间形成的二阶关系却保持了相对持久和稳定。就这些在一个平衡系统里被描述的多样化的态度对象而言，如个体自己、其他群体成员，以及一系列非人对象，在熟悉的所有阶段都可以发现。尽管存在所有相关要素都发生变化的情况，或者其中一些要素发生变化而另一些要素不发生变化这样的事实，但持续性的关系仍然被维持。最终，单一的要素会倾向于变得稳定，但是它们趋向于稳定的水平和程度会被同样的关系（在变化的早期阶段都占优势）的稳定性所掌控。

通过心理加工，个体内在的平衡状态得以维持，这种心理加工机制可作如下描述：当群体成员彼此互动时，他们中的每一个人都会选择和加工信息——关于他们有共同兴趣的对象的信息，关于彼此作为对这些对象态度提供者的信息以及关于彼此作为吸引对象的信息——通过这样的途径，包含于失衡关系中的不协调和冲突会倾向于被避免。自我中心式的加工（“不惜一切代价维持平衡”）和现实主义的加工（“寻求真相或事实，无论花怎样的代价”）两种途径都被包容其中，他们各自的重要性（或权重）既决定于个体差异也决定于所牵涉态度的力量。当完全陌生的关系开始互动时，信息的增加是不可避免的；态度改变源自必须同时适应信息的增加和对平衡关系的持续偏好。

两人群体或更大群体中互动的成员必须同时进行这些彼此间的适应。一定程度上讲，当他们在实际上确实这样做的时候，相互适应的结果是一个共同关系的形成，这一共同关系事实上最大化地满足了两人群体中的两个人或更大群体中的所有人——也就是说，在可能的范围之内使满足对象最大化。在现实中，人们倾向于彼此增加熟悉，并使这种吸引和熟悉得以长久维持，关系处于平衡状态，这些倾向共同导致人们趋向于相互吸引这一不可避免的结果。稳定关系倾向于更持久，而事实上的平衡关系倾向于更稳定，这一方面是因为稳定、持久和平衡的关系能够使他们都互相得到奖赏，另一方面也可以不用被有关持续互动方面增加的新信息所干扰。单从个体角度来看，所总结出的这些作为人际吸引变化基础的稳定性特征，应该可以适用于所有个体——无论在对待他人时他们偏好的一些个人特性上是否有差异，也无论他人呈现出了哪些个人特质——总体上都是一种对平衡关系的偏好，而且倾向于选择那些被认为是有效的信息。如果从人与人之间的关系来看，所总结出的这些稳定性特征给我们的启示是，当面对任何一套人际互动关系时，如要确保其彼此适应的连续性，就需要保证这种互动是共同的和相互的，并且是朝着构建一种建设性的关系方向发展，也即对形成每个个体认知上的或现实中的平衡关系有促进作用。正是这样的关系使大家都共同获得了奖赏，而且都能被每个人去现实地理解，才使得这样的关系更倾向于稳定。这样的关系实现了心理上（个人层面）的平衡和客观上的（人与人之间关系的）平衡。

态度变化为什么会受到这些稳定性特征所掌控，主要是因为以下三种冲突的存在，而这些冲突是人类社会环境的主要特征。在纽科姆看来，我们中的每一个人，在与我们构建的人际环境中的其他个体或群体交往时，一定都曾经有过以某种方式妥协的经历；在与我们这个世界里那些有共同关系的人和群体打交道时也会有妥协；在与我们自己，即与个体内在的需求互动时，包括对平衡状态的偏好互动时也会有妥协。总之，当个体在面对一个以信息输入不断变化为特征的环境时，与他的态度相一致的要素是易于出现无法持续或不稳定的，但是，在要素之间的关系上，他可以合乎规则地进行改变，以符合某些稳定性特征。恰恰是这些稳定性特征使得个体在同时面对多重矛盾时，让可能的良好适应变为真正的可能。

第二节 消极人际态度情境中的心理平衡[1]

一、问题提出

海德最早将认知平衡的观点应用于人际关系中，纽科姆则将认知平衡的观点引入到群体中的人际交往，认知平衡观点也是纽科姆人际交往理论（A—B—X系统）的基础。尽管存在本质相同但表述略有差异的多种平衡理论，但平衡理论的解释力如何，是否可以应用于各种不同情境，现有平衡理论是否存在一些限制性条件（Katz & Stotland，1959；Zajonc，1960），纽科姆及其合作者对这些问题进行了更进一步的实证探讨。

平衡理论认为，当系统处于不平衡状态时，压力会驱使系统进行平衡重建。以海德（Heider，1958）的认知平衡模型为例，在人际系统中，最明确的失衡情况发生在这样的态度关系出现时：个体P对另外一个个体O的态度是积极的（例如，喜欢

[1] 本案例整理自普赖斯（K. O. Price）、哈伯格（E. Harburg）和纽科姆1966年发表于《人格与社会心理学杂志》（*Journal of Personality and Social Psychology*）第3卷第3期的“Psychological Balance in Situations of Negative Interpersonal Attitude”一文。

而非厌恶），而P对客体X（或者相对应的，第三个人，Q）[1]的态度和P感知到的O对X或Q的态度不一致。已有研究表明，当P对O的态度积极时，由对O和对Q的不一致态度所引发的失衡确实会引发不安（Jordan，1953；Price，1961）。但是，纽科姆等人的研究却发现，在P对O持消极态度的情况下，情绪反应不能被现有平衡理论（Brown，1962；Heider，1958；Newcomb，1959）所预测。

二、研究过程与结果

纽科姆等人研究所用到的被试，包括一次最初的研究（N=41）和为期两年的三次重复研究（N=28，31，56）在内的共156名被试，他们都是密歇根大学心理学专业的低年级学生（40%为男性）。在所有的研究实施过程中，程序几乎都相同，普赖斯、哈伯格和麦克劳德（Price，1961；Price，Harburg，& McLeod，1965）描述了具体详尽的研究过程。被试进行了纸笔测验，并被要求选出两个最好的朋友（此后被标记为1和2）以及两个他们强烈反感的人（此后被标记为7和8）。这些被选出的人将是与被试同性别的同辈并且是被试在校园中的同学，以保证假设情境可以像真实发生过的情境一样。被试也通过10点量表表明了他们对1和2的喜欢程度及对7和8的厌恶程度。选择这

[1] 根据对象不同，对海德P—O—X中的X进行进一步区分：当对象为非人对象时，用X表示；当对象为人时，用Q表示。

些人之后，每个被试都被要求完成8种假设情境任务（表6–3中A—H），在这些情境中，被试在预留空格内填入相应的人的姓名首字母。然后被试通过在每种情境描述下的横线上做出标记来标明该情境引发了他怎样的感受。这条紧随在每一个纸笔测验情境之下的线长90 mm，从代表“不舒服”的一端穿过中立点延伸至代表“愉悦”的另一端。这是乔丹量表（Jordan，1953）的修改版本。以这些情境中的一种为例（见表6–3，情境D），如下所示：

我非常喜欢<u>（1）</u>；我非常不喜欢<u>（7）</u>。

我看到<u>（1）</u>非常喜欢<u>（7）</u>。

我感觉到：________________________

不舒服　　　　　　　　愉悦

这些情境总是以相同的关系顺序呈现给被试：P（主体）强烈喜欢或不喜欢O；P强烈喜欢或不喜欢Q；P对O和P对Q的关系是由主体给定的，而O对Q关系是由实验者给定的。被试的反应以百分比为单位分为三类：勾选中点左侧超过2 mm的被试（不舒服）、勾选中点左右两侧2 mm以内的被试（中间状态）和勾选中点右侧超过2 mm的被试（愉悦）。研究者的目的仅是计量情绪的有无及其方向。

经过大范围的前测，研究者发现，在缺少完整的O对Q关系的情况下，如果人们在相应假设情境中感到愉悦，那么被试将几乎全部填写与平衡理论预测相一致的喜欢或不喜欢关系。所以研究者决定通过可以表征情绪状态的反应来测试与心理平衡或不平衡状态有关的命题。尽管研究者尝试通过使用真实熟人的首字母来使实验情境尽可能逼真，研究者的目的仅在于测试被试在假设场景中的情绪能否被平衡理论所预测。

表6-3　八种基本情境中被试对不同情绪符号的反应的分布（*N*=156）

情境类型		反应符号			愉悦—不舒服分布显著性[a]
		－ (不舒服)	N (中性)	＋ (愉悦)	
部分Ⅰ：积极P对O					
A[b]	+ P → O + ↘ ↙ + Q	6%	7%	87%	$p<0.001$
B[b]	+ P → O − ↘ ↙ − Q	5%	6%	89%	$p<0.001$
C	+ P → O + ↘ ↙ − Q	89%	0	11%	$p<0.001$
D	+ P → O − ↘ ↙ + Q	84%	8%	8%	$p<0.001$

续表

情境类型	反应符号			愉悦—不舒服分布显著性[a]
	− （不舒服）	N （中性）	+ （愉悦）	
部分Ⅱ：消极P对O				
E　P →(−) O；+ ↘ ↙ +；Q	65%	15%	22%	p<0.001
F　P →(−) O；− ↘ ↙ −；Q	17%	38%	45%	p<0.001
G[b]　P →(−) O；+ ↘ ↙ −；Q	43%	22%	35%	p<0.50
H[b]　P →(−) O；− ↘ ↙ +；Q	28%	39%	33%	p<0.75

a. 通过卡方检验，见实验采用的实验步骤部分；

b. 平衡状态，依据海德平衡模型，其他状态均为非平衡状态。

八种基本情境的反应汇总于表6-3，每种情境中都涉及了第三人（Q）而不是非人的物（X）。正如八种情境中展示的箭头方向展现的那样，被试并没有被给出Q对O关系的相关信息。

通过卡方检验发现，在所有八种情境中，三种类别的反应分布都在超过0.001的显著性水平上不同于机遇（概率）期望值。

由于研究者没有理由去假定在所有的情境之中这些反应的分布是钟形分布（bell-shaped distribution，也译作铃形分布）还是矩形（均匀）分布（rectangular distribution），研究者采用了后者更为简单的对于期望的概率的定义，于是就形成了43/90、4/90和43/90分别对应156位被试不同的反应。如果只考虑不舒服—愉悦两级，除最后两种情境（G和H），被试反应在相同水平上不同于机遇期望（期望的概率分布是一半为不舒服，一半为愉悦）。在表6-3中，部分Ⅰ所有的情境中，P都喜欢O，该结果与预测相一致（能够被海德和纽科姆的理论及其他平衡理论所预测）。在部分Ⅱ中都是P不喜欢O的情境，而这部分的结果就很少能够用任何平衡理论来预测。与部分Ⅰ相比，部分Ⅱ中的反应的两个最为明显的一般特点是大量的中性反应和相对较少的愉悦反应。这些情境中只有一种情境（F，三种关系均为消极时），愉悦反应才明显多于不舒服反应。

三、讨论

（一）情境差异的决定因素假设

实验发现的两个一般特征构成了研究者的理论基础。

1. 当P对O积极时，现有平衡理论可以很好地预测结果；在前四种情境中的每一种情况中，超过80%的反应都与预测一致，中性反应也没有显著超过预期的概率。然而，当P对O消极时，四种情境中只有一种情境（E）中的反应与海德模型预测的一致，依据海德模型，当三组关系中没有或者有两组为消极时整体是平衡的，其他情况都是失衡的（Heider，1958，p.202）。

2. 尽管事实上P对O（在一种情境中）和Q（在其他情境中）两个人有相同的态度，被试对相似情境（除P对O的关系和对Q的关系是相反外）的反应却截然不同。这类场景的两种对比是B和G以及D和E；在前一对比较中，当符合的位置相反时，多数人的反应趋势实际上也是相反的。总之，八种情境中的三种情境下的被试反应不同于海德模型的预测。所有这三种情境都涉及P对O的消极态度，而涉及消极的P对Q态度的情境没有失衡，除非其中包含了消极的P对O的态度。

与P—O—X系统相比，其中X为非人实体，研究者设计的三人系统有两个主要特征。P的反应可能会受到他对O和Q以及他对Q对O的回馈态度的假设的影响。并且，由于被试没有被给出有关这些态度的信息，其对情境的评定可能受到他的不确定性——可能来自其相对复杂性的影响，就像缺乏与回馈态度相关的信息一样。因此，研究者检验了一些与对回馈态度假设和与不确定性相关的现象。

有关Q对O的不确定性，可能是P对O关系的信号而不是P对Q关系的信号对被试的反应有明显的影响的原因所在。O和Q之间的系统存在差异（如实验所提供），原因在于O对Q是已知的，而Q的所有态度都是未知的。因此，Q不仅仅是不确定性的来源，同时也是（与非人主体X相比）将整体情境转为“不舒服”的态度来源。另一方面，P关于O对P自己的反应的不确定性在两种情况下可以被缓和：他知道O对Q的态度；并且当P对O态度积极时，他假设O也会回馈他自己的喜爱（包括研究者自己的实验在内的实验数据表明这种假设几乎是普遍的。每个被试——*N*=156——被要求报告他最好的朋友对他自己的感觉，其中98%的被试报告称他的好朋友同样喜欢他，无被试称他的好朋友不喜欢他，2%的被试称不清楚）。P和O之间假定的——而且受欢迎的——喜欢回馈为评估整个场景提供了可靠而明确的架构，因而中性反应极少。在A—D情境中，O对Q态度的双向性已知以及受欢迎所产生的可靠性，在克服P可能对Q的任何不确定性的影响上表现得很充分。

然而当P对O消极时，回馈态度的假定不能被可靠地给定（当被试被要求指出他选择的不喜欢的人对自己的回应是喜欢的或是不喜欢的还是中性的时，27%的被试判定他们对O的不喜欢是被回馈的，26%的被试认为O对P是积极的，47%的被试称不确定）。因此，在情境E—H中，P关于O对他自己的态度是典型不确定的，在情境中O是P对其有一定了解的人，故而情境A—D所提供的可靠性消失了。

其他证据也表明，与不确定性并存，与被试喜欢的人相比，被试对自己不喜欢的人存在大量的矛盾情绪。例如，研究者发现，在喜欢度10点量表中，"最好的朋友"得分的平均数为8.3，标准差为0.7。而在厌恶度10点量表中，"强烈厌恶的人"得分的平均数只有5.5，标准差为2.7。尽管研究者没有要求被试对同一个人既指出喜欢程度也指出不喜欢程度，但是研究者假设——

尤其在消极反应的情况下——在同一个P对同一个O的态度中积极成分和消极成分是同时普遍存在的。情境E、F、G和H中的中性反应也揭示了矛盾情绪；这些分布都在0.001显著水平上超出概率期望。

作为部分由不确定性、矛盾情绪和假定回馈所引发的结果，八种情境关于P在三人系统中的情感联系各不相同，这是因为，积极吸引的给出涉及了情感联系和对互惠态度反馈或拒绝以及对平衡驱力的感受敏感性。情感联系至少大体上与由P对O或Q组成的关系单元（依据海德的观点）相对应。而情感联系的程度和性质可以如下文所述进行分类：

1. 如在情境F和H中那样，O和Q都是不被喜欢的，那么被试就没有或很少有情感联系；这种情境中中性反应的显著性增高。有些被试写下了这样的评论："我不喜欢他们二者，也不关心他们怎么想。"四个单独研究中的每一个研究，研究者都发现对这种情境的中性反应非常普遍，愉悦反应也多于不舒服反应。其他数据表明，当O是被轻度不喜欢时（O被定义为一个陌生人），中性反应减少而舒服反应增多。相类似的，关于"三消极"社会三元结构，达沃尔（Davol，1959）报告了一个远高于根据机遇概率或任何现有平衡理论可以预测的比例。或许对许多被试来说，在其他包含冲突的情感联系情境的背景中，这种情感联系的缺失本身就是受欢迎的。

2. 在情境E和G中，P是有情感联系的，但是包含有大量的不确定性；因为P的积极吸引是指向Q的，而关于Q他却一无所知。研究者发现，在这些情境中不确定和不舒服反应相对较高。在任何一种情境下，一个不确定的Q都可能有孤立P的作用，或许是因为与P不喜欢的O“结伙”，也可能是因为无法满足P对回馈的高预期。

3. 在前四种情境中，P可以被描述为是有情感联系的，但包含极少或没有不确定性，O的态度可以很有把握地确定或推断。这些情境可以被简要描述如下：（a）情感联系没有冲突或没有来自O或Q的威胁；（b）情感联系仅仅与O相关，O不构成冲突或威胁；（c）与O的情感联系和与Q的情感联系相冲突；（d）仅仅与O有联系，O对Q的不认同提供了冲突。

在相对确定的情感联系情境中，无论是否有冲突存在，朝向心理平衡状态的驱力似乎都可以自由运转。在无情感联系的情况下，不关注比对平衡的考虑更为重要，而不确定的情感联系以无关平衡的方式与冲突相联系。

（二）总体思考

研究者进一步检验了对P不喜欢O而O对Q的态度是已知的情境，以期望获得对海德模型是否可以预测实验结果的一般条件的更好理解。除此之外，对这些情境的理解也将能够对心理平衡的一般理论作出贡献。心理上的失衡涉及一种冲突的状态（对一致的有序的世界的偏好，与一个不一致的现实抗衡）或是对这种冲突的可能性的焦虑，抑或是两者兼而有之。在三人情境中，研究者的证据表明，假如P强烈被O所吸引而O对Q的态度已知，那么不确定成分就不是非常突出。在这些情况下，P的感受状态可以通过P对O的关系按照海德描述的方法很容易地进行预测。研究者的证据还表明这些情境下不确定性的缺失来自P对O会回馈P自己赞许态度的假设的高度倾向性。来自O的高度吸引的给定，以及O对Q的态度的明确，使得对一致性的需求为判断P对整体场景的感受提供了一个充分的基础。因此，当P对Q的态度是积极的时候，假设只是基于这种需求的海德模型便可以得到实验支持。

然而，当P对O的关系消极时，那些指向一致性的因素以外的因素便显现出来。研究者发现假定这些因素包括如下因素是很有必要的。

1. 处理与O和Q的反馈态度的不确定性的必要性，尤其当被试对他们的态度消极时。

2. 当P面临不确定性时，一直存在的矛盾情绪倾向加剧，所以对喜欢一个不喜欢的人或不喜欢一个喜欢的人的感觉（这种感觉他平时可能只有朦胧的意识）达到清晰意识的阈值。甚至可能对于一些被试来说，当他们面临这些不确定性时，先前的几乎没有意识到的态度在反向时变得显著。

3. 紧随赞许人际态度给定的情感联系的作用与不确定性的作用之间存在交互作用，而且情感联系的完全消失与P对O和Q的漠不关心对应。

研究者提出这些假设的作用是因为它们对于解释研究者的发现似乎是需要的。它们可能都直接或间接与平衡驱动力有关，并且它们对P—O—Q情境来说都是独特的（不是在性质上就是在程度上）。互惠性涉及两人之间对彼此态度的一致性。不确定性，至少部分涉及一致性被侵犯的可能性。矛盾情绪与作为矛盾双方的一种共存形式有关。情感联系涉及对冲突和不一致的思考阈限。

一个综合的人际平衡理论只有在特殊的情境中才不能唤起这些因素。例如，当P和Q的关系连接项是第三个人而不是非人实体时，当P对O的关系是消极的而非积极的时候。理论上，任何与态度一致性或与人际平衡的问题都应该考虑到像我们提出的那些驱力在发挥作用时的可能性，尽管有可能微乎其微。如果在P—O—X情境中或在P对Q积极的P—O—Q情境中，假定任何与互惠性、不确定性、矛盾情绪以及情感联系有关的作用都看起来似乎没有必要的话，研究者猜测这要么是因为在这些情况下他们的价值观是处于或接近于零点的，或者是因为他们“碰巧”按照平衡理论所预测的方式进行了操纵。简言之，消极的P对O情境不同于其他场景并不在于规则的不同，而在于研究者所提到的那些因素普遍没有处于或接近于零点，或者在于它们与平衡驱力的作用方向相反。如果是这样，那么对使用平衡理论的情境的一般陈述必须包含这些因素。

当然，这些因素并不是仅有的需要考虑的因素，而只是被一组数据所阐明了的。研究者的基本观点很简单，那就是，像其他理论一样，平衡理论或一致性理论应该是一个尽可能的全面的理论。这就需要不同研究者将平衡理论放在涉及像信息流程、人际需要和认知结构这样的基本问题的各种可能的心理学复杂情境中进行检验。平衡和一致性驱动力本身就是存在于个体与多个冲突的场景下那种心理过程的产物。

最终，对研究者来说，这些假设因素似乎与某些心理过程相对应，而这些心理过程对于需求平衡和避免失衡来说是如此的基础，以至于没有简单的模型可以解释后者。研究者的数据迫使研究者对究竟是分布情况而不是正负号的数量决定了平衡状态，还是“愉悦”或“不舒服”的情绪状态不能与人际系统中的不平衡或平衡状态相对应作出判断。当然，像其他任何概念一样，平衡状态也可以以任何其他方式来定义。研究者自己的倾向是可以维持海德原始理论的定义——不平衡是一种驱动诱因并倾向于释放重建平衡状态的动力。据此，心理平衡一定不能被基于正负号数量的模型所定义，而应依据系统属性的模式来定义。

一种可能的尝试（Harary，Norman，& Cartwright，1965；Newcomb，Turner，& Converse，1965）就区分出了平衡状态（心理动力被激发以趋向之）、非平衡状态（相对中立的）和失衡状态（心理动力被激发以远离之）。正如研究者的数据想要显示的那样，第一种和第三种情境只有在指向一个人的关系是消极的且至少一些人的态度是不明确的情况下，才会在三人系统中被明显地展示出来。

第三节　纽科姆A—B—X系统与大学生友谊关系

美国社会心理学家埃利奥特·阿伦森（Elliot Aronson）曾在其著名的社会心理学著作《社会性动物》一书的扉页，引用了古希腊伟大哲学家亚里士多德的名言："人在本质上是社会性动物；那些生来就缺乏社会性的个体，要么是低等动物，要么就是超人。社会实际上是先于个体而存在的。不能在社会中生活的个体，或者因为自我满足而无须参与社会生活的个体，不是野兽就是上帝。"（转引自阿伦森，1999，扉页）很清楚，这一名言强调的是人的社会性的一面，人需要与他人相处，人需要属于某个家庭、某个社区、某个组织。

加入特定的群体或成为特定群体的成员能使人的社会性需求得到满足或得到充分展示。何谓群体？无论是心理学还是社会学研究领域都有不同的解读，较有共识性的看法是"群体是指两个或两个以上相互依赖和相互作用的个体，为了某个共同的目标而结合在一起的彼此之间具有情感联系的人群"（金盛华，2005，第377页）。这一具有共识性的对群体的界定从本质上揭示了现实群体的主要属性，比如成员数量、成员间的互动或相互作用关系、成员间趋向的共同目标、情感联系等。但从研究角度来讲，我们还需对群体类别进行细分，比如传统意义上的群体和虚拟群体之间就有非常显著的差异。传统意义上的群体也称面对面群体，强调的是群体成员之间必须有面对面的互动和交往，而虚拟群体则是指摆脱物理空间限制，通过计算机网络通信技术进行沟通而形成的一种群体形式，群体成员之间无须进行直接的面对面的沟通和交流。

对传统意义群体和虚拟群体进行区分的必要性在学术层面（现实层面也具有必要性）来看是显而易见的，因为在心理学、社会学等学科的发展历程中，有些概念的提出和理论的形成是有特定的社会历史发展背景的。比如，纽科姆的人际交往理论就形成于计算机网络通信技术尚不发达的年代，纽科姆理论所假设的群体主要是指传统意义上的面对面群体而非虚拟群体。

除了面对面这一传统群体所具有的基本属性之外，纽科姆对其研究的群体特点还有一些另外的要求，比如群体成员间要有长期持续性的交往互动而不是偶发临时性的短暂接触；群体成员间的交往互动是有目的、有计划的行为，群体成员间不是简单的集群关系，因为集群关系通常是指彼此之间没有目的导向的相互作用却被卷入相同活动的个体集合体现象（金盛华，2005，第377页），比如车站聚集的旅客。

如果要用案例来说明纽科姆的人际交往理论，此案例就必须符合纽科姆所研究群体的一些属性要求。当然，我们并不是说纽科姆的人际交往理论完全不能够解释非传统群体如虚拟群体的交往现象，而是说选择符合其理论假定条件的群体案例更有利于说明该理论。事实上，我们也完全可以将纽科姆的人际交往理论应用于虚拟群体的交往环境，以检验该理论的解释力进而发现可能存在的问题。

关于案例选择，还存在另外一个问题：一个具体的现实案例可能会比较复杂，涉及复杂的情境、复杂的人物关系和复杂的情节。为了说明理论的需要，本节及本章第四节的案例是在真实个案基础上进行了一定简化和加工的。另外，为与纽科姆人际交往理论相符合，所举案例也均为人际交往中的二元关系（两个人及其共同的对象）。案例涉及的认知平衡问题以主体A为焦点（主体B的认知平衡同A）。

一、大学生友谊关系案例

本案例将一组二元关系根据时间发展分为四个阶段：

【阶段一】A和B是一所大学的同班同学，又住在同一宿舍。刚入校不久，就有一件事情困扰着A，A不喜欢宿舍同伴在晚上宿舍熄灯之后上网玩游戏（X），认为这影响到了自己的休息，A是一个作息时间很规律的人。A喜欢B。B喜欢挑灯夜战玩游戏（X），并也认为自己是A的好朋友。

【阶段二】大二的时候，班里要重新选班长。A不喜欢班长候选人之一的张姓同学（X），认为该同学行事不够公允，组织领导能力也不够强。A喜欢B。B欣赏张姓同学（X），并认为自己是A的好朋友。

【阶段三】同样是大二的时候，一些舍友开始谈恋爱。A不喜欢舍友经常将女朋友领来宿舍（X），认为这影响到自己的学习和休息。A喜欢B。B这期间也谈恋爱了，并喜欢经常将女友带来宿舍（X），并认为自己是A的好朋友。

【阶段四】大三的时候，A和B合作做了一项有关经济发展和环境保护关系的课题。A认为经济发展不能以牺牲环境为代价（X）。A喜欢B。B认为要快速发展经济环境就得作出牺牲（X），并认为自己是A的好朋友。但二人因观点不同产生争执。

二、采用纽科姆A—B—X系统理论对案例的分析和解释

【对阶段一的解释】对A和B这对朋友来讲，存在一个共同取向：双方都有一个对熄灯之后上网玩游戏（X）的态度，彼此互相喜欢。这些要素的具备，就构成了纽科姆所谓的A—B—X系统，而且是一种不平衡的系统。按纽科姆的假定，这一系统目前就存在着他所称的“趋向对称的张力”或“认知到的差异所导致的张力”。如果“熄灯之后在宿舍上网玩游戏（X）”这件事对双方来讲都是重要的，而且彼此喜欢，他们就会期望对方接受自己对X的态度（不要熄灯之后在宿舍上网玩游戏或可以熄灯之后在宿舍上网玩游戏）。张力之所以产生，是因为在A对熄灯之后在宿舍上网玩游戏（X）的取向或态度，与A认知到的B对熄灯之后在宿舍上网玩游戏（X）的取向或态度之间存在一种差异（或不一致）。从A的视角来看，他喜欢B而又不喜欢熄灯之后在

宿舍上网玩游戏这一行为，但是B却喜欢熄灯之后在宿舍上网玩游戏。如果是这样，在这一A—B—X系统里就产生了张力。A是一个作息时间很规律的人，他喜欢早睡早起，厌恶熄灯之后台灯发出的微弱光线以及敲击键盘的声音。然而，不可否认的是，他又是B非常要好的朋友。这一系统现在就出现了不平衡，而A将不得不通过一些行为来降低这一张力。A可以尝试选择以下途径来降低张力并实现系统平衡的重新恢复：（1）减少他对B的喜欢。（2）通过改变自己的态度来降低熄灯之后在宿舍上网玩游戏这一行为对自己的重要性或对二人的共同关联性。具体操作为降低熄灯之后在宿舍上网玩游戏这一行为对自己的消极价值强度，即：认知到这种行为确实对自己休息有消极影响，但也并非那么严重；或者认知到熄灯之后在宿舍上网玩游戏是B高度依赖的，但自己休息不好并不完全是这一因素。总之，不将这一因素看作他和B共同依赖的对象。（3）与B交往沟通以改变B对熄灯之后在宿舍上网玩游戏的态度，比如说服B也养成早睡早起的良好习惯。

【对阶段二的解释】对A和B这对朋友来讲，存在一个共同取向：双方都有一个对张姓候选人（X）的态度，彼此互相喜欢。这些要素的具备，就构成了纽科姆所谓的A—B—X系统，而且是一种不平衡的系统。按纽科姆的假定，这一系统目前就存在着他所称的“趋向对称的张力”或“认知到的差异所导致的张力”。如果“候选人之一的张姓同学（X）”对双方来讲都是重要的，而且彼此喜欢，他们就会期望对方接受自己对X的态度（不要选张姓候选人或选张姓候选人）。张力之所以产生，是因为A对候选人之一的张姓同学（X）的取向或态度，与A认知到的B对候选人之一的张姓同学（X）的取向或态度之间存在一种差异（或不一致）。从A的视角来看，他喜欢B而又不喜欢候选人之一的张姓同学，但是B却喜欢候选人之一的张姓同学。如果是这样，在这一A—B—X系统里就产生了张力。A是一个认为领导就必须有组织领导能力，作风要公道正派的人，而他认为张姓同学不具有这样的特点。然而，不可否认的是，他又是B非常要好的朋友。这一系统现在就出现了不平衡，而A将不得不通过一些行为来降低这一张力。A可以尝试选择以下途径来降低张力并实现系统平衡的重新恢复：（1）减少他对B的喜欢。（2）通过改变自己的态度来降低候选人之一的张姓同学对自己的重要性或对二人的共同关联性。具体操作为降低候选人之一的张姓同学对自己的消极价值强度，即：认知到自己确实不太欣赏和喜欢张姓同学，但即便张姓同学当选对自己也不会有太多的消极影响；或者认知到候选人之一的张姓同学是B非常欣赏的，但B欣赏与否和自己关系不大。总之，不将这一因素看作他和B共同依赖的对象。（3）与B交往沟通以改变B对候选人之一的张姓同学的态度。

【对阶段三的解释】对A和B这对朋友来讲，存在一个共同取向：双方都有一个对舍友经常将女朋友领来宿舍现象（X）的态度，彼此互相喜欢。这些要素的具备，就构成了纽科姆所谓的A—B—X系统，而且是一种不平衡的系统。按纽科姆的假定，这一系统目前就存在着他所称的“趋向对称的张力”或“认知到的差异所导致的张力”。如果“舍友经常将女朋友领来宿舍（X）”这件事对双方来讲都是重要的，而且彼此喜欢，他们就会期望对方接受自己对X的态度（不要经常将女朋友领来宿舍或可以经常将女朋友领来宿舍）。张力之所以产生，是因为在A对经常将女朋友领来宿舍（X）的取向或态度，与A认知到的B对经常将女朋友领来宿舍（X）的取向或态度之间存在一种差异（或不一致）。从A的视角来看，他喜欢B而又不喜欢舍友经常将女朋友领来宿舍这种行为，但是B却喜欢经常将女朋友领来宿舍。如果是这样，在这一A—B—X系统里就产生了张力。A是一个喜欢在宿舍里自由自在、无拘无束的人，有女性在场，在他看来就需要注意很多无论是语言上的还是行为上的属于小节的一些问题。然而，不可否认的是，他又是B非常要好的朋友。这一系统现在就出现了不平衡，而A将不得不通过一些行为来降低这一张力。A可以尝试选择以下途径来降低张力并实现系统平衡的重新恢复：（1）减少他对B的喜欢。（2）通过改变自己的态度来降低舍友经常将女朋友领来宿舍这种行为对自己的重要性或对二人的共同关联性。具体操作为降低舍友经常将女朋友领来宿舍这种行为对自己的消极价值强度，即：认知到这种行为确实对自己在宿舍里的自由有限制，但也并非那么严重；或者认知到舍友经常将女朋友领来宿舍是B非常喜欢的，但自己自由与否并不完全取决于这一因素。总之，不将这一因素看作他和B共同依赖的对象。（3）与B交往沟通以改变B对经常将女朋友领来宿舍的态度。

【对阶段四的解释】对A和B这对朋友来讲，存在一个共同取向：双方都有一个对经济发展和环境保护关系问题（X）的态度，彼此互相喜欢。这些要素的具备，就构成了纽科姆所谓的A—B—X系统，而且是一种不平衡的系统。按纽科姆的假定，这一系统目前就存在着他所称的“趋向对称的张力”或“认知到的差异所导致的张力”。如果“经济发展和环境保护关系问题（X）”这件事对双方来讲都是重要的，而且彼此喜欢，他们就会期望对方接受自己对X的态度（经济发展不能以牺牲环境为代价或者要快速发展经济环境就得作出牺牲）。张力之所以产生，是因为在A对经济发展和环境保护关系问题（X）的取向或态度，与A认知到的B对经济发展和环境保护关系问题（X）的取向或态度之间存在一种差异（或不一致）。从A的视角来看，他喜欢B而又不喜欢B对经济要快速发展就需牺牲环境的观点。但是B却极力主张这样的观点。如果是这样，在这一A—B—X系统里就产生了张力。A是一个环保主义者，他认为优美的人居环境比单纯的物质财富积累更能影响人们的幸福感。然而，不可否认的是，他又是B非常要好的朋友。这一系统现在就出现了不平衡，而A将不得不通过一些行为来降低这一张力。A可以尝试选择以下途径来降低张力并实现系统平衡的重新恢复：（1）减少他对B的喜欢。（2）通过改变自己的态度来降低经济发展与保护环境的关系论争对自己的重要性或对二人的共同关联性。具体操作为降低这一论争主题对自己的消极价值强度，即：认知到这种论争虽然对自己心理和情绪有消极影响，但二人的论争并不会影响到政府政策，也很难会影响到更多的其他人，总体上看论争并没有太多实质性的作用；或者认知到B虽为朋友但有权利有自己的不同观点，双方各持不同观点并不会影响二人间的友谊，二人之间的友谊并不完全取决于在这一争论问题上的统一。总之，不将这一因素看作他和B共同依赖的对象。（3）与B交往沟通以改变B在经济发展与保护环境关系上原有的态度。

【对整个案例的分析解释】之所以将案例分为随时间发展的四个阶段，与纽科姆所提出的群体熟悉过程观点有关。在纽科姆看来，在一个人际交往系统中，任何一人在特定状态下的变化都会引发一种或多种其他变化，导致系统处于不平衡状态，张力随之出现，继而开始交往互动，取得对共同对象的态度一致性，系统重新恢复平衡。然而，随着新信息的产生，又会出现新的不平衡，张力再次出现，再次开始交往互动，再次取得对共同对象的态度一致性，系统再次恢复平衡。但新的信息仍然会不断产生……如此循环往复。所以，系统终究会一直处于“平衡—不平衡—平衡—不平衡”的循环状态之中。这一过程恰好是群体熟悉、群体发展与变迁的过程，从本质上讲是一个不断交往互动的过程。针对本例的四个阶段来讲，A和B之间的友谊关系就是“和谐—产生问题—交往互动—和谐”这样一个不断循环的链条。在这一不断循环的过程中，随着新出现问题的不断解决，他们之间会越来越熟悉，友谊也有可能会越来越牢固。当然，二人之间终止吸引关系也是一种选择，但这并不是纽科姆人际交往理论所重点关注的问题，因为纽科姆始终关注的是具有持续稳定特点的群体中的人际认知平衡问题。

第四节 纽科姆A—B—X系统与婚姻关系

一、婚姻关系案例

【阶段一】A和B是一对夫妻（A是妻子，B为丈夫，下同）。刚结婚时，就有一件事情困扰着A，A不喜欢丈夫经常与同事朋友在一起喝酒（X），深夜不归，认为这不仅影响到了自己的休息，也导致丈夫冷落了自己。A非常爱自己的丈夫B。B喜欢与同事朋友喝酒聚会（X）。B也非常爱自己的妻子A。

【阶段二】结婚一年之后，夫妻二人开始考虑买房子的事。A不想买大房子（X），认为现在家里经济不宽裕，买大房子经济负担太重，不如先买一套小房子。A非常爱自己的丈夫B。B想买大房子（X），认为小房子迟早还得换，还不如一步到位，现在多承受一点儿经济压力买套大房子，将来房价再涨了，买大房子经济负担会更重。B也非常爱自己的妻子A。

【阶段三】结婚的第二年，夫妻二人开始考虑要孩子的事情。A不想很快要孩子（X），认为夫妻二人应趁年轻先把事业做好。A非常爱自己的丈夫B。B想尽快要孩子（X），认为早点儿要孩子一方面满足老人的心愿，另一方面也趁老人们年龄还不是很大可以帮助抚养孩子。B也非常爱自己的妻子A。

【阶段四】结婚第四年，孩子降生，在如何带孩子上夫妻二人也产生了分歧。A认为让双方老人带孩子可能不利于孩子未来的成长和发展，不如自己先辞职在家养孩子（X）。A非常爱自己的丈夫B。B认为老人一样可以带好孩子，不同意妻子因孩子辞去工作（X）。B也非常爱自己的妻子A。

【阶段五】结婚第五年，夫妻二人在丈夫是否辞职去自办公司上又产生了分歧。A认为丈夫应该继续在目前就职的公司工作，因为已经具备了一定的资历，工作也比较稳定（X）。A非常爱自己的丈夫B。B认为继续在这家公司工作没有什么发展前景，自己创办公司虽然有一定的风险，但也可能有更好的前景（X）。B也非常爱自己的妻子A。

二、采用纽科姆A—B—X系统理论对案例的分析和解释

【对阶段一的解释】对A和B这对夫妻来讲，存在一个共同取向：双方都有一个对丈夫经常与同事朋友在一起喝酒（X）的态度，彼此相爱。这些要素的具备，就构成了纽科姆所谓的A—B—X系统，而且是一种不平衡的系统。按纽科姆的假定，这一系统目前就存在着他所称的"趋向对称的张力"或"认知到的差异所导致的张力"。如果"丈夫经常与同事朋友在一起喝酒（X）"对双方来讲都是重要的，而且彼此喜欢，他们就会期望对方接受自己对X的态度（不要经常去和朋友喝酒深夜不归或男性

经常和朋友在一起喝酒很正常）。张力之所以产生，是因为A对丈夫经常与同事朋友在一起喝酒（X）的取向或态度，与A认知到的B对男性经常与同事朋友在一起喝酒（X）的取向或态度之间存在一种差异（或不一致）。从A的视角来看，她喜欢B而又不喜欢B经常与朋友在一起喝酒，但是B却喜欢经常与朋友在一起喝酒，而不是下班后早早回家。如果是这样，在这一A—B—X系统里就产生了张力。A是一个认为男性应该对家庭有责任感的人，尤其是结婚后的男性，不应该再像结婚前的生活方式。然而，不可否认的是，她又非常爱自己的丈夫。这一系统现在就出现了不平衡，而A将不得不通过一些行为来降低这一张力。A可以尝试选择以下途径来降低张力并实现系统平衡的重新恢复：（1）减少她对B的爱。（2）通过改变自己的态度来降低丈夫经常与朋友喝酒对自己的重要性或对二人的共同关联性。具体操作为降低丈夫经常与朋友喝酒对自己的消极价值强度，即：认知到自己确实不太喜欢丈夫总是与朋友在一起喝酒消遣，但丈夫的行为多数已婚男性也都有，也并没有对自己的婚姻家庭生活造成多么严重的影响；或者认知到丈夫的行为或许是他的一个唯一的爱好，丈夫其他方面做得都很好，应该予以尊重。总之，不将这一因素看作她和B共同依赖的对象。（3）与B交往沟通以改变B对经常与朋友一起喝酒的态度。

【对阶段二的解释】对A和B这对夫妻来讲，存在一个共同取向：双方都有一个对买大房子（X）的态度，彼此相爱。这些要素的具备，就构成了纽科姆所谓的A—B—X系统，而且是一种不平衡的系统。按纽科姆的假定，这一系统目前就存在着他所称的“趋向对称的张力”或“认知到的差异所导致的张力”。如果“是否买大房子（X）”对双方来讲都是重要的，而且彼此相爱，他们就会期望对方接受自己对X的态度（先买一个小房子或直接买大房子）。张力之所以产生，是因为A对买大房子（X）的取向或态度，与A认知到的B对买大房子（X）的取向或态度之间存在一种差异（或不一致）。从A的视角来看，她喜欢B而又不喜欢B直接买大房子的观点，但是B却想直接买大房子而不是先买一个小房子过渡。如果是这样，在这一A—B—X系统里就产生了张力。A是一个不喜欢背负太大生活压力的人，但买大房子势必要向银行贷款、向朋友借钱，这会直接影响到以后很长时间内家庭的生活质量。然而，不可否认的是，她又非常爱自己的丈夫。这一系统现在就出现了不平衡，而A将不得不通过一些行为来降低这一张力。A可以尝试选择以下途径来降低张力并实现系统平衡的重新恢复：（1）减少她对B的爱。（2）通过改变自己的态度来降低买大房子一事对自己的重要性或对二人的共同关联性。具体操作为降低买大房子对自己的消极价值强度，即：认知到直接买大房子虽然会带来巨大的生活压力，但确实自己需要一个大一点的房子，况且将来再换大房子压力未必就会小（房价还在上涨）；或者认知到丈夫想买大房子肯定已经有了他自己的计划和打算（比如经济方面可能已经想到了办法），丈夫肯定已经考虑到了不会因买大房子而影响家庭的生活质量，既然如此，他想买就买吧。总之，不将这一因素看作她和B共同依赖的对象。（3）与B交往沟通以改变B对买大房子的态度。

【对阶段三的解释】对A和B这对夫妻来讲，存在一个共同取向：双方都有一个对是否尽快要孩子（X）的态度，彼此相爱。这些要素的具备，就构成了纽科姆所谓的A—B—X系统，而且是一种不平衡的系统。按纽科姆的假定，这一系统目前就存在着他所称的“趋向对称的张力”或“认知到的差异所导致的张力”。如果“是否尽快要孩子（X）”对双方来讲都是重要的，而且彼此相爱，他们就会期望对方接受自己对X的态度（先不着急要孩子或尽快要孩子）。张力之所以产生，是因为A对尽快要孩子（X）的取向或态度，与A认知到的B对尽快要孩子（X）的取向或态度之间存在一种差异（或不一致）。从A的视角来看，她喜欢B而又不喜欢B尽快要孩子的打算。如果是这样，在这一A—B—X系统里就产生了张力。A是一个事业心较强的女性，她不想过早因抚养孩子而牺牲自己在事业上的发展。然而，不可否认的是，她又非常爱自己的丈夫。这一系统现在就出现了不平衡，而A将不得不通过一些行为来降低这一张力。A可以尝试选择以下途径来降低张力并实现系统的重新恢复平衡：（1）减少她对B的爱。（2）通过改变自己的态度来降低尽快要孩子对自己的重要性或对二人的共同关联性。具体操作为降低尽快要孩子对自己的消极价值强度，即：认知到尽早要孩子确实会对自己刚刚起步的事业有些影响，但自己早要孩子也有好处，比如孩子可能会更健康、生育对自己风险较小（和高龄产妇相比）等，也并不会对自己的事业造成多么严重的影响；或者认知到丈夫希望早要孩子并不是不重视自己的事业发展，也不是不爱自己，而是丈夫希望满足老人们的心愿。总之，不将这一因素看作她和B共同依赖的对象。（3）与B交往沟通以改变B对早要孩子的态度。

【对阶段四的解释】对A和B这对夫妻来讲，存在一个共同取向：双方都有一个对如何带孩子（X）的态度，彼此相爱。这些要素的具备，就构成了纽科姆所谓的A—B—X系统，而且是一种不平衡的系统。按纽科姆的假定，这一系统目前就存在着他所称的“趋向对称的张力”或“认知到的差异所导致的张力”。如果“如何带孩子（X）”对双方来讲都是重要的，而且彼此相爱，他们就会期望对方接受自己对X的态度（母亲自己带孩子或由老人来带孩子）。张力之所以产生，是因为A对如何带孩子（X）的取向或态度，与A认知到的B对如何带孩子（X）的取向或态度之间存在一种差异（或不一致）。从A的视角来看，她喜欢B而又不喜欢B主张的由老人带孩子的方式，但是B却主张孩子由老人带。如果是这样，在这一A—B—X系统里就产生了张力。A虽然以前不想着急要孩子，但一旦孩子出生，她就确定要把孩子带好、培养好，作为母亲她要承担起这份自己应该承担的责任，亲自把孩子培养成人。当然，A也并不是不让老人参与抚养孩子，而是自己要肩负起主要责任。然而，不可否认的是，她又非常爱自己的丈夫。这一系统现在就出现了不平衡，而A将不得不通过一些行为来降低这一张力。A可以尝试选择以下途径来降低张力并实现系统平衡的重新恢复：（1）减少她对B的爱。（2）通过改变自己的态度来降低如何带孩子这件事对自己的重要性或对二人的共同关联性。具体操作为降低丈夫主张由老人来带孩子对自己的消极价值强度，即：认知到孩子确实由自己亲自带更好，但双方老人不仅对孩子充满爱心而且都会了解到一些现代的孩子养育方式，并不见得会一味地溺爱；或者认知到既然丈夫坚持由老人来带孩子，那么将来孩子的培养就由丈夫来做主并承担责任。总之，不将这一因素看作她和B共同依赖的对象。

（3）与B交往沟通以改变B对谁来带孩子的态度。

【对阶段五的解释】对A和B这对夫妻来讲，存在一个共同取向：双方都有一个对丈夫是否辞职自己办公司（X）的态度，双方彼此相爱。这些要素的具备，就构成了纽科姆所谓的A—B—X系统，而且是一种不平衡的系统。按纽科姆的假定，这一系统目前就存在着他所称的“趋向对称的张力”或“认知到的差异所导致的张力”。如果“丈夫是否辞职办公司（X）”对双方来讲都是重要的，而且彼此相爱，他们就会期望对方接受自己对X的态度（不要辞职而继续目前这份稳定的职业或辞职去创办可能更有前景的自己的公司）。张力之所以产生，是因为A对丈夫辞职办公司（X）的取向或态度，与A认知到的B对自己辞职办公司（X）的取向或态度之间存在一种差异（或不一致）。从A的视角来看，她喜欢B而又不喜欢B辞去目前稳定的职业去冒极大风险创办自己的公司，但是B却喜欢自主创业。如果是这样，在这一A—B—X系统里就产生了张力。A是一个认为男性应该给家庭带来安全感、稳定感的女性，她不希望自己的丈夫去冒更大的风险。然而，不可否认的是，她又非常爱自己的丈夫。这一系统现在就出现了不平衡，而A将不得不通过一些行为来降低这一张力。A可以尝试选择以下途径来降低张力并实现系统平衡的重新恢复：（1）减少她对B的爱。（2）通过改变自己的态度来降低丈夫辞职自己办公司对自己的重要性或对二人的共同关联性。具体操作为降低丈夫辞职办公司对自己的消极价值强度，即：认知到丈夫辞职办公司确实会冒一定的风险，有可能给家庭和自己带来不稳定和不安全感，但男性就应该有创业精神，何况说不定丈夫自主创业有可能取得更大成功，实现丈夫的人生目标和理想；或者认知到丈夫的行为是他自己深思熟虑之后的决策，自己提醒他要考虑风险，就已经尽到了自己的责任，丈夫决意要这么做他就要承担这样做的后果，将来做得不好也与自己无关。总之，不将这一因素看作她和B共同依赖的对象。（3）与B交往沟通以改变B对辞职去办公司的态度。

【对整个案例的分析解释】以上案例中的问题可能是现实生活中婚姻关系都可能会遇到的问题，与纽科姆所提出的群体熟悉过程观点紧密相关。在纽科姆看来，在一个人际交往系统中，任何一人在特定状态下的变化都会引发一种或多种系统的其他变化，导致系统处于不平衡状态，张力出现，开始交往互动，系统恢复平衡；新信息产生，又出现新的不平衡，张力再次出现，再次开始交往互动，系统再次恢复平衡。但新的信息仍然会不断产生……如此循环往复。所以，系统终究会一直处于“平衡—不平衡—平衡—不平衡”的循环状态之中。这一过程恰好是群体熟悉、群体发展与改变的过程，从本质上讲就是一个交往双方（甚至多方）不断通过交往互动以解决出现的新问题的过程。针对本例的五个阶段来讲，A和B之间的婚姻关系就是一个“和谐—产生问题—交往互动—恢复和谐”这样一个循环的链条。在这一过程中，随着新出现问题的不断解决，夫妻之间会越来越熟悉了解，婚姻关系也有可能会越来越牢固。

第七章　纽科姆人际关系思想的历史沿革

纽科姆在心理学（尤其是社会心理学）、社会学、传播学、教育学等多个学科领域都作出了卓越的研究贡献，在人才培养、教育改革实践、学术组织与领导工作、研究方法创新等方面也都有非常显著的成绩。但贯穿其一生且影响最大的，仍然是其从认知视角对人际交往、群体过程、态度变迁所进行的长期研究并在此基础上提出的认知均衡理论，以及与该理论有关的实证研究成果。正如其在《思想之爱》中所说的："我的一些研究已经被社会心理学家所熟知。我只是想强调关于我所有研究的一个特定的连贯性，即我的研究是纵向研究，换言之，主要研究的是群体随着时间而改变。"（Newcomb，1980）

纽科姆是一位社会心理学家，更准确地说他是一位认知社会心理学家（萨哈金，1982/1911，第499页）。正如其在为艾贝尔森等人（Abelson，et al.，1968）所著《认知一致性理论》一书所作序言中所述的："最近十多年来，至少有半打我们应称为'认知一致性'的理论在心理学文献中出现，它们的成熟程度参差不齐。虽然这些理论被冠以各式各样的名称，诸如平衡理论、和谐理论、对称理论、失调理论等，但它们的基本思想却是共同的，即都认为人总是以一种力求最大限度地保持其内部认知系统协调一致的方式去行动。"而认知一致性理论之一的对称理论正是由纽科姆所提出的。

本章将首先阐述社会认知理论的发展历程；其次介绍作为纽科姆认知均衡理论（对称理论）直接来源的海德的认知平衡理论及其对纽科姆理论的影响；最后评述纽科姆认知均衡理论

在社会认知理论中的地位和作用，兼述纽科姆其他重要的社会心理学思想。

第一节 社会认知理论的发展历程

关于“社会认知理论”这一概念，其内涵总体上是清楚的，但也有一些与此相关的概念需要作简要的辨析，如认知一致性理论、现代社会认知理论（钟毅平，1999，第1页）、认知社会心理学（萨哈金，1982/1991，第499页；高觉敷，1991，第173页）、社会认知心理学（王沛，2006，第6页）等。

“认知社会心理学”和“社会认知心理学”两个概念都是立足于学科，特指从认知或社会认知视角研究人类社会心理和社会行为现象的心理学分支学科（或社会心理学分支学科）。从广义上看，两个概念可以通用，没有本质的差异；从狭义上看，“社会认知心理学”这个概念出现较晚，偏重于指20世纪60年代中期开始的归因研究及信息加工观点视角下的认知研究。

“社会认知理论”、“认知一致性理论”、“现代社会认知理论”这三个概念无疑是立足于一个学科的理论视角，它们与认知社会心理学或社会认知心理学这一学科共同成长和发展，甚至可以说是学科形成和发展的重要标志或核心内容。

“社会认知理论”作为一个专业的心理学术语，并不特指某一种具体的理论学说，而是具有相似性的各种社会认知理论学说的统称。该理论侧重于从人的内在认知过程入手来理解和解释社会心理与社会行为现象，不同意精神分析学派关于人类行为受“潜意识”支配的观点，也反对行为主义关于人类行为受外在刺激支配的观点，而是认为人类的社会行为是受其内在的认知过程支配的。换言之，社会认知理论支持者认为，要想真正理解和预测人类的社会行为就必须深入到人的认知体系中去，抛开人类认知而孤立地研究人的外显行为或者一味强调人的非理性的潜意识是没有出路的。一般来说，人们更愿意在方法论的意义上使用这一术语，因为该理论概括了所有从社会认知入手对人类的社会心理和行为进行研究的方法以及由此提出的各种学说（高觉敷，1991，第177页；周晓虹，1991，第72页；乐国安，汪新建，2009，第65页）。

认知一致性理论是社会认知理论发展早期典型的代表，现代社会认知理论则是指20世纪60年代中期之后提出和形成的重要理论成果（其中包括归因理论和以信息加工观点为指导的各种理论观点）。

我们可以用以下表述来简要勾画社会认知理论的发展历程：社会认知理论萌生于格式塔心理学，直接起源于勒温的心理（动力）学；20世纪40年代中期至60年代早期，认知一致性理论处于鼎盛时期（认知一致性理论开创于20世纪40年代中期，50年代处于全盛时期，60年代趋于稳定并开始走下坡路）；20世纪60年代中期之后归因理论得到了极大的发展（60年代以前研究归因的人较少，到70年代，归因研究的范围显著扩大，涉及社会认知的各方面，进入80年代，归因研究已成为国际社会心理学界的一个热门领域）；同时，从20世纪50年代起，信息加工观点也逐步影响到社会认知领域的研究，80年代社会认知研究成为热点。美国的《人格与社会心理学杂志》三个重要板块之一就是“社会认知”。1984年，菲斯克和泰勒（S. T. Fiske & S. E. Taylor）的第一本名为《社会认知》的著作出版；同年，威尔和斯鲁尔（R. S. Wyer & T. K. Srull）的三卷本《社会认知手册》（*Handbook of Social Cognition*）出版。

一、社会认知理论产生的渊源

（一）格式塔心理学对社会认知理论的影响

格式塔心理学诞生于1912年，是20世纪二三十年代流行于德国的一个心理学流派，其代表人物是德国的心理学家韦特海默、考夫卡和苛勒。

1. 产生背景

格式塔心理学诞生之日，正是冯特的构造主义元素学说以及以华生为代表的行为主义“刺激—反应”学说流行之时。格式塔心理学虽然和行为主义一道都反对构造主义的元素学说（例如认为复杂的知觉是简单感觉的集合，意识经验是各种简单元素的群集等），但二者又有本质的区别，行为主义（尤其是古典行为主义）倡导研究人的外显行为，讳言对人的心理意识等内部过程的研究，甚至完全拒绝讨论意识或不承认意识的存在，而格式塔心理学却十分重视并承认意识的价值，只是不同意将意识分解为各种元素，将构造主义的元素说讥为“砖块和灰泥心理学”。

2. 主要观点

“格式塔”是德文Gestalt的音译，意指物体及其形式和特征，考夫卡用configuration来指代其英文含义，翻译成中文即为“完形”，所以，格式塔心理学也称完形心理学。

格式塔心理学的主要观点之一就是知觉的整体性。格式塔心理学强调经验和行为的整体性，认为整体不等于部分之和，意识不等于感觉元素的集合，行为不等于反射弧的循环（黎炜，1996，中文版译序第3页）。具体而言，所谓格式塔心理学，就是一种反对元素分析而强调整体组织的心理学理论体系。格式塔心理学家认为，每一种心理现象都是一个格式塔，都是一个“被分离的整体”，整体并不等于部分的总和，并不是由若干元素所组合而成的；反之，整体乃是先于部分而存在并且制约着部分的性质和意义，“部分相加不等于全体”。格式塔心理学家反对“自下而上”的研究方法，即把整体分析为孤立的部分，然后再用孤立的部分来说明整体；而主张采用“自上而下”的研究方法，即从有意义的整体出发，来理解制约于整体的“真正”部分（乐国安，汪新建，2009，第66页）。

格式塔心理学的另一个重要观点则是心物场（psychophysical field）和同型论（isomorphism）。格式塔心理学的主要代表人物之一考夫卡在其所著《格式塔心理学原理》（1935）一书中，采纳并坚持了两个重要概念：“心物场”和“同型论”。所谓心物场是指心理场（psychological field）和物理场（physical field）的结合。心理场是指人们的经验世界，也即观察者知觉现实的观念；物理场是指物理世界，也即被观察者所知觉的现实。心理场与物理场之间并不存在一一对应的关系，但是人类的心理活动却是两者结合所形成的心物场的影响结果。

心物场含有自我和环境的两极化，这里所指的环境可以分为地理环境（geographical environments，即现实环境）和行为环境（behavioural environments，即意想中的环境）。在格式塔心理学家看来，决定人类行为的不是客观的地理环境，而是人所感知到的"行为环境"，行为环境和地理环境并不总是相符的，因为人在与环境的相互作用中，并不是消极被动的，人经常积极地通过组织自己的知觉和观念，形成非单一的、有意义的整体。正是这种对环境的组织作用影响着我们对环境的知觉，并进而影响着我们的行为方式（黎炜，1996，中文版译序第6页；周晓虹，1993，第319页）。考夫卡曾用一个生动的例子来说明行为环境对人类行为的调节和决定作用：

> 在一个冬日的傍晚，于风雪交加之中，有一个男子骑马来到一家客栈。他在铺天盖地的大雪中奔驰了数小时，大雪覆盖了一切道路和路标，由于找到这样一个安身之地而使他格外高兴。店主诧异地到门口迎接这位陌生人，并问客从何来。男子直指客栈外面的方向，店主用一种惊恐的语调说："你是否知道你已经骑马穿过了康斯坦斯湖？"闻及此事，男子当即倒毙

在店主脚下。（考夫卡，1935/1997，第34页）

同型论则是指环境中的组织关系在体验这些关系的个体中所产生的一个与之同型的脑场模型。

3. 对社会认知理论的影响

格式塔心理学的贡献除了对结构主义元素学说和行为主义“刺激—反应”学说提出中肯而坚定的批评，从而推动和促进了心理学的发展之外，其主要贡献表现为以下三点。一是极大地影响了知觉领域的研究。正如有研究者（黎炜，1996，中文版译序第10页）指出：“尽管格式塔原理不只是一种知觉的学说，但它却导源于对知觉的研究，而且一些重要的格式塔原理，大多是由知觉研究所提供的。在《格式塔心理学原理》一书中，知觉研究及其成果占了很大比例。”而社会认知理论的产生和发展起源于社会知觉的研究，而社会知觉概念的提出及深入研究是知觉研究者在研究知觉现象过程中发现的。二是重视意识经验研究的重要性并强调从整体性视角对意识经验进行研究，孕育了认知心理学。毫无疑问，无论是早期的认知一致性理论，还是后期的归因理论及信息加工视角的社会认知理论，都继承了格式塔心理学将意识经验作为研究对象的学术取向和传统，而且注重意识经验和行为的整体性。三是现象学的研究取向。社会认知理论从哲学思想指导到研究方法论方面很明显都受到了现象学的重要影响。

（二）勒温场论及心理动力学对社会认知理论的影响

1. 勒温简介

勒温1890年生于德国普鲁士波森省的莫吉尔诺（今属波兰）的中产阶级犹太人家庭，1905年举家迁往柏林，勒温进入当地中学开始接触到希腊哲学。1909年，他进入弗赖堡大学学习医学，不久后转入慕尼黑大学学习生物学，后又转入柏林大学，从1910年开始攻读心理学哲学博士学位，成为斯图姆夫（F. C. Stumpf）的关门弟子。格式塔心理学的三位创始人韦特海默、考夫卡、苛勒也都曾经是斯图姆夫的学生。1914年博士毕业，但正逢第一次世界大战爆发，因而直到1916年勒温才获得博士学位。1922年，勒温任柏林大学讲师，1927年升任教授，在此期间与格式塔学派建立了联系，并成为该学派的积极倡导者。1932年赴美任访问教授，次年移居美国。1935年起任艾奥瓦大学儿童福利研究所儿童心理学教授，1945年前往麻省理工学院组建并主持群体动力学研究中心，同时担任加利福尼亚大学伯克利分校和哈佛大学访问教授，1947年因心脏病突发逝世于美国马萨诸塞州。

2. 勒温的主要观点

纽科姆在自传体回忆录《思想之爱》（Newcomb，1980）中，曾如此评价勒温对社会心理学的贡献："他是社会心理学家中首要的英雄。"勒温也属于格式塔学派，但"从本质上说格式塔心理学的研究领域，例如知觉心理学，不是社会心理学的，它之所以在社会心理学中找到立足之地，主要表现为勒温1942年在麻省理工学院建立的群体动力学研究中心对社会心理学所产生的巨大影响——也主要是通过勒温、海德以及受到这两位大师影响的其他社会心理学家的努力实现的”。美国社会心理学史家萨哈金（1982/1991，第452—453页）也在其所著《社会心理学的历史与体系》一书中如此谈及勒温对社会心理学的贡献。

场论和团体动力学是勒温学术思想的核心内容。

（1）场论。

勒温根据物理学中出现的部分决定于整体的场现象提出了“场理论”，以此来研究心理和行为现象。他的关于场论的概念主要见于1951年重印的他所著的《社会科学与场论》一书，其重要内容有以下几点（沈德灿，1989，第149页）：

① 使用一种构建的或发生（学）的方法；

② 这是一种动力的研究；

③ 强调对心理过程的研究；

④ 要根据将环境作为一个整体的那种分析；

⑤ 这是一种区别于历史研究的系统研究；

⑥ 要以数学的形式叙述心理环境。

动力思想是勒温场论的基本思想，也是勒温心理学思想的基础。最能体现这一思想的两个核心概念是“心理紧张系统”和“生活空间”。

勒温认为：“某些心理的能量，亦即产生于意志或需求压力的心理紧张系统，才是心理事件发生的必需条件。”心理紧张系统是勒温从概念的水平上对人的行为根源所进行的动力分析，其中“紧张”和“需求”是两个最基本的术语。勒温认为，只要在一个人的内部存在一种心理的需求，就会存在一种处于紧张状态的系统。紧张（或称张力）的释放为心理活动和行为提供动力和能量，从而构成了决定人的心理活动和行为表现的潜在因素。在勒温看来，紧张必然要有它确定的目标，这种目标既可以是主观的，也可以是客观的，但一定是个体当时在心理上所感知的或当时对个体产生实际影响的。勒温用“准需求”一词强调了这种心理上的认知意义，一种目的或意向往往是一种准需求，如要完成一件工作或要考入某所大学等。不管是真正的需求（如饥渴等生理需求）还是准需求，都会突破原有的心理的平衡，而引起一定的心理紧张。在勒温的动力理论中，行为或心理活动的目标也具有一种力，勒温称之为“引拒值”。正的引拒值具有吸引力，负的引拒值具有排拒力，所以人的行为不单是由于内在需求和紧张的推动，而且还由于目标本身的吸引（或排拒）。需求的强度增加，与该需求有关的目标的引拒值也会增加，而引拒值的增加，又会反过来影响到需求的强度。正如一个人越是饥饿，食物对他的吸引力便越大；食物的吸引力越大，人的内在的求食愿望便越强烈。因此在勒温的动力心理学思想中，人与环境是密切相关的，他的心理紧张系统便包括这种人与环境的关系，包括紧张与目标的相互作用（俞国良，2008，第198—200页）。

而“生活空间”概念是勒温格式塔传统或者说整体思想（整体观）的集中体现。在勒温看来，生活空间即是“场”，它包括人及与之有关的心理环境（心理环境是指存在于我们头脑中并对我们的心理事件实际产生影响的环境），它是指在特定时间内影响个体的心理因素之总体，或者指在一定时间内决定个体行为和心理活动的所有事实。勒温（Lewin，1951）认为："为了理解或预测行为，就必须把人及其环境看作是一种相互依存因素的集合。我们把这些因素的整体称作该个体的生活空间，并用$B=f(PE)=f(LS)$来表示。"也即，生活空间包括了人与环境因素，行为发生在这种生活空间之中，它既是人与环境的函数，也是生活空间的函数。生活空间既指个体的，也可指团体的。

（2）团体（群体）动力学。

正如舍伦伯格（Schellenberg）（1978/1987，第78页）所言："勒温的场论为其转向团体行动研究提供了一个自然的理论基础。把环境包容于生活空间之中，就为统一团体概念铺平了道路，于是，团体的一些特殊功能就可被看作是大部分个体生活空间中的主要部分。因此，从研究个体的生活空间过渡到研究团体对行为的影响是较为容易的。"如同勒温对个体动力（心理紧张系统、生活空间）的论述，团体动力也是勒温整体动力观的基本主张。在他看来，可以将团体理解为一种具有心理学意义的动力整体，团体的本质在于其所属成员的相互依存，而不在于他们的相似或差异。团体中任何一个部分的变化都必将引起另一部分的变化。团体的结构特性是由成员之间的相互关系决定的，而不是由单个成员本身的性质决定的（高觉敷，1991，第155—156页）。

3. 勒温思想对社会认知理论的影响

正如前文所述，社会认知理论萌生于格式塔心理学，但直接起源于勒温的心理动力学思想。勒温的心理动力学思想对社会认知理论，尤其是对认知一致性理论有着最为直接的、显而易见的重要影响。正如有研究者（周晓虹，1993，第317页）指出：“勒温及其群体动力学研究在第二次世界大战后尤其是20世纪六七十年代以后，虽已不再是现代社会心理学的热点所在，但整个现代社会心理学又无处不蕴含着勒温的影响力。……最浓烈而又最准确地体现着这一影响力的，是由勒温的同事和学生海德、纽科姆、费斯廷格等人创设的社会认知理论。构成这一理论的两大主干的认知研究和归因探索，分别在20世纪60年代和70年代相继成为现代社会心理学的主导领域。……而这种倾向与来自欧洲大陆的格式塔心理学尤其与勒温有着极为密切的联系。”勒温有关心理动力及其冲突的思想是“五六十年代中出现的诸种认知一致性理论的共同出发点”（周晓虹，1993，第320—321页）。

具体针对纽科姆的认知均衡（对称）理论而言，勒温有关心理紧张系统、生活空间的个体动力系统的论述，有关现时原则（现时原则强调个体当前所获的信息对行为的制约作用，因为在勒温看来，过去和未来的事实只有成为当前的组成部分时，才能对人的行为产生影响）这一具有浓厚现象学意涵的原则的论述，以及有关作为动力整体的群体结构特性的论述，都对纽科姆的人际关系思想产生了重要的直接影响。

二、社会认知理论的发展脉络

（一）知觉的研究与社会知觉概念的提出

如前所述，格式塔心理学对知觉有着长期且深入的研究，也积累了丰富的研究成果。但格式塔心理学主要聚焦于一般知觉的研究而非社会知觉的研究，并不十分重视知觉主体本身的欲望、价值、情感、人格以及其他社会因素对知觉的影响。一般知觉与社会知觉的核心区别在于：一般知觉，也称物知觉，主要讨论人对物的各种物理特性和时间、运动等方面的知觉（即如何获得关于知觉对象的整体印象），以及在知觉过程中的对象与背景、整体与部分的关系及知觉恒常性等问题。而社会知觉是指人对各种社会性的人或事物形成的直接的整体性印象，其中主要是指人知觉（person perception）（金盛华，2005，第103页）。

“社会知觉”是由美国心理学家布鲁纳（J. S. Bruner）于20世纪40年代中期在知觉研究过程中首先提出来的一个概念。布鲁纳曾做了一个有名的货币实验：

> 实验材料包括一套硬币（1分、5分、10分、25分、50分等种种大小不同的圆形硬币）和一套与硬币大小形状相同的硬纸片。被试是两组来自不同家庭的10岁左右的儿童，一组儿童的家庭经济贫困，一组儿童的家庭经济富裕，每组儿童各10名。实验程序为先把两套材料分两次先后投射在屏幕上，然后是不同大小的硬币和硬纸片随机投射，让被试依次观看；每次移去刺激

后，令被试画出刚才看到的硬币与圆形纸片。结果发现，被试画出来的图形大小和实际上看到的刺激物不完全相同，随着刺激物社会意义的不同，被试画出的圆形硬纸片图形与实际的圆形硬纸片的大小较一致，但所画出的硬币图形大小却较他们看到的真正硬币为大，且被试类型（贫困家庭的儿童、富裕家庭的儿童）与刺激类型（硬币、纸片）之间存在着交互作用，即随着家庭经济状况的不同，对不同社会意义的刺激，儿童的反应也不同，贫困家庭的儿童画的硬币要比富裕家庭的儿童画的硬币大（Bruner，1947）。

这项实验说明了知觉过程是受社会因素（事物的真实社会价值，家庭经济状况和生活水平，人的动机、愿望、情绪等）的制约的。二战期间，布鲁纳亲自参与了联合军队欧洲最高司令部心理作战部的工作，研究宣传技术、战后谈判意见与人格的关系，这些军事社会心理学的研究经历使他认识到以往对知觉的研究忽视了需要、价值、情感、人格、社会等因素对知觉的作用（俞国良，2006，第81页）。布鲁纳提出的概念以及相关观点和研究正是20世纪50年代末以后发展起来的社会心理学中的认知理论的前导（周晓虹，1993，第319页）。因为这标志着知觉研究开始由单纯关注自然客体向同时关注社会事物的方向转变，而对具有社会意义事物的知觉恰恰是社会知觉以及后来的社会认知研究的重要特点。

（二）20世纪50年代以后社会知觉研究内容的拓展及认知一

致性理论的繁荣

1. 20世纪50年代以后社会知觉（社会认知）研究在深度和广度上的扩展

需要说明的是，有关社会知觉的概念虽然提出较早，但在早期研究中并不特指对人的知觉。在社会知觉概念提出之后的很长时间内，关于社会知觉的研究实际上多数是关于影响人知觉活动的各种社会因素的研究，这与关于社会认知的较早研究是完全相同的。在早期的认知心理学家眼里，所谓社会认知指的就是受到人的动机、愿望、情绪及其他社会因素影响的人的认知活动，并不特指对人的认知（周晓虹，1991，第174页）。

对此加以限定和区分的是后来的社会心理学家。关于对人的知觉的研究则是从阿希（S. E. Asch）开始的，而且这种研究从一开始就内涵明确、概念清晰，专指研究对他人的知觉印象的形成，也即以社会认知的理解发展为根据从认知对象的性质来判断确定认知本身是社会的还是非社会的观点（周晓虹，1991，第174页）。

以认知对象的不同来区分社会知觉和一般知觉（社会认知和非社会认知），具有重要意义。和非社会认知不同的是，在社会认知中存在着认知者与被认知者之间的相互影响，即认知者会受到被认知者的行为表现的影响，被认知者的行为活动也会受到认知者的特征或行为活动的影响。这是一种互动性的影响，双方都会由于对方的某些特点或行为表现而改变自己的行为，而其最终结果则直接影响到认知者对被认知者的认知（周晓虹，1991，第

175页）。正是由于这一原因，社会认知才比非社会认知更为复杂。因此，社会认知的这一特点从根本上说是受其认知对象所决定的。换言之，正因为是对人的认知，才会不可避免地产生人与人之间的相互影响。

另外，这一时期，社会知觉研究不仅以知觉对象是否为人来加以区分，不只是关注对具有社会意义事物的研究，也不仅是关注知觉主体的内在特征以及其他社会因素对知觉的影响，而是在内涵上（深度和广度上）得到了极大的扩展，真正完成了由社会知觉研究向社会认知研究的转变。具体表现为：这时的社会知觉不单单是对人、社会性事物整体印象的形成，而是包含了社会认知完整的三个相互联系的过程——对人的知觉和印象形成、对他人的评价和判断、对他人行为表现及存在状态作出推论和解释（归因问题）（周晓虹，1991，第176—177页）。

有研究者（钟毅平，1999，第2—6页）就指出，社会认知主要包括社会知觉、社会印象和社会判断三个方面。社会知觉是指人通过感觉器官对社会刺激属性直接的、整体的反映，它具有四大基本特性：直接性、整体性、选择性、恒常性。社会印象、社会判断是在社会知觉的基础上形成的更加复杂的社会认知。从认知对象来看，社会认知主要包括三类：人、物、事。人指他人和自我；物指社会客体，即带有社会意义的物体；事即是社会事件。三类对象、三个加工阶段便构成了社会认知系统。社会认知的性质特征主要表现为：（1）社会认知是社会信息加工的过程；（2）社会认知主要包括社会知觉、社会印象、社会判断三个加工阶段和人、物、事三类对象；（3）社会认知结果与认知主体和认知客体两者密切相关。所以，在目前的社会心理学教科书中，“社会认知”往往被界定为“是个人对他人的心理状态、行为动机和意向作出推测与判断的过程。社会认知的过程，是依据认知者的过去经验及对有关线索的分析而进行的；社会认知还必须依赖认知者个人的思维活动，包括某种程度上的信息加工、推理、分类与归纳”（时蓉华，1998，第257页），以此与“社会知觉”概念相区别，因为在传统心理学中，知觉并不包括表象、判断等认识过程，而认知却包括整个认识过程。

2. 认知一致性理论的兴起和繁荣

进入20世纪50年代，随着社会知觉研究的内涵在深度和广度上的发展，人们围绕从社会知觉到社会印象再到社会判断这个完整的社会认知过程展开了全面的研究，并就有关问题提出了形形色色的认知学说。其中最著名的认知学说就是海德、纽科姆、奥斯古德和费斯廷格等人创立的所谓认知一致性理论（周晓虹，1991，第72页）。认知一致性理论是社会认知理论的一种典型代表，它着重阐述社会认知的动力过程。其基本观点是：人具有一种保持心理平衡的需要，而认知矛盾往往会打破心理上的平衡，使个体出现不愉快的心理状态。这种心理状态又会促使个体做出一定的行为，使认知保持一致，以重新恢复心理平衡。由于对认知一致性所下的定义不同，从上述基本观点出发，这一理论又分成许多具体的模式或学说，其中比较有影响的有：海德于1946年和1958年提出的认知平衡理论，纽科姆于1953年提出的认知均衡理论，奥斯古德、塔嫩鲍姆和苏吉于20世纪50年代提出的认知和谐理论，以及费斯廷格于1957年提出的认知失调理论。

海德提出的认知平衡理论是纽科姆认知均衡（对称）理论的直接前提基础，本章第二节将详加论述。认知和谐理论是奥斯古德和塔嫩鲍姆于1955年在其经典性论文《预示态度变化的一致性原理》中首次提出的，加上苏吉，三人共同创立了这种有关态度变化与测量的认知一致性模型。这是利用一种被称作语义差异的方法来进行测量的模型。该模型与其他认知一致性理论的不同之处在于，它用定量的方法精确地告诉人们个体如何解决认知失调，并能对个体内心的认知互动作出详细的解释（萨哈金，1982/1991，第98页）。具体来看，奥斯古德等人提出的认知和谐理论设想了一个具有三种因素的基本态度改变情境：（1）认知者与认知对象；（2）认知者对认知对象所表示的态度；（3）认知者自己所表示的意见和感情。以上每一种成分都与评价有关。这三种成分的三种评价之间有两个负号，则主体心理处于和谐状态，否则就会产生某种压力而趋向一致。这些观点显然与认知平衡理论相同。但是认知和谐理论与认知平衡理论不同的，即有所发展的是，奥斯古德等人采用因子分析法把认知变化的方向和程度引进到认知过程中，把认知变化数量化了，即他们在为研究所设计的量表中，不仅可以获得方向（如喜欢还是厌恶）的信息，还可以获得程度的信息（是有点喜欢、比较喜欢、非常喜欢，还是有点厌恶、比较厌恶、非常厌恶），这样就为人们预测态度变化的程度和方向提供了科学的依据和方便之门（高觉敷，

1991，第185页）。

费斯廷格则于1957年在其所著《认知失调理论》一书中首次提出了影响巨大的认知失调理论（该理论在本系列丛书中另有专著介绍，这里不详加论述）。

（三）归因理论的兴起和发展

归因理论（attribution theory）是继认知一致性理论之后出现的又一典型的社会认知理论，它将社会认知研究推向了一个新的高度。到20世纪60年代中期，人们不再满足于社会认知过程的笼统研究，并很少再试图构建一种能够阐明社会认知整个过程的理论模式。在理论上，着重阐述社会认知动力过程的认知一致性理论开始走下坡路，并逐渐为着重阐述社会认知过程本身的归因理论所代替（周晓虹，1991，第72页）。归因理论与认知一致性理论一样，也不是特指某种具体的学说，而是对围绕人类如何就归因的问题所提出的各种学说及其相应研究的一种总称（高觉敷，1991，第193页）。

归因理论是20世纪50年代之后由海德首先提出并深受格式塔心理学影响的认知理论。所谓归因是指认知主体在认知过程中，对认知客体的某种属性或倾向作出推论和判断，以有效地控制和适应社会环境。在对人的认知中，则表现为从他人某种特定的人格特征或某种行为特点上推论其他特点，并寻求各种特点之间的因果联系。这种由认知主体将认知客体的某种行为特点或倾向归属于其他属性或倾向，并建立其间逻辑联系的认知过程就是归因。1958年，社会心理学家海德在其《人际关系心理学》一书中谈到归因现象，但当时人们的视线主要集中于他的认知平衡理论，而忽视了他的归因思想。1965年，琼斯和戴维斯（K. E. Davis）发表《从行动到支配：人际知觉的归因过程》一文，进一步补充了海德的归因思想。两年之后，凯利的《社会心理学的归因理论》一文发表之后，社会心理学家才开始对归因研究的重要性与必要性有所觉察。此后，归因研究蓬勃发展，很快便成为社会心理学的一个热门领域。归因理论主要有海德的朴素归因理论、琼斯和戴维斯的推断理论、凯利的三维归因理论，以及观察者和行动者归因差异理论、韦纳的成败归因理论等（高觉敷，1991，第192页）。归因理论不仅在理论研究上有重要进展，在实践应用领域也受到了广泛的重视。

关于归因理论的发展过程，美国社会心理学史家萨哈金也曾进行了详细描述：归因理论随着海德的《人际关系心理学》（1958）的问世而开始逐步向顶峰迈进。1965年琼斯和戴维斯的论文《从行动到支配：人际知觉的归因过程》发表后，海德的理论稍有发展。两年以后，当凯利在其论文《社会心理学的归因理论》（1967）中进一步发展了海德的理论假设时，海德的观点才在社会心理学中站稳了脚跟（萨哈金，1982，第332页）。

（四）信息加工观点视角的社会认知理论

认知社会心理学是一门年轻的学科，广义的认知社会心理学创始于20世纪40年代，进入20世纪50年代才得到进一步的发展。1955年5月12日至17日在美国的科罗拉多大学举行了第一次认知社会心理学学术讨论会，海德、费斯廷格、奥斯古德等都出席了这次会议。两年后会议论文集出版，标题即为《当代对认知的探讨》，标志着认知社会心理学的真正形成。

狭义的认知社会心理学主要是指信息加工观点指导下的社会认知研究，有研究者（杨治良，1999，序言第1页）指出：“社会认知是本世纪七八十年代兴起的一门新兴学科，90年代取得了迅猛发展。”第一本关于社会认知的专著由菲斯克和泰勒在1984年完成；同年，威尔和斯鲁尔的《社会认知手册》出版，该手册的第二版也于1994年问世。一些新的社会认知理论如内隐社会认知理论、社会信息加工模型、自我表征模型、社会推理中的启发式策略等也先后被提出和研究。

第二节　海德的认知平衡理论及其对纽科姆人际关系思想的影响

海德是现代社会心理学的最主要代表人物之一。他的归因理论和认知平衡理论在社会心理学研究领域具有重要的影响力。其认知平衡理论对纽科姆的认知均衡理论和费斯廷格的认知失调理论尤其有明显的、直接的影响。

一、海德生平简介

弗里茨·海德1896年生于维也纳，从大学时代起就痴迷于后来使其声名大振的人际知觉及归因研究。1920年在格拉茨大学受奥地利哲学（现象学）家、心理学家麦农（A. Meinong）指导，获博士学位。其后在柏林进行博士后研究，系统接受了格式塔心理学思想，深受勒温的影响，并从此与勒温结下了长达四分之一世纪的真挚友谊，直到1947年勒温去世。1927年，他在汉堡成为著名的人格心理学家斯特恩（L. W. Stern）的助手。1930年移居美国，曾任教于史密斯学院，1947年进入堪萨斯大学，1968年他从堪萨斯大学退休，此后便全力从事写作。海德的主要贡献是他提出了归因理论和认知平衡理论，其中观点都体现在1958年出版的他的重要著作《人际关系心理学》一书中（事实上，海德认知平衡理论的基本思想在其发表于1944年《心理学评论》第51期的论文《社会知觉与现象中的因果关系》中就已初步提出）。

二、海德的认知平衡理论

（一）海德认知平衡理论的基本假设

海德一生的学术思想深受格式塔心理学的影响，尤其是受到勒温场论、心理紧张系统、生活空间、群体动力学思想的直接影响。事实上，海德本身就是一位格式塔心理学家。海德认为，认知心理学比“S—R”的行为主义机械论能更好地说明心理现象，心理或心理的核心内容可被还原为人际关系，不是实验心理学中的知觉，而是人的知觉才是决定性的。他的注意力从心理物理学和刺激反应心理学转向了人际关系（高觉敷，1991，第178页）。事实上，海德将知觉（认知）研究由注重单独的个体知觉现象转向人际关系知觉（即人知觉），以及强调心理的核心内容可还原为人际关系等观点是其重要的思想之一，也是其重要的贡献之一。人际关系情境也是其认知平衡理论提出的前提条件。

在海德提出的平衡理论模型（P—O—X模型）中，存在两种关系：单元关系（unit relation）和情感关系（sentiment relation）。受勒温心理动力学影响，海德的基本假设是单元关系与情感关系总是倾向于保持一种平衡状态，一旦失去这种平衡，就会产生紧张和恢复平衡的力量。所谓的平衡状态，如其所言就是“被知觉的单元和情感无应激地共同存在着，因此，不论对认知组织的变化还是情感表现的变化都没有压力”（Heider，1958，p.176）。这样的主张在其1944年发表的论文中就已提出：“对人的态度和因果单元的构成是相互影响的。对一件事的态度能够改变对引起这件事的那个人的态度，而且，如果对一个人和对一件事的态度是相似的，就很容易将这件事归因于这个人，如果对一因果单元的各部分的态度是相似的，就会出现一种平衡的构型。”（转引自周晓虹，1992，第225页）

可见，海德提出的认知平衡理论的适用情境是人际关系知觉（对人的知觉或认知），理论的基本假设是：在人际关系知觉中，认知主体希望维持一种认知平衡状态，用海德的话来讲，就是人们总是倾向于建立和保持一种有秩序、有联系、符合逻辑的认知状态。而个体的认知体系是否平衡，决定于自己的单元关系和情感关系是否和谐一致。一旦和谐被打破或认知状态失去平衡就会产生紧张焦虑等负向情绪情感，并伴随产生恢复平衡的力量，这一力量最终导致认知主体发生态度改变或单元关系改变以形成新的平衡状态，也即“团体关系将会通过行动或认知再组织来加以改变”。

（二）海德人际关系思想的主要内容

海德的认知平衡理论也称作P—O—X模型。他设计了一种如下简单的人际情境：P代表认知主体，O是作为P的认知对象的另一个人，X则是与P和O有着某种联系的客体，如情境、事件、观念或第三个人。海德认为在现实的人际知觉情境中，P、O和X三者是通过以下两种关系发生联系的：

一种关系为单元关系，这一概念来自格式塔经典人格理论中的“单一形式关系”概念，意指某些事物或人似乎很自然地聚集在一起，形成一个单一的整体，这一整体就被称作一个单元。例如，两条沿着同一方向行走的狗就比两条沿着相异方向行走的狗会更容易被看作是一个整体或一个单元。在人际关系中，身份的相同或相似如国籍相同、宗教相同、来自同一家族等都会被看成是一个整体或一个单元。一个人与他的行动、一个人与他的拥有物也往往会被看作是一个整体或一个单元。由此可见，单元关系是指单元内两个或两个以上的对象出于相似、接近、归属、因果等关系所构成的联系。在海德看来，单元关系又分两种类型：接近、所有、类似为正向单元关系，分离、没有（无关）、相异为负向单元关系。

另一种关系为情感关系，也可称作态度关系，意指一个人对某人、某事或某物的评价。情感关系也有正向和负向之分，如爱、喜欢、赞赏、尊重、认可、赞同、崇拜等为正向情感关系，憎恨、厌恶、反对、鄙视、排斥、拒绝等为负向情感关系。

在海德的理论模型中，单元关系十分重要和关键，因为平衡状态大都是针对关系中各成分之间是否彼此有关而言的。如果各成分之间完全无关的话，单元关系就无法形成，当然关系平衡或不平衡的问题也就无从谈起了。

就海德的P、O、X人际情境而言，如果存在单元关系和情感关系，那么如何才能使认知主体P保持认知平衡呢？海德的答案是，只要P的情感关系和单元关系保持和谐一致，认知体系就会取得平衡。换言之，情感关系和单元关系之间可能是存在冲突或不和谐的，主要表现为在已形成的单元关系中存在负向的情感关系。例如，和朋友之间（单元关系）存在某种消极态度或消极情感，一个人对自己所拥有的一件物品不满意、不喜欢，等等。

海德依据自己提出的P、O、X框架及情感关系和单元关系之间的关系，对平衡和不平衡状态的具体条件进行了描述（见图7-1）。平衡状态的具体条件如下：（1）P、O、X三者之间的关系都为正的；（2）P与O的情感关系为正，P与X、O与X的单元关系都为负；（3）P与O的情感关系为负，P与X的单元关系为负，而O与X的单元关系为正；（4）P与O的情感关系为负，P与X的单元关系为正，而O与X的单元关系为负。由此可知，P、O、X之间的关系符号相乘的积为正，个体P的认知体系就处于平衡状态。同理，不平衡状态的具体条件如下：（1）P、O、X三者之间的关系都为负；（2）P与O的情感关系为正，P与X的单元关系也为正，但O与X的单元关系为负；（3）P与O的情感关系为正，P与X的单元关系为负，但O与X的单元关系为正；（4）P与O的情感关系为负，但P与X的单元关系以及O与X的单元关系都为正。P、O、X之间的关系符号相乘的积为负，即表明个体P的认知体系处于不平衡状态。

如果存在不平衡的条件，认知主体P的认知体系就会处于不平衡状态，这种不平衡状态会产生一种心理上的压力、焦虑或痛苦，进而产生改变旧有认知体系、追求新的认知平衡的动力。那么，如何才能由不平衡状态趋向于平衡状态呢？途径有二：一是改变P与O的情感关系，二是改变P与X的单元关系。任一途径的改变都可以使认知重新和谐一致或使认知体系获得新的平衡。

需要说明的是，在海德的P—O—X模型中，当出现三者关系不平衡时，P作为认知主体，认知体系的调整必须通过他来进行，无论是调整情感关系还是调整单元关系。

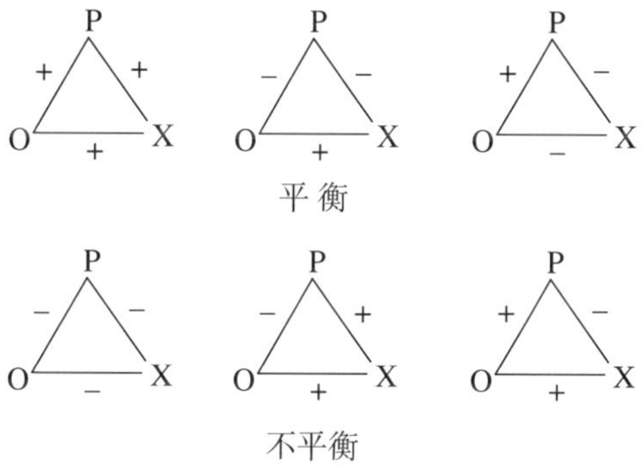

图7-1　海德的P—O—X模式图

（根据海德1958年资料绘制）

（三）海德人际关系思想的评价

如果从海德发表于1944年《心理学评论》第51期的论文《社会知觉与现象中的因果关系》算起，海德的认知平衡理论是一种较早的社会认知理论，也是作为社会认知理论典型代表的认知一致性理论的开端。显然，作为勒温的密友和格式塔心理学思想的积极支持者，海德的认知平衡理论继承了格式塔心理学强调意识经验的思想，借用了勒温的心理动力学的概念。但海德的重要且具有独特性的贡献在于以下三个方面（周晓虹，1990，第127页；乐国安、汪新建，2009，第69—70页）：

一是突破了传统格式塔心理学家只从主体与客体关系上考察个人认知的局限，首先把人际关系引入认知（内在动力）研究领域，他所关注的是对人的知觉即社会知觉，突出了人的内在认知系统对行为的支配作用，并在主客体及主体与他人的多种关系上来研究认知，不仅丰富了认知研究的内容领域，也使其理论和研究更加接近真实的社会情境。关于海德将人际知觉引入认知研究领域以及作为自己的研究取向，海德自认为这种看似“常识（朴素）心理学”的取向（关注真实社会生活中的人际关系）不仅在于它是“我们所感兴趣的日常现象的一个重要组成部分”，而且因为它“也许是一种价值取向，因为日常现象里包含了真理”，并进而认为“心理学仍然是一门处于婴儿阶段的学科……不能过早割断来自非系统和直觉思考带来的养分”（Heider，1958，p. 295）。纽科姆（Newcomb，1958a）则将海德的这种研究取向看作是“作者对一些似乎是天真问题的长期耕耘”，“真正体现了一名优秀科学家从没有丢失的部分或全部天真的好奇心”。另外，海德的认知平衡理论虽然研究对象为人际关系，但是其关注的核心问题仍然是认知问题，这与格式塔心理学以及勒温的思想是一脉相承的。对此，纽科姆（Newcomb，1958a）评价道：“海德著作（即《人际关系心理学》）的核心问题是认知意义上的关系而非行为层面的关系。这一认知模型是以我们对他人行为的解释和我们对他人行为影响的企图为基础的——这才是他要探究的对象。”

二是将复杂的认知情境简化为一种易于观察的模式，清晰明白地揭示了认知一致性的内涵和重要性，便于被人们理解和掌握。

三是为后人的相关研究提供了基础和出发点，开创了20世纪五六十年代以来社会心理学研究社会行为的新途径。他的工作大大促进了社会心理学家对人类社会认知过程的研究兴趣，使其成为当之无愧的社会认知理论的奠基人。

当然，海德的认知平衡理论也因失之过简以及常识化等方面的问题受到批评，主要有以下几点：一是从严格的科学角度而言，他的P—O—X模型偏重使用日常概念，这导致一些概念不够明确。纽科姆（Newcomb，1958b）就认为，像海德书中提到的一些概念如“生活空间”、“感知”、“致使”、“能够”、“尝试”、“需要”、“受挫（或承受）”、“情感态度”、“属于”、“应该”等，虽然这些概念或许比他的章节标题更能揭示本书的内容，但这些基础性概念在附录（或索引）中没有参考注释，内容含义不够明确。二是理论体系也不够严密，一些推断难以使人信服，也无法加以验证。例如，他只注意到了P与O的单向关系，没能考虑到O对P的反馈、O对P的认知的影响。三是在确定情感关系和单元关系时，采用了正与负的二分法，没能确定正与负的程度（或强度），因而不便于实验操作（周晓虹，1990，第127页）。

三、海德人际关系思想对纽科姆的影响

从时间跨度上讲，海德最早提出认知平衡思想是1944年，而集其40年研究成果之大作《人际关系心理学》的出版是1958年，这一经典著作出版后，他的社会认知心理学思想才日益受到社会心理学家的关注和重视。纽科姆的认知均衡（对称）理论的主要思想发表的时间是1953年（即发表于1953年《心理学评论》第60卷第6期的《研究交往行动的一种方法》一文），认知均衡（对称）理论的完善和进一步系统化以及获得实验研究数据支持的则是于1961年出版的著名著作《熟悉的过程》。所以，就海德对纽科姆早期认知均衡思想的影响来讲，也主要是海德1958年之前的平衡观点。由此可见，纽科姆认知均衡思想的提出除了受海德认知平衡思想的直接影响之外，更为重要的是纽科姆对包括海德在内的格式塔心理学以及勒温心理动力学的高度支持和认同。正如有研究者（周晓虹，1993，第325—326页）指出："虽然海德的认知平衡理论受到了诸方责难，但他的工作却引起了秉承格式塔和勒温传统的认知社会心理学家的浓厚兴趣。他们纷纷从人有保持自己的认知一致性的前提出发，在海德的基础上进一步推进了社会认知理论的发展，并提出了形形色色的有关认知一致性的模式和学说。其中，以本宁顿研究而闻名学界的西奥多·纽科姆就建立了一个与海德P—O—X模型相似的模型A—B—X系统（1953年）。"

海德对纽科姆人际关系思想的影响主要有以下几方面：

1. 对人际知觉（属于社会知觉）的关注。海德首先将人际关系引入认知研究领域，认为心理的核心内容可以被还原为人际关系，强调社会知觉研究的重要性。这些思想直接影响了纽科姆的研究取向和理论观点。尽管纽科姆的认知均衡理论所关注的人际关系一开始就与海德有所不同，海德关注的是人际关系中某一特定认知主体的认知一致性状况，纽科姆关注的则是人际互动。

2. 对心理内在动力（认知平衡需求）在人类行为中基础性地位的强调。海德继承了勒温的心理动力学思想，认为人的行为的发生和改变不仅仅是像行为主义者所描述的那样，是受到外在刺激物的影响，而是个体内在认知平衡和谐的需要。这种观点无疑也成为纽科姆认知均衡（对称）理论的基础和逻辑前提，其中海德的影响显而易见。

3. 研究模式（或框架）的继承。尽管纽科姆的A—B—X系统与海德的P—O—X模型在内涵和形式上都已有许多显著的不同，但总体上看，通过一个简单的人际情境框架来构建自己的认知一致性理论这一点是受到了海德理论的直接影响，是对海德研究模式的继承和发展。

4. 在对海德认知平衡理论的质疑和反思基础上提出了具有创新性的思想和观点，并进而推动了认知一致性理论的发展。例如在对海德P—O—X模型解释力实证检验的基础上就提出了新的观点。纽科姆（Newcomb，1966）与普赖斯等对海德模型的预测力曾进行了实证检验，认为在人际系统中，最明确的失衡情况发生在这样的态度关系出现时：个体P对另外一个个体O的态度是积极的（例如，喜欢而非厌恶），而P对客体X（或者第三个人Q）的态度和P感知到的O对X或Q的态度不一致。已有研究表明，当P对O的态度积极时，由对O和对Q的不一致态度所引发的失衡确实会引发不安。但是，在P对O持消极态度的情况下，情绪反应不被包括海德认知平衡理论在内的已有平衡理论所预测。

第三节　纽科姆对社会认知理论的贡献及其他贡献

一、纽科姆对社会认知理论的贡献

（一）主要贡献

在社会认知理论发展过程中，有些事件具有重要的里程碑意义。正如布鲁纳（1947）首次提出“社会知觉”概念，使知觉研究者开始关注影响知觉的社会性因素；20世纪50年代从社会心理学家阿希等人开始，他们的相关研究使得社会知觉研究开始步入是否以人为知觉对象来区分社会认知和非社会认知，社会知觉研究内容也随之扩展到社会知觉、社会印象、社会判断等全部社会认知过程，认知研究领域也逐步由个体扩大到人际关系以及群体内的人际交往。其中，海德的贡献是将人际关系引入社会认知研究领域（但关注的是个体的认知平衡），纽科姆的主要贡献则是将认知平衡思想引入到群体内部的人际交往与沟通中。同样，正如纽科姆将勒温称作“社会心理学的首要英雄”一样，纽科姆也完全继承了勒温的志向，对“群体行为为什么变化和怎样变化”（Converse，1994）始终关注，纽科姆的主要研究都和这一主题有关。

由此可见，纽科姆在社会认知理论发展和繁荣过程中具有重要且独特的贡献，和海德相比，他进一步拓展了社会认知的研究领域，由关注人际关系（实质上是二元人际关系）中单一认知主体的认知平衡问题，发展至对人际互动、群体内的人际交往沟通、群体过程中认知平衡等社会心理学核心领域的关注，对社会心理学的学科建设也起到了十分重要的作用。菲利普·康弗斯（Converse，1994）在为纽科姆所著的传记中也评价认为，纽科姆“像任何其他社会心理学家做的一样，定义和系统化了社会心理学这一学科，使其成为一个专门的研究领域，而且用令人振奋的五十年帮助厘清了社会心理学的研究主题”。

（二）具体贡献

1. 人际交往行为是探索群体特性、群体发展变迁的重要且有效的途径

美国社会心理学史家萨哈金（1982/1991，第611页）之所以认为纽科姆的社会心理学远胜于海德的社会心理学，其根本原因在于纽科姆的社会心理学是建立在人际交往之上的，而对人际交往、人际互动条件下的心理和行为进行研究是社会心理学区别于其他心理学分支学科的本质特征。许多著名社会心理学家对社会心理学这一学科的界定充分说明了这一问题。例如，奥尔波特（Allport，1985）认为社会心理学是研究“人的思想、情感和行为怎样受到真实的、想象的、隐含的他人存在的影响”，格

根（Gergen，1981）认为“社会心理学是系统研究人的相互作用及其心理基础的科学”。即便是社会学取向的社会心理学定义也无一不是重点强调交往的问题，如库兹明（Kotsmin，1979，参见金盛华，2005）认为社会心理学是“研究不同水平的交往，即个人与个人之间、组织机构与个人之间、正式组织与非正式组织之间的交往”。纽科姆将人际交往看作是探索群体特性、群体发展变迁的重要且有效的途径，把人际交往作为自己所构建理论模型的载体，不仅对人际关系、群体过程领域具有开创性的贡献和引导意义，对整个社会心理学的学科建设也起到了重要的积极作用。正如纽科姆的传记作者菲利普·康弗斯（Converse，1994）所言，纽科姆“是将处于传统心理学和传统社会学两个学科交界处的社会心理学，建设成为一个内容丰富的研究领域的主要先驱者之一”。

2. 人际交往的构成要素——对人的取向、对非人的取向、认知到的他人的取向

纽科姆的人际交往理论也可称作取向系统，他对人际交往的构成要素（成分）或者说人际交往中的取向类别进行了明确且具有创新性的划分。他不仅将对人的取向（吸引）和对非人对象的取向（态度）作了严格区分，还从格式塔心理学以及勒温传统出发，创新性地提出了一种新的取向——认知到的他人的取向。无论是对人取向和对非人取向的划分，还是认知到的他人取向的提出，对人际交往的研究、对群体过程的研究以及对社会认知的研究来讲都具有极为重要的意义。就前者而言，从认知研究对象为人还是非人来区分是社会认知研究还是一般认知研究，已经是认

知研究领域的一项具有高度共识性的指标。从社会认知研究的发展历程和脉络来看，我们显然可以发现纽科姆的贡献。就后者而言，认知到的他人的取向的提出以及对这一取向在人际交往中作用的强调和重视，不仅充分体现了纽科姆的认知派色彩，突破了海德P—O—X模型仅关注实际关系思想的限制，更重要的是使纽科姆的A—B—X人际交往模型更加符合日常人际交往、群体过程实践，理论对实践具有了更好的解释力。

3. 人际交往构成要素之间的相互依赖——共同取向

“共同取向”是纽科姆人际交往理论中非常重要的一个概念。他将这种A与B之间、A与X之间、B与X之间的相互依赖的关系看作是一种“共同取向”，并认为共同取向是人际交往的基础性因素。这一概念充分指明了人际交往的本质，因为只有当交往者（两人，甚至是多人）、交往者共同关注的对象以及交往者之间、交往者与共同关注对象之间存在联系（有可能是长期联系），这些因素同时共存的条件存在时，才有可能发生严格意义上真正的人际交往。而像陌生人之间因某事偶尔短暂的接触或交往并不符合真正的人际交往属性，也不符合实质上的群体属性。纽科姆有关个体取向系统的动力特征方面的观点，也证明了共同取向对群体形成和发展、对人际交往的必要性。比如，对X重要性的强调，对X与A和B之间共同关联程度的重视等，总之，都说明了群体构成要素之间相互依赖的紧密关系。

4. 人际交往中不同取向的方向和强度

事实上，纽科姆为构建其人际交往理论模型所提出的基础性概念“取向”一词，本身就含有方向和强度的含义。在他看来，一个人追求自身所确定目标的行为最能体现一个人的取向，而追求目标行为本身就不仅包含方向（情感）信息，同时还包含强度的信息。对特定目标的追求表明了个体在这一目标上的认同、肯定等方向信息，而强度信息则体现为个体是完全肯定、认同这一目标还是部分肯定、认同这一目标。在这一点上，纽科姆A—B—X模型与海德的P—O—X模式存在显著的不同，众所周知，海德的模型中仅仅关注主体（P）对O（另一个人）或对X（对象）的方向，即仅仅关注主体与对象之间的关系是积极的（“+”的关系）还是消极的（“－”的关系），并不关注关系之间的积极和消极的程度。显然，纽科姆对人际交往取向强度的重视和区分（不像海德的“全或无”的思想）更符合真实的人际交往情境，也更容易进行量化分析，相对于海德的理论是一个明显的进步。

5. 人际交往的动力学

在人际交往的动力方面，纽科姆与海德一样也明显受到勒温的心理紧张学说、群体动力学等观点的影响，但其观点也有不同于二人的创新之处。首先，纽科姆区分了个体系统（以交往双方中的一方为主体、为焦点）和集体系统（交往双方同为主体、同为焦点）动力特点的差异。个体系统的动力来源于系统中产生的张力或趋向对称的张力，更具体来说是由于认知到差异所导致的张力；而集体系统的动力来源于现实中真实存在的差异（非认知到的差异）所导致的系统失衡。所以，无论是在概念命名还是在概念内涵上与勒温和海德观点都存在一些差异。其次，在对动力系统作用的理解上纽科姆也有自己的独到之处。勒温和海德的观点认为，之所以要追求对称（或平衡），是因为不对称（或系统不平衡）给特定认知主体带来了紧张、焦虑、不安等负性情绪情感体验，为了消除或降低这种负性情绪体验就必须使系统恢复平衡状态。但纽科姆却认为系统追求取向对称是为了获取对称带来的益处，比如取向对称可以增加自己对对象所作判断的自信，可以降低利用他人信息来检视自己对对象判断是否正确的必要性等。总之，纽科姆从更为积极的视角来理解系统动力的作用和价值，并且更能体现人与人相互影响的交往属性。最后，纽科姆还特别重视人际交往中新信息的注入对诱发系统动力的重要性，也即认为有关对象新信息的获取可能会导致系统取向发生变化。而新信息的不断产生并注入系统是必然的。这种思想使得纽科姆所提出的人际交往系统更具开放性和动态性，也更符合现实生活中真实的人际交往情境。

6. 关于群体特性

纽科姆的人际交往理论虽然立足于人际交往，但其最终目标是对群体发展变迁的过程以及原因进行深入的探究，人际交往在他看来应是探究群体过程、群体特性的一种有效的方法和途径。所以，纽科姆自然会将自己所提出的取向系统与群体熟悉过程联系起来，一个稳定的人际交往系统（群体）是系统组成要素（尤其是人的要素）之间长期交往、频繁互动并获得取向对称的结果，事实上也就是一个群体熟悉过程的结果；而由于新信息的注入等因素导致系统取向不对称、不平衡，这势必又会引发新一轮的群体熟悉过程，新一轮的交往、互动随之发生，直至系统重新实现稳定状态。

虽然群体过程从长时距的角度来看始终是一个动态变化的过程，但纽科姆也提出了互动群体的三种特性，即对特定目标取向的同质性、知觉共识的同质性、群体成员间的吸引，这些特性既是群体存在的基础，也是群体发展的目标。就前者而言，如果不具备这些特性，就很难称得上是一个真正的群体（而可能是人与人之间偶然临时的接触）；就后者而言，由于存在各种因素（如新信息）的影响，一个群体很难长期同时完美具备这些特性，所以，也可称之为群体的发展目标。总之，纽科姆对群体特性以及交往与群体关系的揭示，有助于我们更加深入地了解群体的本质以及群体发展变迁的过程。

7. 关于人际吸引的重要原则

纽科姆的人际交往模型中，尽管各种取向之间的关系是互相依赖的，但人对人的取向（即吸引取向）在其后续研究中受到了更多的重视，有多篇文章探讨了人际吸引的原则及相关问题。邻近原则、强化原则、互补原则、互惠原则都曾经被其深入探讨，用来解释不同的人际吸引现象。虽然距离上的邻近并不必然导致吸引，但邻近是互动、交往发生的前提，而只有发生互动和交往才能增加被强化、被奖赏的机会（强化原则），才能发现并满足互补性的需求（互补原则，如共生现象），也才能促进彼此不断调整吸引水平使得交换的吸引水平越来越相似（互惠原则）。总之，邻近原则在人际吸引中具有基础性地位，也符合现实生活中人际吸引的特点。鉴于此，纽科姆的人际吸引观点广受重视，在有些教科书中也被称为邻近学说。

二、对社会心理学学科的其他重要贡献

纽科姆一生对社会心理学学科的贡献，不仅表现在他所提出的人际交往理论以及对社会认知理论的贡献，也不仅表现在他对群体过程、人际吸引等方面的重要建树，还表现在开创态度及其变迁的长期追踪研究、完善系统化社会心理学学科、教材建设、高级研究人才培养、社会心理学研究方法的创新和思考、教育改革实践、学术组织工作等多个方面。以下作简要介绍。

（一）本宁顿研究及其影响

1. 本宁顿研究

佛蒙特州本宁顿学院是纽科姆早期工作的地方，也是其一生中除密歇根大学之外工作时间最长的地方，他在这里工作7年时间（1934—1941年）。所谓本宁顿研究即指在此工作期间纽科姆所设计的一项雄心勃勃的纵向追踪实验，研究内容是关于本宁顿学院的部分学生在四年学校生活期间以及毕业之后对政治、公共事务的态度及其转变问题。他的研究表明，经过四年大学生活，这些学生对政治和公共事务的观点与他们刚刚进入学校时的观点有根本的不同。这项研究的成果集中呈现于其著作《人格与社会

变化：一个学生群体的态度形成》（1943）中，另外两部与本宁顿研究相关的著作《坚持和变迁：本宁顿学院和它25年后的学生》（1967）、《跨越生命全程的政治态度：50年后的本宁顿女性》（1992）则为其后期与他人合作的作品。其中，《坚持和变迁：本宁顿学院和它25年后的学生》为纽科姆与凯尼格（K. Koenig）、弗拉克（R. Flacks）等人的合作成果，《跨越生命全程的政治态度：50年后的本宁顿女性》则为纽科姆与阿尔文（D. F. Alwin）、科恩（R. L. Cohen）合作研究的成果，并且是在他去世后才出版的作品。纽科姆的本宁顿研究“对社会心理学这一新生的研究领域产生了重要的影响”（Converse，1994）。

2. 本宁顿研究的影响

这项研究的巨大影响之一，就是对于态度及其变迁的特别关注和深入研究。在20世纪40年代，社会心理学尚处于体系建立和不断完善阶段，纽科姆的本宁顿研究为态度研究成为社会心理学的中心课题作出了重要的基础性贡献。

本宁顿研究的第二项重大贡献是纽科姆所采用的纵向追踪实验方法，采用这一方法对态度等社会心理问题进行研究在当时具有创新性。这一方法对深入揭示态度的变迁、影响态度变迁的因素具有重要价值，也为从实验室实验方法之外寻找另外研究社会心理的方法途径提供了可能和选择。

本宁顿研究的第三大贡献是针对纽科姆本人的，本宁顿研究影响了纽科姆终生的学术志趣，“在很多重要方面形塑了纽科姆自己的学术发展轨迹”（Converse，1994）。这是因为在对本宁顿学院一些学生的态度及变迁的研究过程中，纽科姆观察到大量个体倾向和群体过程相互作用的现象，观察到群体背景因素对个体行为强有力的影响作用。这是导致纽科姆在本宁顿研究之后长期关注群体过程、群体特性、群体与个体关系问题的重要原因之一，也为其后来提出的人际交往理论提供了重要的前期积淀。

（二）教育改革思想的研究和实践

纽科姆在1934年前往本宁顿学院工作之前在西储大学工作，他之所以在一收到本宁顿学院的教职邀请后，就以自己所称的“不得体的匆忙”迅速接受邀请并赶赴本宁顿任职，主要原因在于他“已经相当充分地被告知该学校的教育政策”（Newcomb，1980），以及他“很清楚这所新大学的哲学理念，并且决心致力于在进步教育方面的实验研究”（Converse，1994）。可见，纽科姆从工作的早期就对先进的教育思想、对教育改革实践充满了浓厚的兴趣。

事实上，纽科姆一生对教育的动态过程研究都充满兴趣。他的基础研究中有相当一部分是围绕该兴趣展开的，纽科姆不仅是一个学者，同时还是一个脚踏实地的教育实践者。他成功地把自己的研究应用到了高等教育的实践中，推动了高等教育的发展。他的相关研究工作集中体现在《大学对学生的影响》（1969）这部专著中，这部著作是纽科姆与其合作者关于大学对学生影响研究的思考和总结，凝聚了作者20世纪20年代到60年代40余年间的心血和精华（俞国良，2008，第357页）。

到了晚年，纽科姆仍然热心于教育改革实践，尝试将其终生的兴趣，即将“生活和学习”有益地结合起来的理念应用到教育实践中。他和一些合作者在密歇根大学校内设计和创建了一个小型的、非正式的寄宿制学院，他自己是核心人物之一。在学院创建初期，他作为该寄宿学院的副主任，倾注了大量的时间致力于制度的建立，尤其关注学院社区管理模式的创建，该模式吸纳了大量学生参与其中。他自己还经常到美国其他地方，为类似项目的发展提供咨询。

（三）对社会心理学学科建设的贡献

1. 在厘清社会心理学研究主题、社会心理学学科系统化方面的重要贡献

正如纽科姆传记作者菲利普·康弗斯（Converse，1994）所言：“纽科姆，是将处于传统心理学和传统社会学两个学科交界处的社会心理学，建设成为一个内容丰富的研究领域的主要先驱者之一”，“他像任何其他社会心理学家做的那样，定义和系统化了社会心理学这一学科，使其成为一个专门的研究领域，而且用令人振奋的五十年帮助厘清了社会心理学的研究主题”，“纵观其职业生涯的整个过程，纽科姆供职于社会心理学的两大父系学科心理学和社会学，在其中都扮演了不同的重要角色”。

具体而言，纽科姆有关态度及其变迁、群体对个体态度的影响、群体特性、群体过程、人际交往理论、人际吸引等方面的研究都成为社会心理学学科的核心研究主题，更由于他对社会心理

学两大父系学科的熟悉和了解，将社会学关注的一些重要研究内容也引入了社会心理学研究领域，如文化、规范、角色等等。

事实上，纽科姆曾于1953年在由斯坦福大学出版社出版的《心理学年度评论》中发表了《社会心理学和群体过程》一文，该文通过对美国1947—1952年已出版的一些重要的社会心理学教科书（既包括心理学家撰写的，也包括社会学家撰写的）涉及的主题和内容进行了文本分析，专门梳理了社会心理学的学科体系框架。在他看来，在时间上虽然教科书必然会有几分滞后于同时期本领域最新的研究发现，但教科书却往往站在使本领域研究系统化、组织化的最前沿。

纽科姆对16本社会心理学教科书的文本分析表明，在68个有关社会心理学研究内容和体系的条目中，态度、文化、知觉共3个条目出现在4本教科书中，团体、领导者、学习、动机、人格、角色共6个条目出现在3本教科书中，犯罪、驱力、情感、种族、本能、智力、宗教、自我、社会阶层、社会化、地位共11个条目出现在2本教科书中，有1本教科书出现了48个条目。这68个有关社会心理学研究内容的条目可以归入10个主题之下：（1）心理状态、特性、过程；（2）社会结构、社会群体、机构；（3）个体人格、自我；（4）社会化和发展过程；（5）社会态度；（6）内群体一致性、群体行为、社会规范；（7）角色分化和领导力；（8）互动和沟通；（9）社会问题；（10）研究方法。

这项文本分析研究还发现了一个出人意料的现象：全部或部分由社会学家撰写的两本社会心理学教科书中提及个体心理

概念的频率最高，相反，全部由心理学家撰写的另外三本教科书中，所出现频数最高的条目是社会学概念，比心理学概念要多。对这一现象纽科姆的解释是：教科书的每一位作者通常都假定他的读者需要接受有关作者专业领域之外基本知识的初步指导，以及根据自己专业领域的理论来解释来自其他领域的数据和（或）概念。

关于不同教科书对社会心理学学科性质的认识差异，纽科姆也作了分析。分析表明：其中有两本教科书直接属于心理学取向体系，认为社会心理学是“研究个体对其他个体发出的刺激作出反应行为的科学”（Queener，1951），另如“社会心理学发挥着跨学科的作用，将关于人们的反应的知识与关于促使反应产生的刺激的知识联结起来”（Doob，1952）。另有两本教科书（Dewey & Humber，1952）结合了心理学和社会学两种取向体系，采取了一种社会互动的观点，但是并没有特别强调互动的具体过程。还有两本教科书非常明确地指出社会互动是社会心理学中最富学科特色的研究内容，社会互动之于社会心理学，就犹如个体行为之于心理学。因此，社会心理学“关注的是当人们与其他人互动时的社会行为……探索隐藏在人类互动过程中的普遍规律”（Hartley & Hartley，1952）。

总之，关于社会心理学的学科性质或学科特色，纽科姆在分析各种观点的基础上，非常赞同将“互动”作为社会心理学学科本质属性的观点，认为“不论是否使用‘互动’这个词，社会心理学始终都是用类似‘互动’这样的术语来定义，记住这一点很重要”。纽科姆还引用了阿希的观点，即社会心理学有其自己的研究内容，它需要描述自己的现象并发现自己的原理，处于互动中的人们会形成稳定不变的特质，这种特质不会恢复到最初的习惯或本能等范畴。

这项研究的另一个重要部分是纽科姆围绕三个主题对教科书中涉及的内容进行了评述，分别是：（1）与个体心理变量或过程有关的态度（态度变化、种族主义和种族歧视的相关因素、认知过程、社会态度的因素分析等）；（2）与群体成员身份变量相关的态度（群体决策、参照群体、社会阶层、认知到的一致性、大型的组织机构等）；（3）互动和沟通的过程（面对面小组交流、机构和社区治疗、互动中的角色分析、领导者的角色等）。

2. 对社会心理学研究方法的思考

纽科姆在参与修订加德纳·墨菲夫妇的《实验社会心理学》（1937）过程中，尽管墨菲的教科书最初主要聚焦于社会心理学实验，但纽科姆根据自己本宁顿研究的经验和积累，在自己增加的部分更多针对的是自然情境下态度和人格的测量内容。他对社会心理学的研究方法也有着自己的思考，他虽然很欣赏人为设计实验方法（如实验室实验）的推论力度，但同时也担心有自我意识的人类行为会受到明显的人为实验环境的潜在影响。他的研究志趣深受勒温的影响，关注的是对群体长期行为“为什么变化和怎样变化”的探究，而不是仅考察在严格控制的实验条件下对人们行为的测量，就他自己的研究取向而言，还是认为纵向追踪实验方法更适宜。

3. 教科书编写

在社会心理学学科教材建设方面，纽科姆也有着突出的贡献。贡献之一是参与了其在哥伦比亚大学的恩师加德纳·墨菲与其妻子1931年首次出版的、在当时已广为流行的教材《实验社会心理学》(1937)的全面修订工作。纽科姆的工作是要增加一个重要的新的部分，这个新增部分是要将大量的有关社会态度、态度改变以及第一版中已出现的人格测量的研究成果系统化、体系化。纽科姆的修订使得该书再版发行时的销量增加了四分之一，并且获得广泛赞誉。这一贡献还使他掌握了编写教科书的撰写技巧，知道了如何才能很好地向同行介绍新的综合性的社会心理学理论，为自己撰写新的社会心理学教科书积累了经验。

贡献之二是在1950年，纽科姆出版了他自己编写的主要教科书《社会心理学》。这是一本娓娓道来但又深思熟虑的著作，受到普遍的欢迎并广为流行。尽管纽科姆自己是心理学专业出身，但这本教科书不像其他优秀社会心理学教科书（包括1937年纽科姆参与并贡献力量的墨菲修订版《实验社会心理学》）那样，绝大部分是由心理学家以明显的心理学观点撰写而成，而是融合了更多社会学的基本概念和元素，书中包括了社会角色、社会规范、社会结构等方面的重要的社会学基本概念。该教科书的基本结构如下：社会对个人影响的性质和范围（第一编），包括社会心理学的性质与内容、社会行为的异同两章内容；动机与态度（第二编），包括行为的动机、受影响的动机与态度、态度的测量、态度的改变与持久性四章内容；社会常模与角色（第三编），包括社会常模与普通态度、个人与担任角色的行为两章内容；个人的人格（第四编），包括人格发展的程序、个人与他人态度的形成、文化与人格、个人对社会任务的适应四章内容；个人乃团体的成员（第五编），包括团体给予个人之影响、多重的社团关系、社团间的冲突、社团的完整四章内容（该结构内容引自纽科姆著、陈定夷译、正中书局1975年出版的中译版目录）。

4. 人才培养

纽科姆对年轻学生的关心和帮助无微不至，对后辈的提携也是尽心竭力。就像菲利普·康弗斯（Converse，1994）在为纽科姆所作传记中描述的那样："他的慷慨无处不在，这一点在他的学生身上体现得最为明显，他曾将他的学生称为'珠宝'。正如他是有志向年轻人的光辉榜样那样，他和玛丽的婚姻也是有名的夫妻恩爱佳话。他们的家非常开放，他们也几乎被众多参加过社会心理学联合培养项目的学生们看作是精神父母。多年以来，纽科姆在研究项目的个人合作和专业写作方面提携了许多学生，对于这些学生而言这是一段珍贵的学习经历，尽管就他自己的时间而言，这样做并不总是最有效的。"

当然，纽科姆在社会心理学人才培养方面最重要的一个事例是，由他向校方提议在密歇根大学建立的一个联合博士培养项目。该项目由他主持，并由社会学和心理学两个系共同参与。该项目的设立立刻就取得了成功，虽然它只接收硕士以上学力程度的学生，但是不久就吸引了大批申请者，也因此得以设置较高的准入门槛。纽科姆安排了非常杰出的教职工队伍来支持该项目的规划管理和执教，核心人物包括卡茨、卡特赖特以及其他在华盛顿工作时结识并一同回到密歇根大学任教的社会心理学家，他们一起组建了社会研究所，很快该项目拥有了博士学位授予权，成为密歇根大学拥有最多博士生的博士点之一。接下来的20年间，在纽科姆的领导下，该项目的毕业生走向了美国的各个科研院所，以跨学科的形式占据了社会学和心理学的重要阵地。

5. 学会工作及学术荣誉

在心理学学术研究领域，教学、科研、学会工作是许多著名心理学家学术生涯的三个重要组成部分，纽科姆也是如此。他不仅在教学、科研方面取得过突出的成就，在学会工作上也作出过特殊的贡献。他先后担任过社会问题心理学研究学会主席、美国心理学会人格和社会心理学分会主席、美国心理学会主席、美国心理学会主办的顶级杂志《心理学评论》主编等重要学术职务，也曾先后获得过勒温纪念奖、库利—米德奖、美国心理学会颁发的杰出科学贡献奖等重要奖项，并于1974年当选为美国国家科学院院士。

第八章　结语

纽科姆提出人际交往理论的时间是20世纪五六十年代，有关人际吸引原则的思考和研究也基本都完成于20世纪70年代之前，当时尚属冷战时期。毫无疑问，纽科姆对人际交往、人际吸引、群体过程中认知问题的关注，一方面来自勒温的研究传统，另一方面，事实上也更为重要的是源于自己的研究兴趣。比如，一个群体的政治态度是怎样的？随着时间的变迁这一群体的态度发生了什么变化？变化是怎样发生的？为什么会发生这些变化？这些问题是纽科姆终生都感兴趣的问题，也是他坚持不懈想探究清楚的问题。至于人际交往理论，在他看来，只不过是探讨以上问题的一种有效路径和方法而已。

这也就产生了一个问题，勒温也好，纽科姆也好，为什么会对群体过程及群体过程发生的原因和机制抱有如此积极浓厚的兴趣呢？在纽科姆（Newcomb，1953b）看来，主要原因有三点：一是交往和互动是人类社会存在的一种非常普遍的社会行为现象；二是两人之间或多人之间总是会朝向一个共同的目标，而人际交往和互动恰好是实现两人之间或多人之间甚至是整个群体朝向共同目标的必要手段，也即只有通过沟通交往才能保证步调一致，才能减小摩擦、降低损耗、增强合力，最终达到实现共同目标的目的；三是即便两人之间或多人之间不是为了某一个目标走在一起，即纯粹和人与人关系之外的对象无关（当然，这种情况不太多见，因为在纽科姆看来，人与人的关系是需要环境因素的，这是一种“环境现实”，也即人与人的交往和互动更多是因为某一外在对象的互动），人与人之间产生互动关系，形成群体也是必需的，这是因为有“社会现实”的需要，因为你需要通过他人对对象的判断来验证自己的想法、认识和观点，你需要从他人处获得有用的信息，你需要通过他人来获取自信。总之，纽科姆认为，人与人发生交往互动、形成群体是重要的，也是必要的，在现实中也是普遍的。

勒温又是如何看待群体研究必要性的呢？

> 社会心理学实验研究的有效性，不应该用处于场中的孤立事件或个别个体的特性来判断，而应该主要通过作为一个整体的社会群体或社会情境的特性是否得到了恰如其分的描述来判断，这意味着社会心理学中搜集资料和进行观察的最重要任务是提供作为整体的场的那些特性的可靠资料（Lewin，1951，p.153）。

萨哈金曾对勒温的观点作如下总结：

> 研究者不应该把人看成是超脱于群体之外的孤立实体，而应该将其放在他的势力范围和其所属的群体之中进行研究。根据他在群体中的地位和作用来确定其行为的确切意义。作为群体中的一员，一个人要对群体中的其他成员产生影响，同时他自己也要受到其他成员的影响；他通过与群体的交往而使自己发生显著的变化。群体越坚强，它对其成员所能施加的压力和影响也越大，而软弱松散的群体则缺乏内聚力（萨哈金，1982/1991，第462—463页）。

以上勒温的观点以及萨哈金关于勒温观点的解读都说明，不仅仅因为是社会心理学学科才更为关注群体问题、人际交往和人际互动，而是因为正如亚里士多德所言“人是社会性动物”，社会是先于个人而存在的，从本质上来讲，只有将个体置于群体之中来理解他的心理和行为才有意义，也才会获得其心理和行为的准确含义。

上述探讨事实上是想论证或进一步说明纽科姆人际关系研究及相关理论提出的时代背景、核心研究问题、研究意义及理论假设成立的条件。但时代变了，纽科姆人际交往理论的最早提出距今已经有60余年，他的理论对当代社会尤其是当代中国社会还有现实意义吗？对现行社会现象还有好的解释力吗？

对这些问题的回答就需要首先了解我们当今所处时代的大背景，当今社会有哪些主要特点，在此基础上才有可能去分析纽科姆理论的现代意义。

第一节　当今时代及中国社会的特点和问题

正如1899年时任美国心理学会主席的美国哲学家、心理学家、教育家杜威所强调的，心理学家要把理论研究与社会实践结合起来，他还担心实验研究领域（基础研究）和社会实践领域的脱节或分化将会导致心理学体系支离破碎。而纽科姆本人也非常赞同将理论置于真实的社会情境中去检验，他的重要的社会心理学著作《熟悉的过程》（1961）就是将其人际交往理论应用于现实情境中进行检验得出的结果。所以，纽科姆人际关系理论的当代意义也应置于我们当今时代以及当今中国社会这个大背景中，检视它与我们当今所处时代、当今中国社会的主要特点是否相吻合、是否匹配、是否具有相互适宜性，检视它面对当今时代、当今中国社会的主要问题或突出问题时，有无相对较好的解释力、预测力。因此，本节将首先就当今所处时代、当今中国社会的主要特点及主要问题进行分析探讨。

一、当今时代的特点及主要问题

关于“时代”这一概念，有学者（李琮，2002）进行了专门的探讨，他认为应从地域和领域、时间跨度两个角度来理解“时代”概念的内涵。就地域和领域来讲，通常人们所说的时代应是从世界、从全球的视角来看的，而不是指某个地区、某个国家或某个领域（如科技、环境等等），各地区、各国家、各领域都只是全球整体的组成部分；就时间跨度而言，所谓时代指的是一个相当长的同时又是可预见的历史时期，不是一两年的短期，也不是五年、八年的中期，而是更长远的时期。研究者将19世纪末20世纪初到20世纪末这近一百年划分为两个时代：帝国主义时代（从19世纪末20世纪初到第二次世界大战结束）、大国争霸世界的时代（从第二次世界大战结束到20世纪80年代末90年代初苏联瓦解、冷战结束）。冷战结束后，世界进入了一个新时代，我们现在就处于这个新时代中。事实上，关于时代划分不仅限于国际政治标准，也可能还有经济标准、文化标准、社会标准等，但“时代”概念的基本内涵应该是比较一致的。

（一）当今时代的主要特点

我们从20世纪90年代末开始步入的这个新时代有哪些主要特点呢?

从世界主要范围以及与其他时代主要特征相比较来看，这一新时代的主要特征正如我们国家反复强调的那样，是以“和平与发展”为主题。当然，也有研究者（李琮，2002）提出了自己的观点，认为当今时代最主要的特征包括力量失衡、战乱频仍、分化重组、合作斗争、曲折前进等内容。以上这些有关新时代主要特征的论述仍然偏重于国际政治视角，如果从经济、文化、科学技术等角度来看当今我们所处时代的主要特征，有一个概念被广泛提及和研究，这个概念就是“全球化”。“全球化”概念之所以可以较好地描述出或代表我们当今所处时代的主要特征，是因为作为一种理论它可以涵盖更多的视角和内容。

有学者（杨雪冬，1999）较为全面深入地分析了全球化的多视角取向及其内涵。（1）从信息通信角度看，全球化被认为是地球上的人类可以利用先进的通信技术，克服自然地理因素的限制进行信息的自由传递。（2）从经济角度看，全球化被视为经济活动在世界范围内的相互依赖，特别是形成了世界性的市场，资本超越了民族、国家的界限，在全球自由流动，资源在全球范围内配置。（3）从危及人类共同命运的全球性问题角度看，全球化被视为人类在环境恶化、资源问题、粮食问题、恐怖袭击、核威胁等共同问题上达成了共识。（4）从体制角度看，全球化被视为资本主义的全球化或全球资本主义的扩张。（5）从制度角度看，全球化被视为现代性（modernity）的各项制度向全球的扩展。（6）从文化和文明角度看，全球化被视为人类各种文化、文明发展要达到的目标，是未来的文明存在的文化。以上有关全球化视角和内涵的表述在一定程度上似乎能够较好地反映当今时代的主要特点，尽管全球化观点也招致来自各方的很多批评，在实践中也存在着一些逆全球化的风潮（如贸易保护主义）。

（二）当今时代的主要问题

全球化的时代潮流带来了哪些主要问题呢？对应以上有关全球化视角和内涵的观点作以下一些分析。

（1）计算机科学、信息通信技术的飞速发展，不仅克服了自然地理因素对信息传递的限制，更重要的是改变了人与人之间的交往模式，虚拟群体开始出现并得到快速发展。而纽科姆人际交往理论所研究的群体属性则为面对面人际互动群体，也即传统意义上的群体，所以，面对新的研究对象，该理论的适宜性和推广程度受到考验，当然也影响到该理论本身的生命力。还有一点需要说明的是，信息通信技术的发达，实质上是增加了人们之间交往的可能性与交往频率，原本从无可能交往的人、从无可能形成的群体现在变得容易了、频繁了，从这一点上看，群体形成与变迁研究、人际交往研究事实上研究对象和内容扩大了。

（2）从经济层面看，全球化导致的世界大市场的形成、资本的全球性自由流动、资源的全球性配置，同样增加了人与人之间、组织与组织之间、国家与国家之间、单边之间和多边之间交往互动的机会和频率。而互动机会和频率的增加势必会伴随竞争、冲突现象的出现，这又进一步促进了新的交往互动的发生。

（3）全球化使得核威胁、环境恶化、气候变暖、粮食安全、人口膨胀、科技与伦理和恐怖威胁等问题成为人类社会应共同面对的问题，用纽科姆的理论来讲，这是一种“共同取向”，即这些问题的存在和解决与每个人、每个群体组织、每个民族、每个国家都休戚相关。解决这些问题的良策虽不限于增加沟通交流形成共识一途，但起码这条途径是最基本的，甚至有可能也是最有效的。

（4）从体制角度看，全球化被解读为全球资本主义的扩张，这势必引发不同体制国家之间、组织之间的竞争与冲突，解决问题的途径还是与增强沟通交流有关。塞缪尔·亨廷顿（S. P. Huntington）（1996/1999）在其《文明的冲突与世界秩序的重建》一书的中文版序言中曾论及："未来的世界和平在相当大的程度上依赖于中国和美国的领导人协调两国各自的利益的能力，及避免紧张状态和对抗升级为更为激烈的冲突甚至暴力冲突的能力，而这些紧张状态和对抗将不可避免地存在。"由此可见，无论是中美关系还是其他国家之间的关系，全球化的时代特征、资本主义的扩张，都为冲突的出现埋下了种子，当然，也对通过沟通交流解决冲突提出了更高的要求。

（5）从制度角度看，全球化被理解为现代性制度向全球扩张，以及可能导致的现代性和传统性之间的矛盾与冲突。不同国家、不同民族，甚至是不同组织之间发展水平存在显而易见的差异，而存在差异的不同主体间的交往不是通过强迫和压制，而需要通过互动和交流。

（6）从文化和文明角度看，全球化也被理解为强势文化对弱势文化的冲击甚至是消灭。不同文化和文明之间的冲突可能增加。塞缪尔·亨廷顿（1996/1999，中译版序言）就用文明冲突的框架来解释冷战后世界政治的新特点："我认为……人们正在寻求并迫切地需要一个关于世界政治的思维框架。冷战时期，人们很容易把全球政治理解为包含了美国及其盟国、苏联及其盟国，以及在其中发生了大量冷战斗争的不结盟国家组成的第三世界。这些集团之间的差别在很大程度上是根据政治意识形态和经济意识形态来界定的。随着冷战的结束，意识形态不再重要，各国开始发展新的对抗和协调模式。为此，人们需要一个新的框架来理解世界政治，而‘文明的冲突’模式似乎满足了这一需要。”

总之，从以上全球化主要特征引发的主要问题来看，全球化涉及多维视野，每种视野都存在潜在的冲突和矛盾，而冲突和矛盾的存在增加了对纽科姆理论应用的现实需求。

二、当今中国社会的特点及主要问题

1978年改革开放以来，中国社会进入了快速发展阶段。经济发展尤其令人瞩目，目前已发展成为世界第二大经济体，社会民生事业也取得了长足进步。将工业化、信息化、城镇化作为改革开放以来中国社会的主要特点有其合理性，但在这一进程中，中国社会也存在一些主要问题，比如出现阶层分化、价值多元化、环境恶化、地域差异及贫富差距拉大等。

（一）当今中国社会的主要特点

1. 工业化

工业化是指一个国家和地区国民经济中，工业生产活动逐步取得主导地位的发展过程。通常也被定义为工业（特别是制造业）或第二产业产值（或收入）在国民生产总值（或国民收入）中比重不断上升的过程，以及工业就业人数在总就业人数中比重不断上升的过程。工业化是现代化的核心内容，是传统农业社会向现代工业社会转变的过程。

工业化是经济发展和社会进步的必由之路，是社会生产力发展到一定阶段的重要标志。有研究者指出："中国是工业化后起的国家，具有现代意义的中国工业化也只是近几十年来的事情。"（姜爱林，2002）多数研究者关注中国工业化的变迁轨迹，其视角多定位于新中国成立以来或改革开放以来，前者如"20世纪50年代选择的以'单一公有制'为基础的'优先发展重工业'道路，80年代选择的以'改革开放'为基础的'外延型全面发展'道路，世纪之交选择的以社会主义市场经济为基础的'新型工业化'道路"（武力，2004），后者如按20世纪80年代、90年代、新世纪等阶段划分来探讨中国工业化的阶段性特点。

2. 城镇化

城镇化是指农村人口不断向城镇转移，第二、第三产业不断向城镇聚集，从而使城镇数量增加、城镇规模扩大的一种历史过程。它主要表现为随着一个国家或地区社会生产力的发展、科学技术的进步以及产业结构的调整，其农村人口居住地点向城镇的迁移和农村劳动力从事职业向城镇第二、第三产业的转移。

有研究者认为，"作为一个历史悠久的文明古国，中国有着很长的建城历史，但城镇化进程很晚才开始"，"新中国成立后，现代中国大规模的城镇化进程才真正开始"（钱振明，2008），但城镇化是经济社会发展的必然趋势，也是工业化、现代化的重要标志。

3. 信息化

信息化是指新的信息与通信技术普及应用所导致的信息传递时空阻碍性的消失，在信息基础设施到达的地方，信息可获得性趋同这样一种现象。也被理解为与此相伴随的社会组织之形式及其属性。信息化还被理解为是指培养、发展以计算机为主的智能化工具为代表的新生产力，并使之造福于社会的历史过程。

有研究者（郭诚忠，2004）指出，我国信息化正式起步于1993年，经历了启动阶段（1993年3月—1997年4月）、展开阶段（1997年4月—2000年10月）和发展阶段（2000年10月至今）。

（二）当今中国社会的主要问题

1. 阶层分化

社会阶层是指社会结构中由于社会地位差别和不平等现象，导致产生人与人之间、集团与集团之间所存在的高低有序的等级层次。有研究者（汝信，陆学艺，李培林，2002）指出，1978年改革开放以来，随着经济体制转轨和现代化进程的深入，中国社会原来的“两个阶级一个阶层”（工人阶级、农民阶级和知识分子阶层）的社会结构发生了显著的分化，一些新的社会阶层逐渐形成；各阶层之间的社会、经济、生活方式及利益认同的差异日益明晰化，以职业为基础的新的社会阶层分化机制逐渐取代过去的以政治身份、户口身份和行政身份为依据的分化机制。

有研究者（陆学艺，2002）提出了以职业分类为基础，以组织资源、经济资源和文化资源的占有状况为标准来划分社会阶层的理论框架。据此，将当代中国社会阶层分为十个阶层：国家与社会管理者阶层、经理人员阶层、私营企业主阶层、专业技术人员阶层、办事人员阶层、个体工商户阶层、商业服务业员工阶层、产业工人阶层、农业劳动者阶层和城乡无业失业半失业者阶层。阶层的分化会带来一些不可避免的冲突和矛盾。

2. 价值多元化

价值多元化是对处于转型期的当今中国社会特点的重要表述之一，这一概念常用来描述当今中国人多样化的思想、精神状况乃至不同的生产和生活方式。有学者（辛锋，张丽清，2007）指出："价值多元化已经成为当下中国社会的共识之一。"事实上，更准确地说，价值多元化是指我国由计划经济向市场经济过渡以来不同主体所呈现出的新的价值取向特点。由计划经济向市场经济过渡的历史进程使中国社会呈现出多元化的特征，这种特征的具体表现就是"多个利益集团间相互平等包容、社会结构开放、价值评价体系的非单一性"（顾莉，2008）。

何谓价值多元化？有学者（江畅，2007）给出了更为具体的阐释："人类（包括不同民族、国家、社群、家庭、个人等）的价值追求越来越不尽相同，特别是所追求的主要价值目标越来越不尽相同。价值追求的多元化实质上是价值追求的个性化。就是说，每一个国家、组织、个体都有自己的独特的价值追求，这种价值追求只适合相应的主体而不一定适合其他的主体。"举例来讲，有的主体追求世俗价值，有的主体则追求理想价值或精神价值（包含宗教信仰的追求）。即便同为世俗价值，不同主体的追求也各不相同，有的主体追求家庭和谐、邻里和睦、生活安逸，有的主体则追求事业成功、金钱财富、地位名望、成名立业、崇尚竞争和敢于冒险。

价值多元化是当今中国社会的主要特征之一，其对中国社会不同主体、不同层面的影响也需从积极和消极两个方面来加以审视。

价值多元化的积极意义可表现为以下几点：（1）价值多元化更契合人的本性或个性差异；（2）价值多元化更强调和重视人的主体地位和自我价值，鼓励个体自我选择但也要学会自我承担；（3）价值多元化有利于怀疑、质疑精神的出现，进而有利于思想解放、创造和创新；（4）价值多元化一定程度上使一个社会变得更加丰富多彩。

但价值多元化在带来其自身积极一面的同时，确实也引发了很多思想及行为方面的问题，有些问题甚至变得非常突出和严重，甚至对社会的和谐稳定、人们的身心健康造成了不良的影响。这些消极影响主要表现为：（1）消解主流或社会的核心价值，使社会主导价值缺乏稳定性，同时容易导致思想领域、价值领域、道德领域的混乱（道德相对主义）；（2）“义务价值、包容价值”被“自我扩张价值”所取代，以自我之名来降低责任和义务；（3）理想、信仰让位于世俗、实用，感性取代理性等。

3. 差异（城乡、地域、贫富等）凸显

不同地域、不同群体、不同阶层之间因经济地位、社会地位的差异或因利益的差异导致认知上的敌对、分歧，出现外群体偏见、内群体偏爱等现象，整体上导致了社会信任度的下降。

总之，就中国社会目前的实际情况来讲，无论是国际背景（中美关系、中日关系等），还是国内背景（医患关系、官民关系、警民关系、城乡关系、民族关系、外来务工人员融入城市等），对通过沟通交流来解决问题的要求都更加强烈。

第二节　纽科姆人际关系思想的启示与应用前景

一、纽科姆人际关系思想的启示

（一）纽科姆的人际关系思想

纽科姆（Newcomb，1953a，1961）的人际关系思想主要包括两方面，一方面是他的人际交往理论（A—B—X系统），另一方面是他的人际吸引理论（邻近原则——强化原理、补偿性原理、互惠原理）。

就人际交往理论来讲，其内容主要是指在交往者组成的人际系统中，有交往者，有交往者共同关注的目标或对象。当交往者之间互相吸引，所有交往者对待目标或对象的态度一致时，交往系统就处于平衡状态（实际上，纽科姆讲得很清楚，平衡不是指系统中不存在力量，而是指系统所包含的力量之间维持一种均衡关系）。而系统内任一要素发生变化都必然导致系统不平衡，比如交往者之一对目标或对象的态度发生改变。当系统处于不平衡状态时，就会产生趋向对称的张力，即产生驱动交往者之间恢复对目标或对象态度保持一致性的力量。而这种力量就会导致系统成员及交往者彼此之间展开交往互动，互动的结果（可通过各种途径和方法）就是使得系统重新恢复平衡。当然，这里需要强调一点，如果交往者之间取向目标或对象的态度一致，即为实际的取向对称，交往者取向目标或对象的态度不一致，即为实际的取向不对称。但在实际的人际交往中，针对交往系统中的特定个体而言，并不是这种实际上的不对称才会导致趋向对称的张力，事实上，认知到的取向不对称（如A认知到B对X的态度与自己对X的态度不一致）可能更重要。如果是针对一个集体系统，也即不是个体视角，这时实际上的不对称更重要，这种状态也叫失衡，失衡的存在是趋向恢复系统平衡的重要动力。

就人际吸引原则来讲，纽科姆更为重视邻近基础上的互惠性原则。其假设为：随着交往的深入，随着人们熟悉程度的增加，人们对他人身上的稳定特性而非暂时性特性的了解越来越多，人们对他人对待目标或对象态度的评估判断也会越来越准确，这会直接导致人们交往过程中，互相之间给予的喜欢（或吸引）水平越来越相似或越来越接近，即你喜欢我多少，我也会相应地回馈给你多少。

（二）启示

1. 研究人际交往是研究群体过程的一种重要途径

群体过程包括群体的形成、发展变迁、发展变迁的机制和原因等内容。在纽科姆（Newcomb，1953a）看来，群体特性是由交往行动的条件和结果所决定的，因此，研究人际交往行动是研究群体过程、群体特性的重要途径。比如，对一个学校班级的研究、对一个企业班组的研究、对一个创业团队的研究等等。总之，对这些群体中成员共同目标的分析、交往动力的探究，对对象表现出的实际态度的一致性程度的分析、认知到的一致性程度分析、交往频率和交往方式的特点分析，可以深入地揭示这些群体的特性。

2. 人际交往的目标是获得取向的对称

在纽科姆研究的二元人际关系中，如果交往双方是互相吸引的，那么对二者共同目标或对象上的态度差异将引发系统的不平衡，而且二者关系越好，引发的不平衡程度就越严重。因此，二者之间开展交往互动，其目标就是实现对共同目标或对象上态度的一致性，也即实现取向上的对称。现实生活中的人际交往，无论是朋友之间、恋人之间、夫妻之间、亲子之间，还是合作伙伴之间，交往系统要得以维持，交往双方就需要通过交往互动实现彼此之间在共同取向上的对称。这一观点在一定程度上揭示了人际交往的本质。

3. 认知到的取向对称在一定程度上比实际的取向对称更重要

纽科姆在自己提出的个体取向系统（关注点为人际交往中的特定个体）中，强调认知到的取向对称的重要性。换言之，尽管认知到的取向对称与实际上的取向对称之间理论上应该具有一致性，但由于多种影响因素的作用，二者之间也可能存在不一致。更重要的是，不管认知到的取向对称和实际上的取向对称之间关系如何，从格式塔心理学的观点出发，纽科姆都始终认为认知到的取向对称对人际交往的影响更为重要，因为认知到的取向对称才是决定系统是否平衡、系统张力大小、采取何种手段策略恢复平衡的关键因素。现实生活中的人际交往，这样的例子也极为常见，如夫妻关系，无论就丈夫来讲还是就妻子来讲，他们各自认知到的对某一共同目标或对象的态度一致性更重要。另如政府与百姓关系，甚至是民族之间的关系、国家之间的关系、不同文化之间的关系等，认知到的取向对称也往往在发挥着巨大作用。就比如，政府的一项政策，不仅只是政府视角认为是一项好政策，还要让百姓认知到政府的政策制定是有利于百姓的，即让百姓认知到政府制定政策的立场与百姓自己的立场是一致的。

4. 群体过程是一个动态的过程

纽科姆对群体过程有着非常深刻的理解和认识。在他看来，在一个人际交往系统中，平衡状态不是指系统中不存在力量，而是指系统中存在的各种力量处于均衡状态。现实生活中的群体平衡状态也确实如此。比如一个科研团队，由首席专家、科研骨干、一般科研人员、后勤服务人员共同组成，假如目前团队非常和谐稳定也并非指完全不存在变化的力量，只是说这些力量目前处于互相制约、互相牵制的稳定状态。假如交往系统中某一要素发生改变或重大改变，系统的平衡状态被打破了，群体内就需要展开频繁的沟通交流以恢复新的平衡。但新的平衡终究还是会被打破，又需要展开新一轮的人际交往沟通过程。总之，纽科姆眼中的群体是一个动态变化的过程，纽科姆不仅着迷于这些变化本身，而且还着迷于发生这些变化的过程、机制及原因。当我们审视或探究现实生活中的实际群体时，也应持相同的理解。

5. 人际吸引与交往密切相关

在探讨人际吸引问题时，纽科姆提出了邻近原则。事实上，纽科姆眼中的邻近，并不是说邻近一定会导致人际吸引，他关注的焦点仍然是人际交往问题。邻近会增加人际交往的可能性，而交往增加了，通过交往获得奖赏或强化的可能性也将随之增加。同时，随着交往的增加，人与人之间越来越熟悉，彼此之间交换相似水平的吸引的可能性就增加了，这就是他强调的互惠原则。现实生活里，群体中的人际交往也是如此，同一宿舍的成员之间比一个班里的非同宿舍成员之间通常交往要更频繁，更加熟悉彼此（尤其是宿舍成员各自的稳定性特征），互相之间交换对等水平的吸引也更有基础。

6. 纵向追踪研究方法是研究群体过程最重要的方法之一

通过人际交往去研究群体过程可能有多种方法，比如可以采用实验室实验设计的方法，也可以采用民族志等田野调查方法。但纽科姆坚信纵向追踪实验的方法是研究群体过程最适宜的方法，尽管这种方法周期长，实验被试选取、安排复杂困难，实验过程中受到的影响因素也较多等。原因在于，纽科姆认为有关人际交往、群体过程的理论更有可能在真实的群体情境中被探究到，也更有可能在真实的群体交往情境中获得检验和验证。结合我国有关群体研究、人际交往研究的现状来看，一些模拟实验的方法、观察的方法可能会被用到，但真正长期的纵向追踪的自然情境实验难得一见。方法上的选择和偏好也需要进一步的思考。

二、纽科姆人际关系思想的应用前景

结合纽科姆人际关系理论的核心观点和当今时代以及中国社会的特点，这一理论会有哪些应用前景呢？事实上，无论是全球化也好，还是中国社会的阶层分化、价值多元化、不同群体间的差异凸显也好，总之，我们面对的可能是一个冲突增加和矛盾激化的社会现实，在此条件下，纽科姆的人际关系理论就具有了其现实意义和新的时代意义。

1. 多元人际交往现象

纽科姆的A—B—X系统模型与海德的P—O—X模型一样，为了能够更清楚简明地表达理论观点，采用的是二元关系分析框架（即两个人之间的关系）。但在对理论的验证研究过程中，纽科姆并不局限于简单的二元关系分析，三人以上的多元人际关系也是其研究的重要内容。

先就二元关系而言，如医者和患者关系。一个医生，这里的“患”可以是患者本人，也可以是患者家属。X是指治病这一对象。如果从个体角度来讲，这组医、患、治病之间构成的交往关系如何才能平衡呢？平衡就是医者和患者之间关系良好，医者对治病的态度与患者对治病的态度保持一致，而且更重要的是二者获得认知上的一致。不平衡状态往往是这样的：本来患者对医者是信任的，但患者突然认知到医者在对治病这件事上的态度与自己不一致，即患者自己的态度是少花钱治好病，而患者认知到的医者对治病的态度却是治不治好病不重要，重要的是让他花钱买最贵的药（有提成），或者，起码在患者认知层面发现医生更关注经济收益而不是治好病。这样的话，医患之间对治病的态度不一致或取向不对称就导致这组关系中张力的产生。张力的产生就会驱动系统恢复平衡，医患之间的交往互动就是必需的了。纽科姆所强调的认知上的对称的重要性在这里就得到了充分的体现，因为只有认知到的对称或认知到的不对称才会真正影响到交往者的行为，也即格式塔学派所述的：行为环境比现实环境更重要。

那么，多元人际关系也即三人以上的人际交往关系与二元关系有什么本质上的不同呢？实际上，多元人际关系与二元人际关系在本质上并无根本性的差异，它可以分解成组合不同的多个二元关系。举例来讲，比如一个宿舍，有六名成员组成，它可以分解成（6^2-6）/2=15对二元人际关系，即便是宿舍里形成一个最佳三人组合（三人之间互相吸引），为达到对三人共同目标或对象的态度一致（或取向对称），也更多需要发生在成对关系间的密切沟通与交往，三人组合中，需要两两之间先达成一致，最终三人群体之间才能形成对称。

因此，无论是在对多元人际交往现象的解释上，还是对多元人际交往现象的研究层面，纽科姆的人际交往理论都有重要的指导意义和参考价值。

2. 群际交往现象

与计划经济时代不同，改革开放以来，中国社会出现了较为明显的阶层分化，事实上，不仅是阶层之间，就是不同群体之间，由于出发点和视角的差异以及利益诉求的差异，也存在较为明显的矛盾和冲突。比如官民之间、警民之间、医患之间、劳资之间、城市外来务工人员与市民之间，甚至是民族之间、文化之间都有可能存在冲突和矛盾。假如笼统地将这些关系都称为群际关系，那么纽科姆的人际交往理论是否可以较好地应用于群际交往实践领域呢？

就拿医生群体和患者群体关系来说，近年来，二者间的冲突和矛盾确实有增多的趋势。根据纽科姆的人际交往理论，原本处于平衡状态的医患关系为什么现在出现失衡了呢？事实上，良好的医患关系无论是对医生来讲还是对患者及患者家属来讲都是十分重要的，医生的工作是救死扶伤、治病救人，患者及患者家属的愿望是驱除病魔、早日康复，这样两个群体之间就形成了一种共同取向系统。之所以出现目前看来较为严重的医患关系失衡现象，如果用纽科姆的理论来分析，就是系统中某种要素发生了改变，比如起码在患者及患者家属角度看来（认知层面），医生群体中的一些人在对待治病救人这一工作上的神圣感和使命感弱化了，有可能存在利益当先的现象。或者在医生群体看来，患者一方对他们的工作理解不够、容易情绪化等。总之，出现了医生和患者取向的不对称（尤其是认知到的取向不对称）。这一要素的改变直接导致了系统的不平衡，而良好的医患关系又非常重要，因此，系统中趋向对称、趋向平衡的张力得以产生。而恢复良好医患关系的途径除了制度建设、职业伦理建设、整个社会风气的改变外，更为基础和重要的途径可能是医生群体和患者群体之间要展开更多的交往互动，通过交往互动，重新获得取向的对称，最终使系统恢复平衡。

以此类推，如官民关系、警民关系、劳资关系等等，也都可能因为实际取向的不对称或认知到的取向不对称，导致共同取向的关系系统出现不平衡的情况。增加沟通交往是恢复群际关系系统平衡的基础性途径，也有可能是最为有效的途径。其他诸如民族之间的关系、国家之间的关系、文化之间的关系也都大抵如此。

3. 虚拟群体中的人际交往

和传统意义上通过面对面直接沟通交往形成的群体不同，虚拟群体是指通过计算机网络等通信技术进行沟通而形成的一种群体形式。虚拟群体具有跨地域、跨时间、跨组织甚至跨越国家界限的特点（金盛华，2005，第379页）。比如微信，微信是腾讯公司于2011年1月21日推出的一个为智能终端提供即时通信服务的免费应用程序，该程序支持跨通信运营商、跨操作系统平台通过网络快速发送免费（需消耗少量网络流量）语音短信、视频、图片和文字，同时，也可以使用通过共享媒体内容的资料和基于位置的社交插件“摇一摇”、“漂流瓶”、“朋友圈”、“公众平台”、“语音记事本”等服务插件。利用诸如微信等现代网络通信技术可能形成了不少具备群体功能的新的群体，这些群体成员间并不需要或必须直接的面对面沟通交往，这些群体可称为虚拟群体。纽科姆的人际交往理论是否可以用来解释虚拟群体现象呢？

虽然纽科姆（Newcomb，1953a，1961）在其所提出的A—

B—X系统模型中，非常清楚地表明他的理论针对的是面对面直接交往的传统意义上的群体，但我们仍然认为，该理论对虚拟群体交往现象也同样具有解释力。主要原因在于，虚拟群体中，交往双方有可能存在吸引关系，有交往双方共同感兴趣的目标和对象，这些特征与传统群体并没有本质的差异。区别之处仅在于虚拟群体的交往者之间没有（或暂时没有）直接的面对面互动。虚拟群体同样可能出现系统不平衡，同样可能存在趋向恢复系统平衡或对称的张力，要恢复系统平衡同样需要不断的沟通和交往（利用网路通信技术）。而且更为重要的一点，纽科姆理论对解释虚拟群体现象可能还存在一个优势，这个优势是：由于虚拟群体成员间的交往属于非面对面的性质（事实上，现代视频通信技术与直接的面对面互动有些方面已经非常接近），纽科姆理论所强调的认知到的取向对称或不对称的重要性更能得到充分体现，也就是说，虚拟群体成员之间的交往更多可能基于认知到的对称或认知到的不对称（或认知到的态度一致或认知到的态度不一致），而非实际上的取向对称或不对称。

举例而言，如网友关系。A和B之间是网友关系，X为一项体育运动。二人之间虽在地域上相隔遥远，但因共同喜欢这项体育运动在网络上相识，进而成为朋友。因缺乏面对面的直接沟通，他们之间的关系可能会更多依赖认知到的取向之间的对称或不对称。如果认知到的取向对称，即对这一体育运动，他们之间态度一致，他们的关系就是平衡关系；如果认知到的取向不对称，即对这一体育运动他们之间态度不一致，他们的关系就会失去平衡。趋向恢复平衡的张力随之出现，如果要想维持彼此之间的朋友关系，就需要展开进一步的沟通交往，直至系统重新恢复平衡。

总之，纽科姆的人际交往理论一定程度上也可以应用于解释虚拟群体现象。

4. 态度形成与改变

正如美国社会心理学史家萨哈金（1982/1991，第613—614页）所言，纽科姆的A—B—X系统不像海德的P—O—X模型一样是一个有关态度形成与改变的模型，而是一个有关群体结构及其变化的模型。确实如此，纽科姆的人际交往理论重在解释群体形成与变化以及变化的机制和原因。但是，纽科姆A—B—X系统也明显与态度形成和改变紧密相关，原因很简单：如果一个系统平衡被打破，恢复平衡的途径之一就可能是需要形成一种对共同对象的新态度。而一种处于平衡状态的系统，如果有新的信息注入（比如关于共同对象有了新的认识），就有可能发生态度改变。总之，纽科姆的人际交往理论虽然重点不在态度的形成与改变，但是对态度形成与改变的条件、机制还是具有较好的解释力的，在态度形成与改变的研究领域和实践领域也有着一定的应用前景。

5. 传播领域

纽科姆（Newcomb，1953a）将人际交往比作信息沟通过程的信息传播者和信息接受者，他的人际交往理论在传播学领域也有较大的影响力。举例而言，一款产品，这款产品的宣传者（广告宣传商），这款产品的消费者，三者就构成了一种共同取向系统。广告宣传的最好效果便是产品消费者对这款产品的态度与广告商在宣传中给予这款产品的态度一致，也即实际取向对称。而且，从广告商和消费者双方来讲，还要达到认知上的对称，即广告商认知到消费者对待产品的态度和自己一致，这等于是广告宣传获得了理想的效果；而消费者认知到广告商对产品的态度与自己一致，这等于说消费者眼中的广告宣传真实可靠，没有无限夸大产品的效果。这是一种平衡关系。如果这组关系中某一方的态度发生变化，系统就会失去平衡，系统中就会产生趋向对称的张力，导致新的交往互动，以恢复新的系统平衡。

事实上，这种共同取向系统在传播领域随处可见。比如一篇文章，这篇文章的作者，这篇文章的阅读者，三者之间也会形成一个共同取向系统，尤其是当作者为阅读者非常喜欢的作家时。同样，一种观点，提出这一观点的教师，一名或多名听教师报告的学生，教师和学生存在吸引关系，他们之间也可形成一种共同取向系统。如果对共同对象的态度不一致，系统就会产生张力，驱使系统恢复平衡。再比如，一项新政策，新政策的宣传者（或解读者），与新政策执行有关的人群，他们之间也会形成一个共同取向系统。

总之，无论是商品宣传，还是理论观点宣传、方针政策宣传，都可以借鉴纽科姆的人际交往理论的基本思想，对宣传沟通工作都会具有一定的指导意义。

参考文献

中文文献

[1] 阿伦森.(1999).社会性动物(郑日昌等译).北京：新华出版社.

[2] 甘培根.(1998).美国30年代经济大萧条带来的一些启示.浙江金融，(9).

[3] 高芳英.(2002).美国历史上三K党猖獗的根源.史林，(4).

[4] 高建明.(2016).美国社会党及社会主义运动研究(1876—1925).山东大学博士论文.

[5] 高觉敷.(主编).(1991).西方社会心理学发展史.北京：人民教育出版社.

[6] 顾莉.(2008).价值多元化形势下的大学生价值观教育.黑龙江教育学院学报，(2).

[7] 郭诚忠.(2004).中国信息化的历史回顾.中国信息界，(5).

[8] 姜爱林.(2002).中国工业化发展的历史变迁.南都学刊(人文社会科学学刊)，(3).

[9] 江畅.(2007).追求的多元化与规范的一元化——论世界和谐的基本格局.见文兵(主编).和谐社会与价值多元.北京：中国政法大学出版社，10—11.

[10] 金盛华.(主编).(2005).社会心理学.北京：高等教育出版社.

[11] 金晓.(2018).初创时期的美国共和党研究(1854—1860).山东师范大学硕士学位论文.

[12] 库尔特·考夫卡.(1997).格式塔心理学原理(上册)(黎炜译).杭州：浙江教育出版社.

[13] 李琮.(2002).当今时代特点漫议.现代国际关系，(7).

[14] 蔺晓林.(2016).非美活动委员会的缘起与变迁(1938—1975)——依据新解密美国档案的研究.华东师范大学博士学位论文.
[15] 陆学艺.(主编).(2002).当代中国社会阶层研究报告.北京:社会科学文献出版社.
[16] 纽科姆.(1950).社会心理学(陈定夷译).台北:正中书局.
[17] 钱振明.(2008).中国特色城镇化道路研究:现状及发展方向.苏州大学学报(哲学社会科学版),(3).
[18] 汝信,陆学艺,李培林.(主编).(2002).中国社会形势分析与预测.北京:社会科学文献出版社.
[19] 萨哈金.(1991).社会心理学的历史与体系(周晓虹等译).贵阳:贵州人民出版社.
[20] 塞缪尔·亨廷顿.(1999).文明的冲突与世界秩序的重建(周琪等译).北京:新华出版社.
[21] 舍伦伯格.(1987).社会心理学的大师们(孟小平译).沈阳:辽宁人民出版社.
[22] 沈德灿.(1989).勒温的团体动力学与美国.见北京大学心理学系(编).当代西方心理学评述.沈阳:辽宁人民出版社,131—163.
[23] 时蓉华.(1998).社会心理学.杭州:浙江教育出版社.
[24] 斯塔夫里阿诺斯.(2006).全球通史:从史前史到21世纪(上)(吴象婴等译).北京:北京大学出版社.
[25] 王沛.(主编).(2006).社会认知心理学.北京:中国社会科学出版社.
[26] 文正.(1990).美国宗教史研究概述.世界史研究动态,(5).
[27] 武力.(2004).中国工业化道路选择的历史分析.教学与研究,(4).
[28] 夏清成,訾明军.(1998).美国30年代的经济大萧条和罗斯福新政.财政研究,(12).
[29] 夏真真.(2010).简述二战后美国的共产主义运动.世纪桥,(9).
[30] 夏征农,陈至立.(主编).(2009).辞海(第六版,彩图本)第1卷.上海:上海辞书出版社.
[31] 辛锋,张丽清.(2007).价值多元与和谐世界:第八届全国价值哲学暨第一届东亚价值观学术研讨会综述.见文兵(主编).和谐社会与价值多元.北京:中国政法大学出版社,1—2.
[32] 杨国枢,文崇一.(主编).(1982).社会及行为科学研究的中国化.台北:“中央研究院”民族研究所.
[33] 杨雪冬.(1999).西方全球化理论:概念、热点和使命.国外社会科

学，(3).
[34] 于可.(1994).当代基督教新教.北京：东方出版社.
[35] 俞国良.(2006).社会心理学.北京：北京师范大学出版社.
[36] 俞国良.(主编).(2008).社会心理学经典导读.北京：北京师范大学出版社.
[37] 乐国安，汪新建.(主编).(2009).社会心理学理论新编.天津：天津人民出版社.
[38] 赵文学.(2008).论清教主义对美国主流文化价值观的影响.东北大学学报（社会科学版），(3).
[39] 钟毅平.(1999).社会行为研究：现代社会认知理论及实践.长沙：湖南教育出版社.
[40] 周晓虹.(主编).(1990).现代西方社会心理学流派.南京：南京大学出版社.
[41] 周晓虹.(主编).(1991).现代社会心理学：社会学、心理学和文化人类学的综合探索.南京：江苏人民出版社.
[42] 周晓虹.(主编).(1992).现代社会心理学名著菁华.南京：南京大学出版社.
[43] 周晓虹.(1993).现代社会心理学史.北京：中国人民大学出版社.
[44] 朱智贤.(主编).(1989).心理学大辞典.北京：北京师范大学出版社.

外文文献

[1] Abelson, R. P. et al. (Eds.) . (1968) . *Theories of cognitive consistency: A sourcebook*. Chicago: Rand McNally.
[2] Adorno, T. W., Frenkel-Brunswik, E., Levinson, D. J., & Sanford, R. N. (1950). *The authoritarian personality.* New York: Harper.
[3] Allport, G. W.(1985). The historical background of modern social psychology. In G. Lindzey & E. Aronson (Eds.), *The handbook of social psychology* (3rd ed., pp. 1-46). New York: McGraw-Hill.
[4] Alwin, D. F., Cohen, R . L ., & Newcomb, T. M. (1992). *Political attitudes*

over the life span: The Bennington women after fifty years. Madisen: The University of Wisconsin Press.

[5] Back, K. (1951). The exertion of influence through social communication. *Journal of abnormal and social Psychology, 46*, 9-23.

[6] Berscheid, E., & Walster, E. H. (1978). *Interpersonal attraction* (2nd ed.). Reading, MA: Addison-Wesley.

[7] Blake, R. R. (1953). The interaction-feeling hypothesis applied to psychotherapy groups. *Sociometry, 16*(3), 253-265.

[8] Bossaed, J. H. S. (1932). Residential propinquity as a factor in marriage selection. *American Journal of Sociology, 38*(2), 219-224.

[9] Brown, R. (1962). Models of attitude change. In R. Brown, E. Galanter, E. H. Hess, & G. Handler (Eds.), *New directions in psychology* (pp. 1-85). New York: Holt, Rinehart, & Winston.

[10] Bruner, J. S. & Goodman, C. C. (1947). Value and needs as organizing factors in perception. *Journal of Abnormal and Social Psychology, 42* (1), 33-44.

[11] Byrne, D. (1971). *The attraction paradigm.* New York: Academic Press.

[12] Campbel, W. D. (1939). *The importance of occupation, as compared with age and residence, in marital selection.* Unpublished master' s thesis, University of Michigan.

[13] Cassirer, E. (1923). *Substance and junction.* Chicago:Open Court.

[14] Christie, R., & Cook, P. (1958). A guide to published literature relating to the authoritarian personality through 1956. *Journal of Psychology, 45*, 171-199.

[15] Converse, P. E. (1994). *Biographical memoir—Theodore Mead Newcomb (1903—1984).* Washington, DC: National Academy of Sciences.

[16] Davie, M. R., & Reeves, R. J. (1939). Propinquity of residence before marriage. *American Journal of Sociology, 44*, 510-517.

[17] Davol, S. H. (1959). An empirical test of structural balance in sociometric trials. *Journal of Abnormal and Social Psychology, 59*, 393-398.

[18] Degler, C. N. (1984). *Out of our past.* New York: Harper & Row Publishers, Inc.

[19] Deutsch, M., & Collins, M. E. (1951).*Interracial housing: A psychological evaluation of a social experiment.* Minneapolis: University

of Minnesota Press.

[20] Dewey, R., & Humber, W. J. (1952). *The development of human behavior.* New York: The Macmillan Co.

[21] Doob, L. W. (1952). *Social psychology.* New York: Henry Holt & Co., Inc.

[22] Feldman, F. A., & Newcomb, T. M. (1994). *The impact of college on students.* (2nd ed.).New Brunswick: Transaction Publishers.

[23] Festinger, L. (1950). Informal social communication. In L. Festinger, K. Back, S. Schachter, H. H. Kelley, & J. Thibaut(Eds.), *Theory and experiment in social communication.* Ann Arbor: Institute for Social Research, University of Michigan.

[24] Festinger, L. (1957). *A theory of social cognitive dissonance.* Stanford, CA: Stanford University Press.

[25] Festinger, L., Schachter, S., & Back, K. (1950). *Social pressures in informal groups.* New York: Harper.

[26] Festinger, L., & Thibaut, J. (1951). Interpersonal communications in small groups. *Journal of Abnormal and Social Psychology*, *46*, 92-99.

[27] Fiedler, F. (1954). Assumed similarity measures as predictors of team effectiveness. *Journal of Abnormal and Social Psychology*, *49*, 381-388.

[28] Gergen, K. J. & Gergen, M. M. (1981). Social Psychology. New York: Harcourt Brace Jovanovil.

[29] Gibb, C. A. (1954). Leadership. In G. Lindzey (Ed.), *Handbook of social psychology*, Vol. Ⅱ (pp. 877-920). Cambridge, Mass.: Addison-Wesley.

[30] Gough, H. (1955). *Reference handbook for the Gough Adjective Checklist.* Berkeley: Inst. Personality Assessment and Research, University of California (mimeographed).

[31] Harary, F., Norman, R. Z., & Cartwright, D. (1965). *Structural models: An introduction to the theory of directed graphs.* New York: Wiley.

[32] Hartley, E. L., & Hartley, R. E. (1952). *Fundamentals of social psychology.* New York: Alfred A. Knopf, Inc.

[33] Heider, F. (1946). Attitudes and cognitive organization. *Journal of Psychology*, *21*, 107-112.

[34] Heider, F. (1958). *The psychology of interpersonal relations.* New York: Wiley.

[35] Hewstone, M., Stroebe, W., & Jonas, K. (2015). *An introduction to social psychology.* (6th ed.). London: John Wiley & Sons Ltd.

[36] Homans, G. C. (1950). *The human group.* New York: Harcourt Brace.

[37] Horowitz, M. W., Lyons, J., & Peelmutter, H. V. (1951). Induction of forces in discussion groups. *Human Relations*, *4*, 57-76.

[38] Jacobs, P. E. (1957). *Changing values in college: An exploratory study of the impact of college teaching.* New York: Harper.

[39] Jennings, H. H. (1950). *Leadership and isolation.* (2nd ed.) New York: Longmans, Green.

[40] Jones, E. E., & Gerard, H. B. (1967). *Foundations of social psychology.* New York: Wiley.

[41] Jordan, N. (1953). Behavioral forces that are a function of attitudes and cognitive organization. *Human Relations*, 1953, *6*, 273-278.

[42] Katz, D., & Srotland, E. (1959). A preliminary statement to a theory of attitude structure and change. In S. Koch (Ed.), *Psychology: A study of a science. Vol. 3. Formulations of the person and the social context* (pp. 423-475). New York: McGraw-Hill.

[43] Kelly, E. L. (1955). Consistency of the adult personality. *American Psychologist*, *10*, 659-681.

[44] Kelley, H. H. (1972). Attribution in social interaction. In E. E. Jones, D. E. Kanouse, H. H. Kelley, R. E. Nisbett, S. Valins, & B. Weines (Eds.), *Attribution: Perceiving the causes of behavior.* Morristown, NJ: General Learning Press.

[45] Lewin, K. (1947). Frontiers in group dynamics: Concept, method and reality in social science; social equilibria and social change. *Human Relations*, *1*, 5-41.

[46] Lewin, K. (1951). *Field theory in social science.* New York: Harper & Row.

[47] Mead, G. H. (1934). *Mind, self, and society.* Chicago: University of Chicago Press.

[48] Miller, G. A. (1951). *Language and communication.* New York: McGraw-Hill.

[49] Murphy, G., Murphy, L., & Newcomb, T. M. (1937). *Experimental social psychology.* Wilmington, NC: Harper.

[50] Murray, H. A. (1938). *Explorations in personality: A clinical and*

experimental study of fifty men of college age. New York: Oxford University Press.

[51] Newcomb, T. M.(1937). Determinants of opinion. *Public Opinion Quarterly, 1*, 71-78.

[52] Newcomb, T. M.(1942). Community roles in attitude formation. *American Sociological Review, 7*, 621-30.

[53] Newcomb, T. M.(1943). *Personality and social change.* Hinsdale, IL.: Dryden Press.

[54] Newcomb, T. M.(1946). The influence of attitude climate upon some determinants of information. *Journal of Abnormal and Social Psychology, 41*, 291-302.

[55] Newcomb, T. M.(1947). Autistic hostility and social reality. *Human Relation, 1*, 68-86.

[56] Newcomb, T. M.(1951). Social psychological theory: Integrating individual and social approaches. In J. Rohrer & M. Sherif (Eds.), *Social psychology at the crossroads* (pp. 31-49). New York: Harper and Brothers.

[57] Newcomb, T. M.(1953a). An approach to the study of communicative Acts. *Psychological Review, 60*(6), 393-404.

[58] Newcomb, T. M.(1953b). Social psychology and group processes. *Annual Review of Psychology. 4*, 183-214. Stanford: Stanford University Press.

[59] Newcomb, T. M.(1956). The prediction of interpersonal attraction. *American Psychologist, 2*, 575-586.

[60] Newcomb, T. M.(1958a). Cognition of persons as cognizers. In R. Tagiuri & L. Petrullo (Eds.), *Person perception and interpersonal behavior*(pp. 179-190). Stanford: Stanford University Press.

[61] Newcomb, T. M.(1958b).Review: F. Heider, The psychology of interpersonal relations. *American Sociological Review, 23*, 742-743.

[62] Newcomb, T. M. (1959). Individual systems of orientation. In S. Koch (Ed.), *Psychology: A study of a science*, Vol. 3(pp. 384-422). New York: McGraw-Hill.

[63] Newcomb, T. M. (1960). Varieties of interpersonal attraction. In D. Cartwright & A. Zander (Eds.), *Group dynamics* (2nd ed.). New York: Harper & Row.

[64] Newcomb, T. M.(1961). *The acquaintance process.* New York: Holt,

Rinehart and Winston.

[65] Newcomb, T. M.(1963). Stabilities underlying changes in interpersonal attraction. *Journal of Abnormal and Social Psychology*, *66*, 376-386.

[66] Newcomb, T. M.(1966). With K. O. Price and E. Harburg. Psychological balance in situations of negative interpersonal attitudes. *Journal Personality and Social Psychology*, *3*, 265-270.

[67] Newcomb, T. M. (1968). Interpersonal balance. In R. P. Abelson, E. Aronson, W. J. McGuire, T. M. Newcomb, M. J. Rosenberg, & P. H. Tannenbaum (Eds.), *Theories of cognitive consistency* (pp. 28-51). Chicago: Rand McNally.

[68] Newcomb, T. M.(1970). With D. R. Brown, J. A. Kulik, D. J. Reimes, & W. R. Revelle (Eds.). Self selection and change. In J. G. Gaff, *The Cluster College*(pp.137-160). San Francisco: Jossey-Bass.

[69] Newcomb, T. M.(1971). Dyadic balance as a source of clues about interpersonal attraction. In B. I. Murstein(Eds.), *Theories of attraction and love* (pp.31-45). New York: Springer.

[70] Newcomb, T. M.(1979). Reciprocity of interpersonal attraction: A nonconfirmation of a plausible hypothesis. *Social Psychology Quarter*, *14*, 299-306.

[71] Newcomb, T. M.(1980). The love of ideas. *Society*, *17*(6), 76-82.

[72] Newcomb, T. M., & Feldman, K. A. (1968). *Impact of college on students,* Vols. Ⅰ and Ⅱ. San Francisco: Jossey-Bass.

[73] Newcomb, T. M., Koenig, K., Flacks, R., & Wanvick, D. (1967). *Persistence and change*: *Bennington College and its students after 25 years.* New York: John Wiley and Sons.

[74] Newcomb, T. M., Turner, R. H., & Converse, P. E. (1965). *Social psychology*: *The study of human interaction.* New York: Holt, Rinehart, & Winston.

[75] Norfleet, B. (1948). Interpersonal relations and group productivity. *Journal of Social Issues*, *IV*(2), 662-669.

[76] Osgood, C. E. (1952). The nature and measurement of meaning. *Psychology Bulletin*, *49*, 197-237.

[77] Pace, C. R. (1963). *Preliminary technical manual*: *College and university environment scales.* Princeton, NJ: Educational Testing Service.

[78] Parsons, T., & Shils, E. A. (Eds.). (1951). *Toward a general theory of action.* Cambridge: Harvard University Press.

[79] Price, K. (1961). *Intensity of attraction as a condition in a social psychological balance theory*. Unpublished doctoral dissertation, University of Michigan.

[80] Price, K., Harburg, E., & McLeod, J. (1965). Positive and negative affect as a function of perceived discrepancy in ABX situations. *Human Relations*, *18*, 87-100.

[81] Queener, E. L. (1951). *Introduction to social psychology.* New York: The Dryden Press.

[82] Rogers, C. R. (1954). Studies in Client-Centered Psychotherapy Ⅲ: The case of Mrs. Oak—A Research Analyses. *Psychological Service Center Journal*, 3, 47-165.

[83] Schachter, S. (1951). Deviation, rejection and communication. *Journal of Abnormal and Social Psychology*, *46*, 190-207.

[84] Schanck, R. L. (1932). A study of a community and its groups and institutions conceived of as behaviors of individuals. *Psychological Monography*, *43*, No. 2 (Whole No. 195).

[85] Tagiuri, R. (1952). Relational analysis: An extension of sociornetric method with emphasis upon social perception. *Sociometry*, *15*, 91-104.

[86] Wheeler, S. (1966). The structure of formally organized socialization settings. In O. G. Brim, Jr., & S. Wheeler(Eds.), *Socialization after childhood*: *Two essays.* New York: Wiley.

[87] White, M. S. (1953). *Attitude change as related to perceived group consensus.* Unpublished doctoral dissertation, University of Michigan.

[88] Winch, R. F., & More, D. M. (1956). Quantitative analysis of qualitative data in the assessment of motivation: Reliability, congruence, and validity. *American Journal of Social Psychology*, *61*, 445-452.

[89] Winch, R. F., Ktsanes, T., & Ktsanes, V. (1955). Empirical elaboration of the theory of complementary needs in mate-selection. *Journal of Abnormal and Social Psychology*, *51*, 508-513.

[90] Zajonc, R. (1960). The concepts of balance, congruity, and dissonance. *Public Opinion Quarterly*, *24*, 280-296.

术语索引

R

S

后　记

2013年初夏，接到了中国人民大学心理研究所所长，当时也是中国心理学会社会心理学分会候任理事长俞国良教授的电话，电话里谈及他计划主编一套“心理学大师人际关系思想经典研究书系”，并言及该计划已通过人民教育出版社选题论证，且已正式列入出版计划，征求我是否有兴趣和时间参与这项十分有意义的工作。现在回想起来，当时接到电话多少有些惶恐，先不说兴趣和时间问题，主要担心的是自己的水平和能力是否胜任这项任务。俞老师是我非常尊敬和钦佩的国内著名学者，他的科研成果丰富，著作等身，而且在教育实践领域、人才培养领域，包括社会心理学在内的心理学学科建设领域都作出了卓越的贡献。和他这样一位知名学者合作，会有一种无形的压力。

可以给自己少许安慰的是，人际关系是社会心理学的主要研究领域之一，自己也算是社会心理学的科班出身，读硕读博选择的都是社会心理学研究方向，多年来的教学和科研工作也始终与社会心理学密不可分。

俞老师的工作作风一向雷厉风行，经过不多的几次沟通之后，我的任务便被确定下来，承担书系中《纽科姆人际关系思想解析》的撰写工作。

纽科姆虽然在美国《普通心理学评论》杂志评选出的“20世纪一百位最著名的心理学家”中名列第五十七位，虽然他也曾担任过美国心理学会主席并获得过诸多学术研究荣誉，虽然我自己从事社会心理学的学习、教学工作也已有20余年之久，但实事求是地说，纽科姆确实不属于自己最熟悉的著名社会心理学家之列。其中原因并不主要是纽科姆出生于1903年，距今时代久远，他的重要研究成果也都是发表于上世纪五六十年代，主要还在于国内社会心理学研究领域对他关注度不够，国内通行的社会心理学教材里有些干脆不介绍他的学术研究和思想，有些虽然介绍但也非常简略，简略到一些社会心理学的学习者甚至包括研究生也难以从中去真正领会和把握纽科姆学术思想的轮廓和精髓。其他译著、评介性或研究性文章也比较少见。直至自己去深入了解纽科姆之后才发现，他一生对社会心理学学科作出了许多卓越的贡献，比如社会心理学学科体系的完善和系统化、对群体过程及人际交往的理论研究和实证探讨、对人际吸引的深入研究和贡献、对社会心理和社会行为研究方法与路径的成熟思考；另外，如对社会心理学领域的人才培养、对学术组织工作的积极参与和热爱、对教育改革实践的一以贯之的浓厚兴趣和行动精神、对理论和思想的偏爱等等，有些重要贡献是不可磨灭也无法替代的，即便是他的人生阅历也会给我们以深刻的启迪。谈到此，笔者对以往国内心理学领域对纽科姆的关注不够略感遗憾。

撰写这部书稿最艰难之处就是要能掌握有关纽科姆学术研究、生活工作各方面详尽的第一手资料，一些资料由于年代久远很难获取。在此，我要感谢许多同行朋友积极无私的帮助：现就职于中国科学院心理研究所的张明霞博士，当时她还在北京师范大学心理学院攻读博士学位，她刚从美国交流学习归来，利用她自己的优势帮助收集了多篇重要文献；香港教育学院的孙瑾博士不仅帮助查到了一些重要文献，还不厌其烦地通过馆际互借等渠道找到文献并影印翻拍，付出了许多时间和辛苦。我当时在中央财经大学的研究生沙璐（目前就职于《新京报》）、杜晓鹏（目前在北京师范大学心理学部攻读博士学位）两位同学也都为资料的收集工作付出了辛勤的劳动。

在对已收集资料进行整理翻译的过程中也得到了多人的帮助，他们主要是我在中央财经大学社会与心理学院的研究生和本科生。他们是杜晓鹏、杨之旭、沙璐、薛亦多、杨雯、李学英、邓攀、陈习文，杜晓鹏和沙璐两位同学还做了纽科姆经典著作的解读工作。在此一并表达深深的谢意！

感谢国内外相关研究者，他们的研究给予了我非常重要的启示！

感谢人民教育出版社的曾红梅编审，她在参加2013年11月于广西桂林召开的社会心理学学术年会上曾对书稿的撰写给予积极的鼓励，使我增加了书稿撰写的信心！特别感谢本书的责任编辑冯卫斌，在稿件的修订和完善过程中给予了非常多的帮助，就书稿存在的问题多次提出了很多宝贵的建议，付出了很多辛劳！多谢！

还要特别感谢我的爱人许晓晖！她在资料收集、家务承担方面都付出了很多辛劳，特别是给予了我很多精神层面的支持和鼓励。

由于自身水平的限制，在对纽科姆研究的理解及认识上可能尚存在不少问题，敬请各位读者提出宝贵意见！

辛志勇

2019年3月18日